高等职业院校精品课程"十三五"规划教材

GAODENG ZHIYE YUANXIAO JINGPIN KECHENG SHISANWU GUIHUA JIAOCAI

铁 道 概 论（第二版）

主　编 ○ 张晓玲　李慧娟

副主编 ○ 李建龙　卢　伟　王　睿
　　　　　 张　翠　周钰爽　张欣怡

主　审 ○ 刘　霆　何少杰

西南交通大学出版社
·成都·

内容提要

本书包括 10 个学习项目，具体包括：项目一，介绍现代交通运输业及铁路运输业的特点和发展概况；项目二，介绍铁路旅客运输组织工作、铁路货物运输组织工作、铁路行车组织工作、铁路运输安全工作；项目三，介绍线路平纵断面、线路组成、铁路限界、铁路线路养护与维修；项目四，介绍铁路车站的组成、设备以及中间站、区段站、编组站；项目五，介绍铁路车辆的种类及配属，铁路车辆的结构、运用与检修；项目六，介绍内燃机车、电力机车、机车新技术、机车的检修和运用；项目七，介绍铁路通信信号种类、铁路信号基础设备、车站联锁设备、区间闭塞设备、列车运行控制系统、列车调度指挥系统、分散自律调度集中系统和铁路专用通信系统；项目八，介绍电气化铁路牵引供电系统，即牵引变电所、接触网以及牵引供电系统的运营管理；项目九，介绍动车组的基本构造和运用；项目十，介绍高速铁路线路、轨道、道岔、桥梁、隧道的构造特点以及重载机车和车辆技术、电空制动 ECP 技术。

本书可作为职业院校铁路类专业的基础教材，也可作为成人教育、各类培训学校以及铁路运输企业职工培训的教学用书。

图书在版编目（CIP）数据

铁道概论 / 张晓玲，李慧娟主编. —2 版. —成都：西南交通大学出版社，2018.8（2022.2 重印）
高等职业院校精品课程"十三五"规划教材
ISBN 978-7-5643-6263-8

Ⅰ. ①铁… Ⅱ. ①张… ②李… Ⅲ. ①铁路工程 – 概论 – 高等职业教育 – 教材②铁路运输 – 概论 – 高等职业教育 – 教材 Ⅳ. ①U2

中国版本图书馆 CIP 数据核字（2018）第 144159 号

高等职业院校精品课程"十三五"规划教材

铁 道 概 论
（第二版）

主编　张晓玲　李慧娟

责任编辑	张华敏
特邀编辑	蒋雨杉　唐建明　杨开春
封面设计	何东琳设计工作室

出版发行	西南交通大学出版社 （四川省成都市二环路北一段 111 号 西南交通大学创新大厦 21 楼）
邮政编码	610031
发行部电话	028-87600564
官网	http://www.xnjdcbs.com
印刷	四川煤田地质制图印刷厂

成品尺寸	185 mm×260 mm
印张	18
字数	474 千
版次	2018 年 8 月第 2 版
印次	2022 年 2 月第 13 次
定价	39.00 元
书号	ISBN 978-7-5643-6263-8

课件咨询电话：028-81435775
图书如有印装质量问题　本社负责退换

前　言

　　目前是我国铁路高速发展的关键时期，急需大量铁路行业技术人才，这就向社会、企业和学校提出了人才培养的需求。而系统、适用的专业教材是人才培养的重要工具，为了适应高等职业教育迅速发展的需要，也为了落实国家高职高专骨干院校重点建设铁路类专业的要求，我们组织了相关的企业专家和有经验的专业教师对铁路交通运输企业的新发展以及对铁路行业人才的新需求进行了深入研究，从而编写了《铁道概论》这本铁路行业知识的入门教材，以满足铁路院校对铁路建设和运营技术人才培养的需要。

　　"铁道概论"是铁路院校各专业学生的必修基础课及城市轨道交通专业学生的专业选修课。其任务是：全面、系统地介绍铁路运输业的主要技术设备、运输组织工作的基本方法与基本原理。通过学习读者可以了解铁路运输的设备框架，初步掌握铁路运输组织方法，在此基础上形成铁路运输的整体概念；树立铁路行业的全局观念，了解铁路各专业之间的关系，为后续课程的学习奠定基础。

　　为了使学生更好地学习理解"铁道概论"这门课程的内容，我们于 2016 年编写出版了《铁道概论》教材，该教材在这几年的使用过程中，受到了好评，同时我们也收到了一些宝贵意见。随着近几年我国铁路技术的不断创新和持续发展，我国高速铁路技术和重载运输技术已跻身世界前列，为了使本教材紧跟时代发展，我们决定对《铁道概论》进行修订，以使本教材的内容能够及时更新和完善。

　　《铁道概论》（第二版）在介绍传统铁路运输设备的基础上，增加了铁路运输新标准、新技术和新设备的相关内容，以及最新的高速铁路技术与管理的相关内容。

　　本书从铁路运输企业各岗位工作的基本要求出发，采用"项目导入、任务驱动"的项目化教学方式编写，体现了"基于工作过程""教、学、做"一体化的教学理念和特点。本书涵盖了铁路运输组织、铁路线路、铁路车站、铁路车辆、铁路机车、铁路通信信号与设备、电气化铁路供电系统、动车组、高速铁路与重载运输等与铁路运输相关的基础知识，让读者通过学习可以了解到铁路运输的基本框架，初步掌握铁路运输组织方法，在此基础上形成铁路运输的整体概念，树立铁路行业的全局观念，了解铁路各专业之间的关系，为后续课程学习奠定基础。

　　本书共有 10 个学习项目，包括 40 个学习任务。每个项目按照知识目标、能力目标、项目导入、任务学习四个部分展开。每个任务以"任务描述"入手，接下来进行基础知识的学习，最后通过完成"任务单"和"课业"的形式进行实践练习，巩固知识点。其中"任务单"和"课业"的题目均根据铁路运输企业一线的岗位要求拟定，具有典型性、实用性、趣味性和可示范性。

本书可作为职业院校铁路类专业的基础教材，也可作为成人教育、各类培训学校以及铁路运输企业职工培训的教学用书。

本书由郑州铁路职业技术学院张晓玲和李慧娟担任主编，郑州铁路职业技术学院李建龙、卢伟、王睿、张翠、周钰爽、张欣怡担任副主编，中国铁路郑州局集团有限公司郑州东车站站长刘霆和郑州车站副站长何少杰担任主审；参与本书编写的还有郑州铁路职业技术学院李攀科。全书由张晓玲统稿。具体编写分工如下：李攀科（项目一）；周钰爽（项目二中的任务二和任务三）；张晓玲（项目二中的任务一和任务四、项目六中的任务五、项目七中的任务六和任务七）；李慧娟（项目三和项目四）；李建龙（项目五、项目六中的任务一至任务四）；卢伟（项目七中的任务一至任务五）；王睿（项目八）；张欣怡（项目九）；张翠（项目十）。

在本书编写的过程中，编者得到了中国铁路郑州局集团有限公司郑州东车站、郑州车站、郑州北车站、郑州车务段、洛阳车务段、洛阳龙门车站、洛阳车站的专家及业务能手的大力支持和帮助，给予了许多宝贵意见和建议，在此向他们表示衷心地感谢。另外，在本书的编写过程中，我们还参考了相关专家的研究成果和文献资料，在此谨向各位专家、作者表示衷心地感谢，未能一一标明出处，在此向原作者表示歉意。

由于编者水平和时间所限，书中难免有不足和错误之处，恳请读者批评指正。

编　者

2018 年 6 月

目　录

项目一　认知铁路运输行业

【知识目标】

1. 了解现代交通运输业在社会和经济发展中的地位和作用；
2. 了解现代交通运输方式的种类及特点，了解目前各种现代交通运输方式在我国国民经济体系中的地位；
3. 了解国内外铁路运输业的发展历程，了解铁路运输的体系架构；
4. 了解我国铁路的分类、特点及运营管理体制，了解我国铁路的未来发展规划；
5. 掌握我国铁路行业的职业道德规范。

【能力目标】

1. 能够根据运输对象的特点选择合适的现代交通运输方式；
2. 能根据国内外铁路运输业的发展现状分析我国铁路运输业的未来发展趋势；
3. 熟知我国铁路的分类、特点及运营管理体制；
4. 掌握我国铁路行业的职业道德规范，并能在未来的工作岗位中加以贯彻。

【项目导入】

项目学习引导书

　　本项目的学习任务是让即将进入铁路行业的学员在认识现代交通运输业的基础上，了解国内外铁路运输业的发展历程，着重了解铁路运输方式的特点及铁路运输在我国国民经济体系中的重要地位和作用；把握我国铁路运输业的发展方向；此外，还应掌握我国铁路运输的体系架构，熟知我国铁路运输的分类、特点及运营管理体制，了解我国铁路的发展规划；最后，还要求学员掌握我国铁路行业的职业道德规范。

　　为了达到更好的学习效果，在理论学习和实践操作中，要善于思考，勤于在课外通过多种渠道查找资料以扩充知识，并积极、独立地完成课业任务。

任务一　认知现代交通运输业及其在我国的经济地位

【任务描述】

　　交通运输业是现代社会的生存基础和文明标志，与人类生活密不可分，是连接生产与消费的桥梁，是沟通工农业、城乡、地区、企业之间经济活动的纽带，起着合理配置生产要素的重要作用。

交通运输业也是面向社会为公众服务的公用事业，是一个国家的基础性设施和经济社会发展的基础性行业，对促进社会分工、工业发展和规模经济的形成，巩固国家的政治统一和加强国防建设，扩大国际经贸合作和人员往来发挥着重要的作用。总之，交通运输具有重要的经济、社会、政治和国防意义。

通过本任务的学习，要求学员不仅要了解现代交通运输业的发展和特点，还要重点掌握铁路运输业在我国国民经济和社会发展中的地位和作用。

【知识准备】

交通运输是人和物借助交通工具的载运，产生有目的的空间位移的过程。交通运输业是社会发展的必然产物，是人类社会生活必不可少的组成部分，它始终伴随着人类社会的进步和发展。在古代，随着人类社会生产力的发展和活动范围的不断扩大，不同地域、不同部族乃至国家之间的物品交换、战争等原因直接催生了对运输的需求，产生了早期的运输工具——舟、马车等。早期的运输以人力、畜力为主，并持续了相当长的时期。第一次工业革命，推动了社会生产规模快速提高，大量的物资运输和人员流动需求，催生了一系列新生交通运输工具的发明，18 世纪发明的蒸汽机被运用于轮船、火车；第二次工业革命，使内燃机成功驱动了汽车、飞机，同时也推动了石油开采业和石油化工业的发展，从而直接推动了管道运输业的大规模发展。至此，现代交通运输业的格局初步形成。

交通运输缩短了人和物在时间和空间上的距离，使不同国家和地区之间的接触和交往不断增强，增进了相互间的了解，强化了相互间的各种社会联系。交通运输业的发展对国家统一、人类文明进步、经济文化交流以及国防力量的增强都发挥着重要的作用。

一、现代交通运输方式的种类及特点

交通运输就是由移动的载运工具在固定线路上来回移动运送旅客和货物（管道除外），运输业的产品是人和货物的"位移"，称为旅客周转量或货物周转量，即旅客周转量（或货物周转量）＝旅客人数（或货物吨数）×运送的距离，其计算单位是"人·km"或"t·km"。需要注意的是，这里的"位移"与物理上的"位移"有所不同，不是两点之间的直线距离，而是运输线路的长度，一般来说，两地之间运输线路的长度都大于两地之间的直线距离。有时为简便起见，也用旅客发送量或货物发送量来表示运输业的工作量，其单位是人数或吨数。

根据所用的载运工具和线路的不同，现代交通运输业通常分为铁路、公路、水路、航空及管道运输五种方式。

（一）公路运输

公路运输是由机动车在公路上来回移动运送旅客和货物的运输方式。它的主要优点是机动灵活，对客货运量大小具有很强的适应性。由于公路建设成本较低，因此公路网络极为发达，加上机动车几乎可以在任何较硬的地面上行驶，这就使得公路运输具有极强的适应性，可以实现"门到门"的直达运输，有利于提高中短途运输的送达速度，加速货物资金周转；尤其适合短途运输和对服务质量要求较高的货物运输；另外，公路运输还可担任铁路、水路、航空等运输方式的补充和衔接，到达其他运输方式不能到达的角落。

公路运输（高速公路除外）与其他运输方式相比，具有投资少、资金周转快、投资回收周期短和技术改造较容易、适应性强等优点；而且公路运输面向所有的机动车开放，对于提高人们的生活质量和出行质量，繁荣地方经济发展、加快地区经济文化交流具有重要的作用。

但是，公路运输在长途运输业务方面有着难以弥补的缺陷：一是耗用燃料多，造成途中费用过高；二是机器磨损大，因此折旧费和维修费用高；三是公路运输能力较小，单位运输工具运送的乘客人数和货物装载量比铁路低得多，运输同样多的旅客和货物，汽车运输费用远高于铁路和水路。

（二）铁路运输

铁路运输是以固定轨道作为运输道路，由机械动力牵引车辆在轨道上运送旅客和货物的运输方式。铁路运输与其他各种现代化运输方式相比，具有运输能力大、速度快的特点。列车运载旅客和货物的能力远比汽车和飞机大得多，我国常规铁路旅客列车的运行速度一般为100 km/h 左右，快速旅客列车目前可达 120～160 km/h，高速铁路可以达到 200～350 km/h。

铁路运输的成本也比公路运输和航空运输低，运距愈长，运量愈大，其单位成本就愈低；铁路运输一般可以全天候运营，受气候条件限制较小；具有较高的安全性和可靠性，正点率较高；采用电力牵引时，可以不使用石油作燃料，节省能源，减少污染，有利于环境保护。

由于铁路运输具有上述技术经济特点，因此，铁路运输适合幅员辽阔的大陆国家；适合运送常规的、稳定的大宗货物和中长距离的货物运输以及满足城市间旅客运输的需要。

但铁路运输具有投资大、建设周期长等缺点，且路网密度小、服务范围小；人们只能到车站乘车或托运货物，灵活性差、送达速度低，难以实现"门到门"运输，不太适合运量小、速度要求高的货物运输，也不适合距离太短和太长的旅客运输。

（三）水路运输

水路运输是利用船舶和其他水上工具在河流、湖泊、海洋中来回移动运送旅客和货物的运输方式。水路运输按航行的区域分为远洋运输、沿海运输和内河运输三种类型。水路运输是一种古老的运输方式，比如，历史上的京杭大运河就是决定封建王朝经济命脉的黄金水道。如今随着经济全球化进程的加快，远洋运输已成为重要的国际货运方式，像原油、矿石、粮食等重要的资源、能源物资，大都依靠远洋运输。水路运输的运输能力相当大，在海洋运输中，目前世界上超巨型油轮的载重量可达数十万吨，巨型客船也可达 8 万吨。

水路运输具有占地少、运量大、投资少、运输成本低等突出的优点。在水路运输中，除运河以外，内河航道均是利用天然江河加以整治，修建必要的导航设备和港口码头等就可以通航；海运航道更是大自然的产物，一般不需要人工整治，且海运航线往往可以取两港口之间的最短距离。因此，一般说来，河运的平均运输成本比铁路略低，而海运成本则远远低于铁路，这是水路运输的一个突出优点。

但是，水路运输的速度较其他运输工具慢且受自然条件的限制较大，所以只适合大宗货物的远距离运输，不太适合小批量货物的快捷货运和旅客运输，具有一定的局限性；而且受地形和气候的限制较大，内河航运中枯水期可能会限制大吨位船舶的航行，而冰封期所有船只都无法通行，远洋运输可能会受到热带风暴等强气流天气的影响。

（四）航空运输

航空运输是用飞机在各机场间来回飞行运送旅客和货物的一种运输方式。航空运输在 20世纪崛起，是运输业中发展最快的行业。

　　航空运输与其他运输方式相比，最大的优势是速度快，普通客机的速度都在 600 ~
900 km/h，比铁路快 5 ~ 10 倍，具有无可比拟的优势，在长距离旅客运输方面具有较强的竞
争力，并且航空运输具有一定的机动性，一般不受山川地貌、河流湖泊等限制，只要有机场
和导航设施保证即可开辟航线，比如我国西藏许多地区没有通铁路的地方，都已经建有机场，
开通了航线。

　　航空运输最大的缺点是载运能力小、能源消耗大、运输成本高，且机场都建在城市远郊区，
与市内交通衔接不够方便，存在"中间快、两头慢"的缺点，在短途运输中其高速的优势难以
体现，所以不太适合中短途运输。

（五）管道运输

　　管道运输是以固定管道作为运输通道，并利用固定式机械动力装置来输送流体货物的运输
方式。管道运输没有移动设备，其载运工具和运输线路是一体的。管道运输是近几十年来得到
迅速发展的一种运输方式，主要以流体能源，如石油、天然气、成品油为运输对象，现在还可
以运输煤和矿石等货物（将其制成浆体，通过管道输往目的地，再经过脱水处理后使用）。

　　管道运输具有运送能力大（管径为 1 200 mm 的原油管道年输量可达 1 亿吨）、效率高、成
本低、能耗小等优点。管道运输的主要设备都埋于地下，具有占地少、不受地形坡度限制、不
受气候影响、能长期稳定运行、沿线不产生噪声且漏失污染少等优点，是一种很有发展前景的
现代运输方式。

　　但是，管道运输由于定点、定向、定品种运输，灵活性差，只能运送单一货物；一旦能源
枯竭，货源减少，管道运输的大量设备和投入很难移作他用，可能遭到废弃，产生极大的浪费。

　　综上所述可知，铁路适合于中长途旅客运输和大宗货物的陆路运输；水路（包括海洋和内
河主要航线）主要适合于大宗货物的长途运输；公路和一般内河航线主要适合于短途运输和部
分货物的中距离运输，并为干线运输集散客货；航空适合于小批量、长距离、高附加值货物的
运输和大、中城市间的旅客运输，以长距离急运和加强边远地区的联系为主；而管道主要适合
于大量气体、液体货物的生产地点和固定消费地点（或转运地点）之间的运输。

　　随着科学技术进步和社会需求的变化，各种运输方式的技术装备和组织工作不断更新，技
术经济性能和使用范围也在不断变化。因此，各种运输方式必须综合协调发展，充分发挥各自
优势，扬长避短，这样不仅可以最大限度地节省运输建设投资和运输费用，而且可以为各种
运输方式的加速发展、不断更新技术和提高服务质量创造条件。

二、各种交通运输方式在我国的地位

　　在当今国民经济和社会发展以及运输技术不断进步的情况下，如何综合利用和发展各种运输
方式日益受到各国的重视。然而，在不同的国家，由于国土面积、资源分布以及经济发展状况各
异，各种交通运输方式之间的关系也有所不同。总之，在保证运输安全、合理利用自然资源、保
护生态环境的前提下，应充分发挥各种运输方式的技术经济优势和作用，做到合理分工和协调发
展，力求建立科学合理、经济高效、安全可靠又适应本国国情的综合交通体系和综合运输系统。

　　我国地形复杂，是一个多山区的国家，山区面积占整个国土面积的 69%，只有 30% 的面积
是平原、河流、湖泊等。根据我国国情，我国交通运输业未来的发展宗旨是：以铁路为骨干，
公路为基础，充分发挥水运的作用，积极发展航空运输，适当发展管道运输，建设全国统一的
综合交通运输体系。

（一）铁路发挥骨干作用

铁路是国家重要的交通基础设施，也是资源型和环境友好型的运输方式之一，加快铁路发展已经成为社会各方面的共识。它不仅是国民经济发展的大动脉，而且兼具安全、经济、便民、实惠、全天候运输、速度快、运能大、安全舒适、节能省地、减排高效等特点。这些特点不仅决定了铁路是大众化的交通工具，也决定了铁路在我国综合交通体系中的骨干地位。长期以来，铁路一直在我国综合交通运输体系中发挥着骨干作用。

我国是一个幅员辽阔、人口众多的发展中国家，能源结构以煤炭为主，自然资源主要分布在西部和北部地区，而工业基地主要分布于东部和南部沿海区域。自然资源和工业布局的错位态势，决定了我国地区经济发展的不平衡，决定了货运结构以能源、原材料和初级产品为主，也决定了物资由北向南、由西向东的基本流向，同时伴随着大量的人员流动。改革开放以来，大量剩余劳动力从农村流向城市，从内陆省份流向沿海地区；加之人民生活水平的提高带来的旅游业的发展也成为促进旅客运输发展的重要因素。总之，随着我国国民经济的发展，客、货运输的需求不断增长。

综合我国的基本国情和客流、货流特点，决定了我国应发展以铁路为主导，公路、水运、航空、管道运输协调发展的综合交通运输体系。大力发展铁路，是我国发展国民经济、增强国防力量、繁荣城乡市场、促进国土开发、增强民族团结、扩大对外开放的需要，完全符合我国国情，符合我国经济和社会可持续发展的战略要求。

为了进一步适应国民经济发展的需要，我国铁路要实行跨越式发展的战略，尽快建立起主要交通走廊的铁路大通道（铁路大通道是指连接区域中心或大城市间的能力强大的铁路线路，其基本特征是：运输强度大，里程较长，汇集和辐射范围广），采用先进、成熟、经济、适用、可靠的技术，使主要技术装备达到或接近发达国家水平，充分发挥铁路网络优势。

（二）公路发挥基础作用

公路运输是人们最普遍使用的交通运输方式，是交通运输行业的基础和主体，而且公路运输与人民群众日常生活密切相关，对改善人民群众物质文化生活具有重要作用。21世纪以来的十几年间，我国新建了一大批公路，包括高速公路和高等级公路，通过新建和改造，形成了以高速公路为骨架、纵横全国的国家级干线道路网。截止到2016年年底，全国公路通车总里程达到469.63万公里，其中，等级公路422.65万公里，高速公路13.10万公里，覆盖全国的公路网已经形成。2016年全国公路完成客运量154.28亿人次，完成货运量334.13亿吨。无论是客运还是货运，公路运输都是主力和中坚力量。

（三）进一步加强水运建设

水运在我国有悠久的历史，并没有因为铁路、高速公路和航空等运输方式的大发展而降低它的作用。其中远洋和沿海运输是水运发展的重点。90%以上的外贸物资是由远洋运输完成的。截止到2016年年底，全国内河航道总里程为12.71万公里。2016年完成客运量2.72亿人次，完成货运量63.82亿吨。全国主要港口货物吞吐量已达到132.01亿吨。

我国南方有着丰富的内河水运资源，随着上海浦东新区的开发和长江三峡工程的建设，使长江黄金水道显示出它的巨大作用；京杭运河、江南水网、珠江水网的建设和内河港口采用先进设备设施整治航道和泊位，都将大大促进内河货物的运输和客运及旅游业的发展。

（四）大力发展民航运输

航空运输是先进的运输方式，有着广泛的发展前途。进入 21 世纪以来，我国民航事业得到了快速发展，已形成了连接全国各大中城市的航空网络。截至 2016 年年底，全国共有民航机场 218 个，其中，定期航班通航机场 216 个，年旅客吞吐量达到 100 万人次以上的通航机场 77 个，年旅客吞吐量达到 1 000 万人次以上的通航机场 28 个，年货邮吞吐量达到 10 000 t 以上的通航机场 50 个；定期航班通航城市 214 个。2016 年民航运输完成客运量 4.88 亿人次，完成货运量 666.90 万吨。可见，航空运输对我国国民经济发展的促进作用越来越显著。

今后，随着人们的物质文化生活水平的提高以及国际交往的日益频繁，民用航空运输的发展将会更加受到重视，而且会越来越多地影响着我们的经济发展水平及生活方式。

（五）适当发展管道运输

现代管道运输的发展与能源工业特别是石油工业的发展密切相关。我国第一条管道网是 20 世纪 50 年代建设的全长 147 km、管径为 150 mm 的克拉玛依—独山子输油管道。随着石油天然气产量的提高，管道运输网络将得到重点调整和改造。特别是随着"西气东输"工程的建设，管道运输得到快速发展。截至 2016 年年底，我国境内油气管线总里程达到 12.60 万公里，管道运输量达到 10.50 亿吨。

美国能源信息署曾预测，世界输油管道的长度将以每年 7% 的增长率增长。

【任务单】

请利用本任务所学知识完成下列题目：

1. 现代交通运输业包括哪些运输方式，各种运输方式有什么优缺点？
2. 简述现代交通运输业在社会和经济发展中的作用和地位。
3. 简述各种运输方式在我国的地位，为什么铁路运输在我国交通运输业中发挥骨干作用？

【课　业】

以 PPT 形式汇报以下课业。

1. 根据所学理论，试分析从越南进口一批红木由广西凭祥站发往青岛，宜采用哪种运输方式。
2. 分小组讨论五种现代运输方式各自的利弊及未来的发展趋势。

任务二　认知国内外铁路运输业的发展及体系架构

【任务描述】

在任务一中介绍了现代交通运输业的发展概况及各种运输方式的特点，由此我们知道了铁路运输在我国现代交通运输业中占有重要地位。在本任务中，我们将了解国内外铁路运输业的发展历程及现状，了解铁路运输业的体系架构。

通过本任务的学习，要求学员充分了解国外铁路运输业的发展历程以及我国铁路运输业的发展历程，做到知己知彼，更好地把握我国铁路运输行业的未来。

【知识准备】

一、世界铁路运输业的发展历程

英国最早的一条可供蒸汽机车牵引客、货列车行驶的铁路，被认为是世界上第一条正式的铁路。它位于英国的斯托克顿和达灵顿两个城市之间，于1821年开始筹建，1825年建成通车，全长32 km（20英里）。自第一条铁路诞生以来，铁路至今已有190多年的历史。16世纪中叶，英国开始兴起了采矿业，为提高运输效率，在道路上铺了两根平行的木材作为轨道。17世纪时，将木轨换成了角铁形状的钢轨，角铁的一边起导向作用，马车则在另一条边上行驶。后经多年的改进，才逐渐形成今天的钢轨。因此，各国至今都沿用"铁路"这一名称。

（一）蓬勃发展期

铁路运输一出现就显示出多方面的优越性，很快在世界上得到迅速发展。继英国1846年采用臂板信号机、1868年采用自动车钩及空气制动系统后，铁路的行车速度和可靠性大大增加，铁路运输业得到很大的发展。除了在英国全面展开铁路的铺设工程外，其他国家也相继开始兴建铁路，一直持续到第二次世界大战时期，铁路一直都在蓬勃发展。从地理分布上看，当时，美洲铁路约占世界铁路总长的2/5，欧洲占1/3，而非洲、大洋洲和亚洲的总和还不到1/3。由此可以看出，当时世界铁路的发展和分布情况极不平衡，而且在修建和发展铁路的趋势上也不尽相同。

世界主要国家铁路相继修通的年份如表1-2-1所示。19世纪末世界铁路总长为65万公里左右，第一次世界大战前夕达到110万公里，20世纪20年代末达到127万公里。

表 1-2-1　世界主要国家铁路修通年份（年）

国　名	修通年份	国　名	修通年份	国　名	修通年份	国　名	修通年份
英　国	1825	加拿大	1836	瑞　士	1844	埃　及	1855
美　国	1830	俄　国	1837	西班牙	1848	日　本	1872
法　国	1832	奥地利	1838	巴　西	1851	中　国	1876
比利时	1835	荷　兰	1839	印　度	1853		
德　国	1835	意大利	1839	澳大利亚	1854		

（二）低迷徘徊期

自第二次世界大战前后直至20世纪70年代中期，在这相当长的一段时间里，西方一些发达国家的铁路发展缓慢下来，甚至出现徘徊不前的状态。由于这些国家在这一时期基本上实现了工业化，并且达到了比较高的水平，其公路、航空运输得到迅速发展，国民经济产业结构和交通运输体系有了新的调整，尤其是某些经济大国的汽车和飞机制造业迅速发展，铁路运输与公路运输和航空运输产生了激烈竞争。加上有的国家政府对于铁路运输发展政策上的失误以及铁路部门自身管理体制的不适应和经营管理不善等原因，致使世界铁路在这一时期发展相对缓慢，一度被视为"夕阳产业"。个别国家和地区甚至出现停滞局面，进入低谷，出现了世界铁路网规模缩小、铁路客货运量比重下降、铁路经营亏损严重的情况。但在我国及亚非拉等欠发达地区，铁路仍在不断进步，路网规模也在逐渐增加。

（三）复苏重生期

1970 年的世界能源危机，使公路和航空运输的发展受到限制，而铁路运输由于能耗较少，加上运输过程中排放的废气及产生的噪声对生态环境的影响比其他交通运输工具低，促使人们又重新开始重视铁路在交通运输体系中的重要作用。特别是随着电气化铁路、高速铁路、重载铁路的出现，更使人们认识到铁路在国民经济发展和人们的物质文化生活中具有不可忽视的地位和作用，而以日本新干线、法国 TGV、德国 ICE 为代表的高速铁路的出现，给铁路行业带来了新的生机和活力。目前世界各国的铁路建设正在步入一个新的发展时期，铁路网结构已进一步优化，客货运量有了较大回升，铁路行业迎来了新的发展机遇，迈入蓬勃发展的春天。目前，世界铁路运营里程总长达到 113 万公里以上，其中美国铁路营运里程居世界第一位，达到 26 万公里；俄罗斯和中国分别为 12.8 万公里和 12.7 万公里，居第二、三位。

二、我国铁路运输业的发展历程

我国铁路建设始于晚清时期。从第一条营业铁路——上海吴淞铁路 1876 年通车之日算起，中国铁路迄今已有 140 多年的历史了。百余年来，中国的铁路事业经历了两个根本性质不同的社会。中华人民共和国的铁路事业虽以中华民国的铁路设备为物质基础，但在中国共产党的领导下，我国铁路的落后状况得到了迅速而彻底的改变，尤其是 20 世纪 80 年代改革开放以来，我国铁路更是取得了前所未有的辉煌成就。

（一）清朝晚期（1865—1911 年）

中国是自 19 世纪起，随日本及印度之后第三个修建铁路的亚洲国家。在 1865 年，中国的国门在鸦片战争中被英国以炮舰外交打开后，英国人为了向清政府宣传铁路的优越性，在北京宣武门外修建了 0.5 km 长的一小段"展览铁路"。

中国第一条真正营运的铁路，是于 1876 年由英国怡和洋行擅自铺设的吴淞铁路（上海—吴淞），全长 14.5km。因当时无论是清政府还是民众对铁路都十分保守顽固，通车营运一年后（1877 年）就被清政府以 28 万 5 千两白银赎买后被拆除。

中国的第二条铁路，也是第一条清政府主张兴建的官办铁路、中国的标准轨距铁路，是 1881 年由直隶总督李鸿章下令铺设的唐胥铁路（河北省唐山—胥各庄），全长 9.2 km。为了将唐山附近开滦煤矿的煤运出去，经清政府批准，聘英国人金达为总工程师，由开平矿务局集资修筑唐胥铁路。1886 年唐胥铁路延伸到芦台，1888 年又延伸到塘沽和天津，为唐津铁路。唐津铁路后又于 1890 年、1892 年、1893 年分别延伸至古冶、滦州和山海关，改称津榆铁路。

八国联军入侵之后，中国面临民族危机，国内要求保卫路权、自修铁路的呼声越来越大，清政府终于决定自行兴建第一条完全由中国人自行设计施工的铁路——京张铁路，中国首位铁路工程师——詹天佑，作为京张铁路总工程师，创造性地运用了"人"字形铁路，完成了在崇山峻岭修建铁路的艰巨工程，成功打破了西方的偏见。

（二）中华民国时期（1911—1949 年）

1912 年中华民国建立后，继续在清代既有的基础上持续建设铁路。1928 年国民政府完成北伐统一中国后，努力开展铁路建设，同年 10 月在行政院之下成立铁道部，并颁布了中国第一部铁道法规——《铁道法》，还制定了一系列与铁路建设、发展相关的法律法规，主要涉及铁路运输、财政、组织等各个方面，另外又开创了以中外合作的方式筹集资金。1927 年至 1937 年间，国民政府共修铁路 3 793 km（未包括同时期东北三省修筑的 4 500 km），全国铁路里程已达 1.2 万公里。1945 年抗战胜利后，国民政府规划进行新一波的铁路建设计划，但接着随之而来的国共内战，令国民政府无暇兼顾铁路建设，也令铁路运输时常中断，意外频发。

（三）中华人民共和国时期（1949 年至今）

1949 年中华人民共和国成立以来，我国在铁路的新线建设和原有铁路的技术改造方面做出了很大的成绩。1949 年中华人民共和国成立时，中国大陆已经建成 23 500 多公里的铁路，但有近一半因受战争的破坏处于瘫痪状态，能够维持通车的仅有约 11 000 km。1949 年，中央人民政府铁道部正式成立，统一管理全国铁路工作，首要任务是整顿运输秩序，抢修铁路干线。1952 年 8 月，青岛四方机车车辆工厂生产了第一台完全由中国独立制造的蒸汽机车"八一号"（解放型）。1954 年 9 月，中央人民政府铁道部改称为中华人民共和国铁道部。

从 1953 年开始，中国开始实施第一个五年计划，中国铁路进入了有计划地大规模建设时期。1966 年到 1980 年，为开发西南、西北地区而相继建成了贵昆铁路、成昆铁路、川黔铁路、襄渝铁路、兰新铁路、焦枝铁路、太焦铁路等，以及为增强中部及东部地区运输能力的京通铁路、京承铁路、皖赣铁路、鹰厦铁路等铁路干线、支线 100 多条，全国铁路营运里程增加到 49 940 km。20 世纪 80 年代是我国铁路建设事业在治理整顿和深化改革中不断奋进、取得可喜成绩的时期。在此期间，新建了大秦铁路（大同至秦皇岛），全长 653.2 km，是我国第一条复线电气化开行重载单元列车的运煤专用铁路。1989 年，在我国铁路网中赋有铁路心脏之称的郑州北站，建成了亚洲最大的铁路综合自动化编组站，货车的中转、解体、编组作业等一整套生产管理已经由电子计算机取代了手工操作。郑州北站运营管理综合自动化系统的建成使我国铁路编组站的现代化技术迈入了世界先进行列。

在铁路技术装备方面，也形成了自己的铁路机车、车辆、通信、信号、轨道、工程机械等工业。至 1980 年代末，主要干线上的客运列车已经全面使用内燃机车牵引。

随着我国改革开放的实施，人口流动日趋频繁，经济发展也推动着我国铁路事业的发展。20 世纪 90 年代，我国先后建成了京九线、南昆线、大秦线、宝中线、侯月线等一批铁路干线，以及包括京广铁路衡广段、兰新铁路在内的复线电气化工程，全国铁路的营业里程已达 66 428 km。同时，除了扩大铁路网，铁路也以"提速"为发展战略。1997 年 4 月 1 日，中国实施了第一次铁路大面积提速，从此揭开了中国铁路大提速的序幕，至 2007 年 4 月 10 日，十年间中国经历了六次铁路大提速，使繁忙干线的旅客列车速度由 100 km/h 左右普遍提高到 140～160 km/h 的水平，铁路运输速度和铁路服务水平大幅度提高。尤其是第六次大提速后，我国铁路在主要干线上开始开行时速 200 km/h 及以上动车组、大面积开行 5 000 吨级货物列车，使我国铁路在高速、重载方面开启了新的篇章。

2008 年以来，我国的高速铁路建设突飞猛进，京广、京沪两条高速铁路已经贯通，逐步形成了高速铁路网，高速铁路的修建和动车组的开行使铁路运营速度达到了 200～300 km/h；尤其是我国高原铁路取得了重大突破，被国际社会称为"可与长城媲美的伟大工程"——青藏铁路——攻克了多年冻土、高寒缺氧、生态脆弱"三大难题"，已顺利建成并于 2006 年 7 月 1 日正式开通运营；另外，我国重载运输也取得了重大进步，大秦铁路已开行了 2 万吨重载列车，年运量突破 4 亿吨，目前我国重载运输已达到了世界先进水平。

在路网优化和发展的同时，我国铁路运输装备也相应得到快速发展，我国机车、车辆、信号、通信及组织管理方式也发生了翻天覆地的变化。尤其是在最近十多年，我国铁路部门在不断增加铁路基础设施以适应国民经济需要的同时，也注重技术的改革与创新，在工程建造、高速列车、列车控制、客站建设、系统集成、运营管理、调度指挥等方面拥有了许多具有自主知识产权的高铁技术。比如，在机车车辆装备技术方面，车体头型优化、转向架、牵引传动、制动系统、弓网关系、智能化、气密性、减振、降噪、舒适性十大技术创新成果已应用在高速列车上。还成功研制了大修列车等大型养路机械，国产 6 轴 7 200 kW、8 轴 9 600 kW 和 6 轴 9 600 kW 大功率电力机车以及 6 000 马力大功率内燃机车实现了大批量生产；在铁路运营维护技术方面，搭建了弓网系统设计分析平台，实现了弓网冲击、振动、扰动等的精确仿真，研发了隧道内除尘装备，实现了 CTCS-3 级列控系统车载数据下载后自动分析及故障单元自动检测，GSM-R 网络监测维护技术也已应用于武广、郑西高铁，此外还研发了雪深监测系统，自动化、现代化的大型编组站、客运站和货运站也相继建成，计算机技术及先进的数据通信技术在铁路运输生产和经营管理中已广泛采用，进一步推进了铁路运营管理向综合化、自动化方向发展。

"十一五"期间，我国铁路新增里程 4 908 km；"十二五"期间，我国铁路新增里程 9 531 km；在"十三五"期间，我国铁路新增里程超过 2.8 万公里。与营业里程同步增加的是铁路固定资产投资额。"十一五"期间，我国铁路固定资产总投资达到 7 075 亿元；"十二五"期间，我国铁路固定资产投资额达到 8 238 亿元。在"十三五"期间，我国铁路固定资产投资总额超过 3.5 万亿元。

三、铁路运输业的体系架构

(一) 铁路运输设备

铁路运输是一个庞大的物质生产部门，为完成客货运输任务，设置了大量的运输设备。传统的铁路运输生产设备可统称为车（车务）、机（机务）、工（工务）、电（电务）、辆（车辆）五大部分，还包括许多附属设备。具体如下：

① 车站设备：指车站为保证旅客、货物运输正常而设置的各种建筑物、服务设施，以及为保证列车运行而设置的技术设施设备，包括车站的站房、站前广场、跨线设施，等等。

② 机车设备：指具备动力、可以走行并能牵引、调动车辆的移动工具，它是列车运行和调车的基本动力来源。

③ 线路设备：指列车运行的线路以及轨道、隧道、桥梁等建筑物，线路是机车、车辆和列车的运行基础。

④ 通信和信号设备：通信设备指铁路各站点之间以及各部门之间进行联系、沟通信息的工具。信号是指示列车运行以及调车车辆运行的命令和指示。通信信号设备是确保行车安全和提高运输效率的必要手段。

⑤ 车辆设备：是指用于乘坐旅客或装载货物的车厢、提供旅客乘坐的设施和货物装载的空间。

⑥ 供电设备：是指为电气化铁路供应电力的牵引变电所、接触网及其附属设备，它是电气化铁路的动力来源。

⑦ 其他设备：是指保证铁路运输生产秩序畅通、安全高效的附属设备，包括信息设备、给水设备、安全设备，等等。

铁路运输设备是铁路完成运输任务的基础，必须随时保持良好状态。为了进行各种运输设备的维修、保养和检查工作，铁路部门还设置了各类专业设备的修理单位（工厂）、业务段和检修所。只有使运输设备随时处于完好状态，才能确保运输工作安全顺利地进行。

（二）铁路运输组织

铁路运输组织是指铁路部门综合运用各种技术设施设备、合理组织列车运行、实现旅客和货物运输过程的计划和组织工作。一般包括旅客运输组织、货物运输组织与行车组织三个部分。

旅客运输组织工作包括：旅客运输计划与旅客到发、行李包裹到发组织等。货物运输组织工作包括：货物运输计划与货物受理承运、装车卸车、货物到达、交付等。行车组织工作包括：车站技术工作组织、列车解编与列车运行组织指挥等。旅客运输组织和货物运输组织的工作主要是面向旅客与货主的工作；行车组织的工作主要是铁路部门为了保证完成旅客与货物的运输任务而采取的技术组织措施。

【任务单】

请利用本任务所学知识完成下列题目：

1. 世界第一条铁路是哪年在哪个国家修建的？请说出世界主要国家的铁路相继修通的年份。

2. 我国出现的第一条铁路是哪年修建的？被称为什么铁路？简述我国铁路的发展历程。

3. 简述铁路运输的体系架构。

【课　业】

以 PPT 形式进行汇报以下课业。

1. 分小组调查国内外铁路运输发展史上的里程碑事件。

2. 分小组探讨铁路运输的体系架构，说说自己所知道的铁路运输设备。

任务三　认知我国铁路运输业的管理体制和发展规划

【任务描述】

原铁道部在 2007 年 7 月提出了增强铁路自主创新能力、推进和谐铁路建设的战略目标，指明了铁路建设的思路和方向。其主要内容是"运能充足、装备先进、安全可靠、管理科学、节能环保、服务优质、内部和谐"。我国铁路的总体规划目标是：建立省会城市及大中城市间的快速客运通道，以及环渤海地区、长江三角洲地区、珠江三角洲地区三个城际快速客运系统。

通过本任务的学习，要求学员不仅要了解我国铁路的运营管理体制，更要把握我国铁路的发展方向，并牢记铁路职业道德规范，为将来融入我国的铁路建设做好准备。

【知识准备】

一、我国铁路运输行业的管理体系

我国铁路行业自 1949 年后一直由铁道部进行管理。2013 年 3 月，根据国务院机构改革和职能转变方案，铁路实施政企分开改革，原铁道部撤销，将铁道部拟订铁路发展规划和政策的行政职责划入交通运输部。由交通运输部统筹规划铁路、公路、水路、民航发展，加快推进综合交通运输体系建设。组建国家铁路局，由国家铁路局进行宏观管理，具体工作由中国铁路总公司负责生产运营。2019 年中国铁路总公司改制为中国国家铁路集团有限公司（以下简称"国铁集团"），采取国铁集团—铁路局（集团公司）—站段三级管理的模式。

国铁集团下属设有 18 个铁路局集团公司，分别是中国铁路哈尔滨局集团有限公司、中国铁路沈阳局集团有限公司、中国铁路北京局集团有限公司、中国铁路太原局集团有限公司、中国铁路呼和浩特局集团有限公司、中国铁路郑州局集团有限公司、中国铁路武汉局集团有限公司、中国铁路西安局集团有限公司、中国铁路济南局集团有限公司、中国铁路上海局集团有限公司、中国铁路南昌局集团有限公司、中国铁路广州局集团有限公司、中国铁路南宁局集团有限公司、中国铁路成都局集团有限公司、中国铁路昆明局集团有限公司、中国铁路兰州局集团有限公司、中国铁路乌鲁木齐局集团有限公司、中国铁路青藏集团有限公司。

每个铁路局（集团公司）设有若干管理生产的业务处室和基层站段。业务处室包括运输部、货运部、机务部、车辆部等部门。基层站段包括车务段、机务段、工务段、电务段、车辆段、客运段、供电段、动车段（基地）等，每个站段管辖相应的车站、车间和科室。高速铁路现在正在探索开展综合维修，设置跨专业领域的综合维修段（基地）。还有一些大型车站不归属车务段，由铁路局（集团公司）直接管辖。

(一) 我国铁路的分类

1. 按管理权限分

按铁路管理权限的不同，可将铁路分为国家铁路、地方铁路、合资铁路、专用铁路、铁路专用线等。

① 国家铁路：是指由国家出资修建，由国铁集团管理的铁路，它在国民经济中具有重要的地位和作用。

② 地方铁路：主要是指地方自行投资修建，由地方人民政府管理，担负地方公共客货短途运输任务的铁路。

③ 合资铁路：分为国内合资铁路和中外合资铁路。国内合资铁路是指由两个或两个以上企业或其他单位合资修建的铁路；中外合资铁路是指由中方具有法人资格的企业或者其他单位与外商投资者联合修建的铁路。

④ 专用铁路：是指由企业或其他单位管理并配有机车动力、车辆、站段等铁路设备，专门为本企业或本单位内部提供运输服务的铁路。专用铁路主要用于非营业性运输，但如果得到省、自治区、直辖市人民政府批准，也可用于公共旅客、货物营业性运输。

⑤ 铁路专用线：是指由企业或其他单位管理的与国家铁路或其他铁路线路接轨并且专为企业使用的铁路岔线。铁路专用线一般不配备机车。

2. 按运输流程分

以运输方式多少为依据，铁路运输分为单一方式运输和铁路多式联运。

铁路多式联运一般指国内铁路与国内公路、航空、水路联运，同时也包括国内铁路与国际海运相互间的联运。《中华人民共和国铁路法》规定：国家铁路、地方铁路参加国际联运，必须经国务院批准。

3. 按经济属性分

按是否以营利为目的来划分，可将铁路运输分为铁路营业性运输和非营业性运输。

营业性运输是指为社会服务、发生各种方式的运输费用结算的运输。目前我国铁路的客、货运输都是营业性运输。

非营业性运输是指为本单位服务、不发生任何运输费用结算的运输。

(二) 我国铁路运输业的特点

1. 铁路系统是一部大联动机

铁路的运输生产是由车务、机务、工务、电务、车辆等很多部门、很多工作环节紧密联系而共同完成的。各部门、各单位、各工种、各环节必须紧密配合、协调动作，如同钟表一样准确而有节奏地工作，才能安全、有序地完成繁重的运输任务。铁路运输生产中，如果一个局部、一个单位或一个关键岗位出现疏忽或差错，就可能造成事故，影响整条线路的通畅。所以，要求每个铁路职工必须有高度的认真负责和互相协作的精神。

2. 铁路运输强调高度集中、统一指挥

铁路是国家重要的基础设施、国民经济的大动脉，关系到国计民生，而铁路运输又是在点多、线长、流动分散的情况下，夜以继日、连续不断地进行生产活动。因为铁路运输涉及的点多、线长、面广，各个岗位、各个工作环节之间的配合非常重要，要想使各部门、各环节配合良好，必须有强有力的指挥，这就决定了铁路运输必须强调高度集中、统一指挥。只有这样，才能保证铁路运输任务顺利、安全地完成，也才能获得良好的经济效益和社会效益。

3. 铁路系统实行半军事化管理

铁路实行半军事化管理，有严格的组织性、纪律性。要求铁路职工战时全力以赴服从战争需要，日常工作应严格遵章守纪、服从上级命令。铁路的各项规章制度具有科学性，其中有些条文是用血的代价换来的，因而带有权威性、强制性，是铁的纪律。每个铁路职工必须接受纪律的约束，增强纪律观念，培养执行规章制度和严守纪律的自觉性，做到"有令则行，有禁则止。"

由于铁路具有上述特点，因此，要求铁路的企业管理、组织运输生产和各项改革都必须适应这些特点。只有这样，铁路运输生产才能做到安全正点、畅通无阻。

(三) 我国铁路行业的职业道德规范

职业道德，就是与人们的职业活动紧密联系的符合职业特点所要求的道德准则、道德情操与道德品质的总和，它既是对本职人员在职业活动中的行为标准和要求，同时又是职业对社会所负的道德责任与义务。

作为一个道德体系，我国铁路职业道德规范遵循 "人民铁路为人民"这一基本原则，包括行业基本规范、部门职业道德规范和具体岗位职业道德规范三个层面。

1. 我国铁路行业基本规范

我国铁路行业的基本职业道德规范，是全路员工在职业活动中，特别是在运输生产中应遵循的基本行为准则。《铁路职业道德基本规范》包括：

① 注重质量，讲究信誉。

② 尊客爱货，热情周到。

③ 遵章守纪，保证安全。

④ 团结协作，顾全大局。

⑤ 艰苦奋斗，勇于奉献。

⑥ 廉洁自律，秉公办事。

⑦ 爱路护路，尽职尽责。

⑧ 率先垂范，当好公仆。

2. 部门职业道德规范

铁路各部门的职业道德规范是指铁路各部门的员工在职业活动中应遵循的行为规范，共包括八大部门的职业道德规范，即铁路客货运窗口岗位的职业道德规范，铁路车、机、工、电、辆、水电部门以及政工、管理、技术岗位的职业道德规范。

例如，客货运服务部门是铁路运输生产的窗口单位，员工直接与旅客、货主打交道，其道德风貌是铁路的"门面"。所以，"诚心待客"是铁路窗口部门职业道德的核心。"尊重旅客，优质服务""爱车爱货，方便货主""文明礼貌，仪表端庄""按章办事，不徇私情"是铁路客货运窗口部门职业道德的主要规范。

铁路运输生产的过程，是车务、机务、车辆、工务、电务等部门利用铁路线路、车站、机车、车辆及通信信号等技术设备将旅客与货物从起点运送到终点的过程。各部门环环相扣，缺一不可，像一部工作有序的大联动机。各部门的员工都应该严格遵守各自的职业道德，以确保大联动机正常有序运转。比如，车务部门职业道德的主要行为规范有"严守规章，一点不差""通力合作，按图行车""忠于职守，尽职尽责""诚实劳动，注意保密"等。

3. 具体岗位职业道德规范

我国铁路具体岗位的职业道德规范是指各个不同工种和岗位的员工在职业活动中应遵循的行为准则。铁路各部门内部有不同的工种和岗位，比如，车务部门的员工就有值班员、助理值班员、扳道员、调度员、信号员、调车员、车号员、制动员、运转车长等，他们的职责主要是列车编组、接发、运行、到达、解体和在车站进行的一系列技术作业。这些不同的工种和岗位都有与其工作性质相适应的具体行为准则。

二、我国铁路运输业的发展规划

2004年1月，国务院审议通过了国家中长期铁路网规划，提出了未来10年中国铁路网的发展蓝图。这是国务院批准的第一个行业规划，也是截至2020年我国铁路建设的蓝图。这份纲领性文件促使青藏铁路提前一年建成通车，指导全国铁路第六次大面积提速成功实施，让大秦铁路突破世界重载运量极限，更推动了一大批高速铁路（客运专线）开通运营，开辟了中国高速铁路的新纪元。

2005年1月7日，国务院常务会议通过了中国首个《中长期铁路网规划》，明确了中国铁路网中长期建设目标：到2020年，全国铁路营业里程将达到10万公里，主要繁忙干线实现客货分线，复线率和电气化率分别达到50%。

2008年11月27日，国家发展和改革委员会批准了《中长期铁路网规划（2008年调整）》（以下简称《规划》）。新《规划》要求进一步扩大路网规模、完善布局结构、提高运输质量，快速扩充铁路运输能力、迅速提高铁路运输装备水平；该方案将2020年全国铁路营业里程规划目标由 10 万公里调整为 12 万公里及以上，复线率和电化率分别达到 50% 和 60% 及以上，主要繁忙干线实现客货分线，基本形成布局合理、结构清晰、功能完善、衔接顺畅的铁路网络，运输能力满足国民经济和社会发展需要，主要技术装备达到或接近国际先进水平。

2011 年，铁道部编制的《铁路"十二五"发展规划》中提到，到 2015 年，全国铁路营业里程要达到 12 万公里左右，基本建成快速铁路网，发展高速铁路，推进区际干线、煤运通道、西部铁路等建设，完善路网布局，加快形成发达、完善的铁路网。

2016 年 7 月 20 日，国家发改委发布了修订过的《中长期铁路网规划》（2016 版本），规划期为 2016—2025 年，远期展望到 2030 年。该路网方案实现后远期铁路网规模将达到 20 万公里左右，其中高速铁路 4.5 万公里左右，同时也将会有一大批先进的技术装备投入运用。根据该"规划"，我国铁路建设分为三大块，分别是"八横八纵"高速铁路网络建设、城际铁路建设和普通铁路建设。"八横八纵"每年新增里程约占总新增里程 1/3 以上，城际铁路和普通铁路二者合计占每年新增里程的 45% 以上。具体来说，每年"八纵"部分建设里程均在 1 300 km 以上，"八横"部分建设里程均在 480 km 以上。十三五"期间，我国在京津冀、长三角、珠三角、长江中游、成渝、中原、山东半岛等城市群建成城际铁路网，海峡西岸、哈长、辽中南、关中、北部湾等城市群建成城际铁路骨架网，滇中、黔中、天山北坡、宁夏沿黄、呼包鄂榆等城市群建成城际铁路骨干通道。"十三五"期间，城际铁路建设里程均在 1 200 km 以上，在各地区的城际铁路规划中，预计成渝地区、福建海峡地区、京津冀地区、中原城市群和珠三角地区的建设里程位居前五位，里程总计达到 5 896 km，占比为 65%。

总体来看，上述调整规划中 2020 年的目标内容已基本实现，截止到 2020 年年底，我国铁路运营总里程已达到 14.6 万公里，其中高速铁路里程达到 3.79 万公里，复线铁路里程接近 9 万公里，电气化铁路里程超过 10 万公里。预计到 2025 年，我国铁路网规模将达到 17.5 万公里左右，其中高速铁路通车里程将达到 3.8 万公里以上。展望到 2030 年，基本实现城市内外互联互通、区际多路畅通、省会高铁连通、地市快速通达、县域基本覆盖的铁路网络。

【任务单】

请利用本任务所学知识完成下列题目：

1. 简述我国铁路的分类、特点及运营管理体制。
2. 我国铁路职业道德规范包含哪三个层面？请简述具体内容。
3. 简述我国铁路发展的现状和成绩以及未来的发展规划。

【课　业】

以 PPT 形式汇报以下课业。

1. 分小组探讨新形势下如何进一步发挥我国铁路运输的优势，并分析我国铁路未来的发展趋势。

2. 根据以下案例分小组讨论遵守铁路职业道德的重要性，之后学习和分析优秀铁路职工遵守职业道德的案例。

2012 年 11 月 17 日，埃及一辆载有 60 多名儿童的幼儿园校车穿越铁路道口时与一列火车相撞，至少 50 人死亡，其中 48 人为儿童。事故原因是火车撞上校车时，那处铁路道口的栏杆没有放下。事发当时，那名管理道口的铁路员工正在睡觉。

项目二　　认知铁路运输组织

【知识目标】

1. 掌握旅客列车的分类、特点以及车次；
2. 掌握旅客运送过程的主要环节；
3. 掌握行李包裹运输的主要流程；
4. 掌握货物运输的种类和特点；
5. 掌握整车货物运输过程的三大流程；
6. 了解超重、超限货物的运输条件以及超长货物的装载方法、避免集重装载的方法、危险货物和鲜活货物的分类；
7. 掌握列车运行图的格式与分类以及通过能力的概念；
8. 了解车站接发列车作业的程序；
9. 掌握调车作业方法以及牵出线调车和驼峰调车的作业方法；
10. 了解车站工作日常计划的内容；
11. 了解货运计划、技术计划和运输方案的内容；
12. 掌握我国铁路调度指挥的原则，了解列车调度员的工作内容；
13. 了解保证铁路安全运输的基本措施。

【能力目标】

1. 能够正确处理旅客运送过程中各环节的主要问题；
2. 能够正确签订铁路货物运输合同，能够正确办理行李包裹的运输；
3. 能够正确处理整车货物运输的发送、途中、到达作业中出现的问题；
4. 能够在合理的条件下选择使用集装箱来运输货物；
5. 能够绘制简单的单线连发列车运行图；
6. 熟悉车站接发列车作业流程；
7. 具备铁路运输安全意识，能够采取正确的措施来保证运输安全；
8. 能够在工作中严格按照工作要求和标准执行工作任务。

【项目导入】

项目学习引导书

本项目主要介绍了旅客运输组织、货物运输组织、行车组织等方面的知识内容。要求学员在理论学习与实践练习中，逐步掌握本项目的所有知识内容，完成本项目的知识目标和技能目标。

为了达到更好的学习效果，并最终独立完成任务，必须在课外通过多种渠道、全方位地了解相关知识，更重要的是能够独立思考，而不是简单地看书、听讲、完成任务。请始终独立处理信息并借助相应的工作技巧，给文本标记、记录，制作并展示你的学习卡片等，这是长期保存信息的有效方法。

任务一　认知铁路旅客运输组织

【任务描述】

从事铁路旅客运输组织相关的工作人员，首先要掌握与铁路客运行业发展相适应的理论知识与实践技能，需要在知识、能力和素质等方面都达到标准。

本任务主要介绍了铁路客运相关知识，要求学员能够熟悉列车和车站客运设施与设备的功能，掌握客运服务工作的流程和方法，掌握客运安全的相关知识等。

【知识准备】

旅客运输是铁路运输的一个重要组成部分。旅客运输的基本任务是最大限度地满足广大人民群众在旅行上的需要，安全、迅速、便捷、舒适、经济地运送旅客、行李、包裹和邮件，保证旅客在旅行途中舒适愉快并得到文化生活上的优质服务。

铁路旅客运输的工作性质和组织原则是：

① 旅客运输的主要服务对象是广大旅客，其次是行李、包裹和邮件。

② 旅客列车的编组一般是固定的，其始发、终到站以及到、发和途中运行的时刻也是固定的。

③ 旅客车辆（包括餐车、行李车）一般都是按照铁路局的规定固定配属于各客运车辆段。

④ 旅客运输计划只有年度的客运量计划和客运机车及客车车底运用计划，平时只依据节假日客流调查资料所编制的重点节假日计划，来调整年度的客运量计划和机车车辆运用计划。

⑤ 客运站的位置要求紧靠城市，并且要与市内运输及其他各种交通工具有密切的配合。

⑥ 选择旅客列车的重量标准、速度和密度时，要进行综合比较。

铁路旅客运输是为广大人民群众旅行的需要服务的。它要求铁路既要质量良好地完成旅客运输任务，又要经济、合理地使用客运机车车辆和其他技术设备。为此，必须在生产实践和科学研究的基础上，不断总结经验，根据具体情况，规定正确的客运组织原则。

一、旅客运输组织概述

(一) 客流的定义及分类

客流是指铁路某一方向上、一定时间内旅客的流量和流向，由旅客的流量、流向和流程构成。

按旅客的乘车距离和铁路局的管辖范围，客流分为以下两种：

① 直通客流：旅客乘车距离跨及两个及以上铁路局的为直通客流。

② 管内客流：旅客乘车距离在一个铁路局范围以内的为管内客流。

（二）旅客列车的分类及车次

1. 旅客列车的分类

针对客流的不同需求和铁路线路等技术设备条件，铁路开行了不同种类、不同等级的旅客列车，主要分为以下几种：

① 高速动车组旅客列车：车次开头为"G"，念作"高×次"。高速动车组列车在长途高速铁路客运专线上行驶，速度通常为 300～350 km/h。

② 城际动车组旅客列车：车次开头为"C"，念作"城×次"。城际动车组旅客列车是指和谐号动车组在距离较近、相互间客流量很大的大城市之间的短途客运专线（如京津城际铁路、沪宁城际铁路等）上运行，运行速度为 250～350 km/h。

③ 动车组旅客列车：车次开头为"D"，念作"动×次"。动车组列车是指和谐号动车组在普速铁路线路上运行，经提速后开行的 160～200 km/h 的客运列车。

以上三种旅客列车均采用技术最先进的动车组行驶，车内设施人性化，运行速度快，乘坐舒适度高。

④ 直达特快旅客列车：车次开头为"Z"，念作"直×次"。这种列车采用先进的庞巴迪和 25T 型客车，车内设备好、服务水准高，列车运行速度一般保持在 160 km/h。途中不办理旅客上下车业务。

⑤ 特快旅客列车：车次开头为"T"，念作"特×次"。这种列车编组辆数较少，运行速度比较高，区间运行速度常达到 140 km/h，一般运行在线路质量较高的线路上。

⑥ 快速旅客列车：车次开头为"K"，念作"快×次"。这种列车编组辆数较少，区间运行速度常达到 120 km/h，停站次数较少，车内设备比较完善。

⑦ 普通旅客快车：分直通快车和管内快车，这种列车速度比快速列车慢，编组辆数和停站次数较多。

⑧ 普通旅客慢车：分直通旅客列车和管内旅客列车，这种列车的编组辆数多，定员多，速度低，在营业站均有停点。

⑨ 临时旅客列车：一般在节假日、寒暑假、春运期间，为了满足临时增加的客流与运能之间的供需矛盾而临时增开的旅客列车。

⑩ 旅游列车：这种列车在名胜古迹、游览胜地所在站和大、中城市间开行，用于输送旅游观光旅客。旅游列车的速度、服务和设备都优于其他旅客列车。

2. 旅客列车的车次

全路有上千对各种不同种类、性质的旅客列车运行在全国各条线路上。为了便于旅客能区别各种旅客列车的性质和种类，同时，考虑到铁路行车部门组织列车运行和进行作业的需要，铁路部门把各种旅客列车按其性质、种类和运行方向用一定数字编定车次。所以，车次是某一列车的简明代号，它能表示：① 列车的种类——是客车还是货车，如是客车还可判明是直通的还是管内的；② 列车的等级——是快车还是慢车，如是快车还可区分是特快、快速、普快等；③ 列车的去向——是上行还是下行。在我国，以向首都北京、支线向干线或指定方向为上行，车次编定为双数；反之为下行，车次编定为单数。

我国铁路旅客列车的车次编号由国铁集团统一规定执行，具体的客车车次编定参见本项目任务三中的表 2-3-1。

（三）客运站设备

客运站是铁路旅客运输的基层生产单位，专门办理旅客运输业务，是客运部门与旅客之间联系的纽带。客运站有以下设备：

① 旅客站房，包括客运用房、技术作业用房、车站行政用房、驻站单位用房、职工生活用房和建筑设备用房等。其中，客运用房是旅客站房的主体，站房的主要出入口、售票处、行李房和候车室等又是客运用房的主要组成部分，如图 2-1-1 所示。

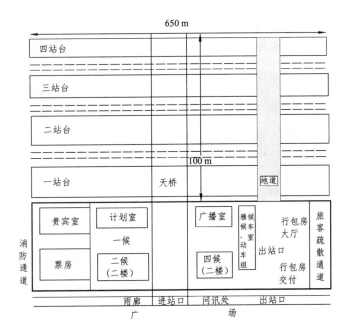

图 2-1-1　株洲车站平面示意图

② 站场，是列车通过和停靠的场地，也是旅客和行包的集散地点。站场内应设置站线、旅客站台、跨线设备和检票口等设施，满足安全、合理地组织旅客和行包运输两方面的需要。根据作业的要求，客运站需设有正线、旅客列车到发线、机车走行线与机车等待线、客车摘挂车辆停留线、公务车停留线和整车行包装卸线等。

③ 站前广场，是客运站与城市交通联系的地带，包括车行道、停车场和旅客活动用地等。

除此之外，为了保证客车技术状态的良好，在配属有大量旅客列车车底的客运始发、终到站，或有大量长途旅客列车的折返站，以及有大量市郊旅客的始发、终到站上，设置客车整备所，以便对客车进行洗刷、消毒、检查、修理和整备。为了顺利完成各项作业，客车整备所应具有线路、客车外部洗刷设备、客车整备库（棚）、消毒设备和车底转向设备。

二、旅客运送过程

铁路旅客运送过程主要包括图 2-1-2 所示的几个环节。

图 2-1-2　铁路旅客运送过程

(一) 售票

车票是旅客乘车的凭证。目前铁路售票方式有站内窗口人工售票、代售点售票、电话订票、互联网售票和自动售/取票机自动售票。

1. 车票的分类

(1) 按形式分类

① 磁卡车票。目前我国可在部分铁路线路使用的磁卡车票为"中铁银通卡"，分金卡和银卡两种，如图 2-1-3 所示。"中铁银通卡"属于预付卡，类似公交一卡通，仅限于持卡人本人使用。刷卡乘车时，金卡按一等座票价扣款，银卡按二等座票价扣款，旅客可以持卡至预留席车厢乘车。

图 2-1-3　中铁银通卡金卡

② 软纸车票。主要是指电子售票机打印的软纸票。票面载明的主要内容有：发站、到站、径路、座别、卧别、票价、车次、乘车日期、有效期、个人身份信息等。

③ 电子车票。铁路电子车票是以电子数据形式体现的铁路旅客运输合同，与普通车票具有同等法律效力。例如，旅客在中国铁路客户服务中心网站（http://www.12306.cn）使用二代居民身份证购票，并且乘车站及下车站都具备二代居民身份证检票条件的，可以使用二代居民身份证原件直接在车站自动检票机办理进、出站检票手续，无须换取纸质车票。

(2) 按用途分类

铁路车票按用途分为客票和附加票两种（动车组列车票价除外）。客票分为硬坐客票和软座客票，附加票包括加快票、卧铺票、空调票。车票是乘车票据的总称，包含客票和附加票。

(3) 按乘车情况分类

铁路车票按旅客的乘车情况分为直达票和通票。从发站至到站不需中转换乘的车票为直达票；从发站至到站需中转换乘的车票为通票。直达票的有效期是当日当次车有效，通票的有效期是按乘车里程计算的：1 000 km 为 2 日，超过 1 000 km 的，每增加 1 000 km 增加 1 日，不足 1 000 km 的尾数按 1 日计算，自指定乘车日起至有效期最后一日的 24 时止。卧铺票当日当次使用有效，其他附加票随同客票使用有效。

2. 减价票的发售规定

(1) 儿童减价票

随同成年人旅行且身高为 1.2 ~ 1.5 m 的儿童，享受半价客票、加快票和空调票。

(2) 学生减价票

在普通大、专院校，军事院校，中、小学和中等专业学校、技工学校就读，没有工资收入的学生、研究生，家庭居住地和学校不在同一城市时，凭附有加盖院校公章的减价优待证，每年可享受 4 次家庭至院校（实习地点）之间的半价硬座客票、加快票和空调票。学生乘坐动车组可享受二等座公布票价七五折优惠。

(3) 伤残军警半价票

中国人民解放军和中国人民武装警察部队因伤致残的军人凭"中华人民共和国残疾军人证"、因公致残的人民警察凭"中华人民共和国伤残人民警察证"享受半价的软座、硬座客票和附加票。

3．车票签证

旅客不能按票面指定的日期、车次乘车时，应当在票面指定的日期、车次开车前办理一次提前或推迟乘车签证手续，特殊情况经站长同意可在开车后 2 小时内办理。持动车组列车车票的旅客改乘当日其他动车组列车时不受开车后 2 小时内限制。

旅客持通票在中转站换车时，应办理中转签证手续。签证不需要补差价或换乘的车次票价低于原票价时，票价差额部分不退，只打印签证号，随原票使用有效；需补差价时，发售有价签证票。

4．车票丢失

如果旅客购买了实名制车票后又丢失的，可不晚于票面发站停止检票时间前 20 分钟到车站售票窗口办理挂失补办手续。挂失补车票票样如图 2-1-4 所示。办理时按原车票车次、席位、票价重新购买一张新车票。旅客持新车票乘车时，应向列车工作人员声明；到站前经列车长确认该席位使用正常的，将开具客运记录交给旅客。旅客应在到站后 24 小时内，凭客运记录、新车票和购票时所使用的有效身份证件原件，至退票窗口办理新车票退票手续，按规定核收补票的手续费。

旅客购票后乘车前未办理车票挂失补办手续或者乘车后丢失车票的，应当另行购票。

持电子车票的旅客在列车上因二代居民身份证丢失、无法确认车票信息的，应当先行补票。旅

图 2-1-4　挂失补车票票样

客补票后，又找到二代居民身份证的，列车确认后开具客运记录交予旅客，旅客持客运记录和二代居民身份证原件到下车站退票窗口退还后补车票，不收退票费。

(二) 候车

候车室是旅客休息和等候乘车的场所。车站应有良好的通风、采光、采暖、防暑、休息等设备，与其他站房的主要出入口有密切的联系，并尽可能靠近站台，减少旅客检票上车的行程。候车室一般实行凭票候车。候车室工作人员要主动、热情、诚恳、周到地为旅客服务，搞好清洁卫生，及时通告列车到、发和检票进站时间，加强安全和旅行常识的宣传，做好饮水、购物、娱乐等延伸服务。

为了维护站车的良好秩序，确保运输安全，方便旅客进出站、上下车，一般在旅客进入候车室之前需要对旅客随身携带的物品进行检查。旅客不得携带国家禁止或限制运输的物品、危险品、动物及妨碍公共卫生、能够损坏或污染车辆等的物品进站上车。

此外，每个成人旅客可免费携带物品 20 kg，儿童（含免费儿童）10 kg，外交人员（持外交护照者）35 kg；旅客携带品的外部尺寸，每件长、宽、高之和不得超过 160 cm，动车组每件长、宽、高之和不得超过 130 cm；杆状物品不得超过 200 cm，重量不超过 20 kg。超过规定物品应办理托运。残疾人旅行时代步的折叠式轮椅可免费携带，不计入上述范围。

（三）检票进站

为了维护站、车秩序，保证旅客安全，避免旅客上错车，车站设置了检票口，旅客持车票进站上车时必须经检票口检票和加剪进站。

配置自动检票机的车站，对蓝色底纹的磁介质车票通过自动检票机进行检票。

对非磁介质车票或自动检票机出现故障时，采用人工检票方式，人工确认车票有效后，在车票边缘上剪口，表明铁路旅客运输合同开始履行。自此时起，铁路应担负旅客的旅行安全责任。

（四）旅客上、下车

旅客上下车过程中极易发生客伤事故，为了确保旅客安全，客运人员应有秩序地组织旅客上、下车，做好进出站引导工作。

每次接发客车时，车站应派工作人员坚守检票口、天桥口、地道口及进站或出站通路交叉地点；利用广播提前告知旅客检票车次、停靠站台等信息，引导旅客进站排队，站在安全线内侧候车。

车站应对站台划区定岗，责任到人，加强站台旅客宣传，维持站台秩序，及时制止旅客侵限，劝阻旅客不要横越线路、钻爬车窗及随车奔跑；严格开车前检查签认制度，加强列车背面巡视，严防旅客摔伤、挤伤、踩踏和扒乘列车等问题发生。对老、弱、病、残、孕等行动不便的旅客应提供帮助，督促购物旅客及时上车，保证旅客安全。

（五）列车服务

列车服务工作由列车乘务组担当。列车乘务组包括客运人员（列车长、列车员、广播员、行李员、餐车服务员等）、公安乘警（乘警长、乘警等）和车辆乘务员（检车长、检车员、车电员等）三部分人员。列车乘务组在列车长的统一领导下，相互密切配合，共同做好列车服务工作。动车组列车乘务组包括客运人员、机械师、乘警和司机在内的所有列车乘务人员。

列车服务工作包括车厢服务、列车广播和餐茶供应工作。

1. 车厢服务

始发站剪票前，乘务员应做好各种准备工作，坚守车门，扶老携幼，迎接旅客看票上车。开车后，乘务员按作业过程进行工作，服务中态度主动、热情、语言文明，表达得体、准确，行动稳重、大方，作风谦虚谨慎，方法机动灵活，处理问题要实事求是。及时通报站名，组织旅客安全乘降。

2. 列车广播工作

列车广播的主要任务是介绍铁路安全、旅行常识及沿线的名胜古迹；正确及时地做好站名及中转换乘通告。为活跃旅客的旅行生活，可适当播放一些文娱节目和录像；为保证旅客身体健康，做好列车卫生宣传工作。

3. 列车饮食供应工作

铁路旅客饮食供应是保证广大旅客在旅行中的饮食需要，应保证饮食卫生，不断提高服务质量。列车餐饮服务应树立"食品安全是命脉，诚信服务是本质，方便快捷是特色"的经营理念。坚持以提高餐车服务质量为中心，让旅客吃得放心、吃得满意。

（六）出站

旅客到达到站出站时，车站应查验车票。发现违章的旅客应对其进行到达补票，按规定补收运输费用。

三、行李、包裹运输

(一)行李、包裹的范围

1. 行李

行李是指旅客旅行必须带上的必需品,可凭客票办理托运。

行李可以是旅客自用的被褥、衣服、个人阅读的书籍、残疾人车和其他旅行必需品。为保证安全、贯彻国家有关运输政策,行李中不得夹带货币、证券、珍贵文物、金银珠宝、档案材料等贵重物品和国家禁止、限制运输物品、危险品。

每件行李最大重量不超过 50 kg,体积以适合装入行李车为限,但最小不小于 0.01 m^3。

2. 包裹

包裹是指适合在旅客列车行李车内运输的小件货物。包裹分为四类:

一类包裹:自发刊日起 5 日以内的报纸;中央、省级政府宣传用非卖品;新闻图片和中、小学生课本。

二类包裹:抢险救灾物资,书刊,鲜或冻鱼介类,肉、蛋、奶类,果蔬类。

三类包裹:不属于一、二、四类包裹的物品。

四类包裹:① 一级运输包装的放射性同位素、油样箱、摩托车;
② 泡沫塑料及其制品;
③ 国务院铁路主管部门指定其他需要特殊运输条件的物品;
④ 快运包裹。

快运包裹是铁路运输的一种方式,业务全称为"小件货物特快专递运输服务",简称中铁快运,注册商标为"CRE 中铁快运"。快运包裹是中铁快运依托铁路客车行李车,配合公路、航空和市内配送资源,向客户提供的小批量货物门到门运输服务。

快运包裹外部尺寸长、宽、高之和不得小于 0.6 m,包裹外部的最大尺寸应不超过长 3 m、宽 1.5 m、高 1.8 m,超过时应先与中转机构或到达机构协商,同意后方能办理,并根据快运包裹的外部尺寸及重量选择合适的运输工具。每件包裹最大重量不得超过 50 kg,超过时按超重快运包裹办理。

另外,为保证安全,有些物品是不能按包裹运输的,如危险品。

(二)行李、包裹的运送

1. 托运

旅客或托运人向车站要求运输行李或包裹称为托运。

旅客托运行李时,必须提出有效的客票和托运单。旅客凭客票,在乘车区段内可从任何营业站托运至另一营业站,但每张客票仅限托运一次(残疾人用车除外)。

旅客托运包裹时,应提出托运单。托运某些特殊物品时,还应提出规定部门签发的运输证明,如托运金银珠宝、货币、证券应提出中国人民银行的正式文件或当地铁路公安局或公安处的免检证明。

行李、包裹运输方式分为保价运输和不保价运输,旅客或托运人可以选择其中一种运输方式,并在托运单上注明。参加保价运输的行李、包裹,需交纳保价费。车站对保价运输的行李、包裹可以检查其声明价格与实际价格是否相符,如旅客或托运人拒绝检查,则不能按保价运输办理。

2．承运

车站行李员应对要求托运的行李、包裹进行必要的检查。当检查完毕，认为符合运输条件的，即可办理承运手续，填制行李、包裹票及中国铁路小件货物快运运单（一式 5 页，其中丙页为领货凭证），核收运杂费。

3．运送

运送行李、包裹时，应先运送行李、后运送包裹，做到行李随人走、人到行李到。所以，行李应随旅客所乘列车装运或提前装运，包裹应按其类别的顺序及性质统筹安排运输，保证行李、包裹在一定期限（即行李、包裹运到期限）内运至到站。

行李、包裹运到期限以运价里程计算，从承运日起，行李 600 km 以内为 3 天，超过 600 km，每增加 600 km 增加 1 天，不足 600 km 也按 1 天计算。包裹 400 km 以内为 3 天，超过 400 km，每增加 400 km 增加 1 天，不足 400 km 也按 1 天计算。快运包裹的运到期限另有规定。

由于不可抗力等非承运人责任发生的停留时间加算在运到期限内。

逾期运到的行李、包裹，承运人应按逾期日数及所收运费的百分比向收货人支付违约金，违约金最高不超过运费的 30%。

4．到达、保管、交付

行李随旅客所乘坐的列车运至到站，旅客即可领取。包裹由托运人在发站办理托运手续后，告知收货人按时领取，同时承运人在包裹到达后也应及时通知收货人领取。铁路对到达的行李、包裹免费保管 3 天（行李从运到日起，包裹从发出通知日起）；逾期到达的行李、包裹免费保管 10 天。超过免费保管期限时，按超过日数核收保管费。

旅客或收货人领取行李、包裹时，凭行李、包裹领取凭证领取。如领取凭证丢失，则必须提出本人身份证、物品清单和担保人的担保书，承运人对上述单证和担保人的担保资格认可后，可由旅客或收货人签收办理交付。

四、旅客运输安全

保证旅客旅行安全是对铁路运输的基本要求。但在运输过程中，因铁路责任、旅客责任或其他原因导致旅客运输事故仍时有发生。旅客运输事故包括旅客人身伤害事故和行李包裹运输事故两类。

（一）旅客人身伤害事故

凡是持有车票的旅客，经检票口加剪开始，至到达目的地出站缴销车票时止，在旅行中遭受外来剧烈、明显的意外伤害事故以及因承运人的过错致使旅客人身受到伤害导致死亡、残疾或丧失身体机能者，均属于旅客人身伤害事故。

旅客人身伤害事故有多种类型，常见事故有挤伤、烫伤、砸伤、碰伤、摔伤、跳车、因病死亡等。客伤事故绝大多数属于旅客自身原因造成的，另一个重要原因是铁路管理不到位、防范意识不强、防范责任不落实和违章、违标作业。

1．旅客人身伤害事故的种类
① 死亡。
② 重伤：肢体残疾、容貌毁损，视觉、听觉丧失及器官功能丧失等。
③ 轻伤：伤害程度不及重伤者。

2．旅客人身伤害事故的等级
① 轻伤事故：只有轻伤，没有重伤和死亡的事故。
② 重伤事故：有重伤，没有死亡的事故。
③ 一般伤亡事故：一次造成死亡 1 人至 2 人的事故。

④ 重大伤亡事故：一次造成死亡 3 人至 9 人的事故。

⑤ 特大伤亡事故：一次造成死亡 10 人至 29 人的事故。

⑥ 特别重大伤亡事故：一次造成死亡 30 人以上的事故。

（二）行李包裹运输事故

行李包裹运输事故种类分为：① 火灾；② 被盗（有被盗痕迹）；③ 丢失（全批未到或部分短少，没有被盗痕迹）；④ 损坏（破损、湿损、变形等）；⑤ 误交付；⑥ 票货分离、票货不符、误装卸或顶件运输；⑦ 其他（污染、腐坏等）。

发生旅客人身伤害事故和行李包裹运输事故时，应认真调查分析，明确责任，及时正确处理。

【任务单】

请利用本任务所学知识完成下列题目：

1. 请总结旅客列车的分类和特点以及旅客列车的车次。

2. 旅客的运送过程有哪些环节？

3. 请总结车票的分类以及每类车票的特点。

4. 若车票丢失，该如何处理？

5. 请简述行李包裹的办理流程。

6. 旅客人身伤害事故的种类和等级有哪些？

【课　业】

学生每 5～6 人一组，完成以下课业后，每组提交一份任务报告，包括视频资料及总结。

1. 查询相关网站，如铁道论坛等，收集并观摩客运现场相关资料和视频。

2. 每组进行场景模拟练习。分别设乘客、售票员、候车厅客运员、检票员、列车员各一位，学生每组 5～6 人进行角色扮演，按照时间顺序模拟客运站运送旅客的过程。

任务二　认知铁路货物运输组织

【任务描述】

铁路运输除了旅客运输外，另一项重要的任务就是货物运输。

通过本任务的学习，让学员了解从事货运现场工作的货运值班员应知应会的内容，掌握铁路货物运输的种类、条件，了解发送、途中、到达等运输组织和作业的方法，了解集装运输和特殊条件货物运的一些基本相关知识。

【知识准备】

安全、迅速、经济、便利地完成货物运输，是铁路货物运输的基本任务。铁路货物运输在大宗货物运输和中长距离货物运输领域中具有传统优势。由于铁路货运工作涉及面广、政策性强、办理复杂，做好货物运输组织工作，对于国家经济建设、国防建设和人民生活都具有十分重要的意义。

一、铁路货物运输合同

铁路货物运输合同，是以运送货物的劳务行为作为合同标的的一种合同。根据《中华人民共和国合同法》的规定，货运合同可以定义为：承运人按照托运人的指示，将托运人交付的货物运送至目的地，交付给指定的收货人，托运人或者收货人支付运费的合同。

铁路货物运输合同的签订，是指托运人按季度、半年度、年度或更长期限签订的整车大宗物资运输合同。整车货物运输、零担货物运输和集装箱货物运输，使用货物运单作为运输合同。

二、铁路货物运输的基本条件

（一）货物运输的种类

根据托运货物的数量、性质、形状等条件并结合所使用的货车，将铁路货物运输的种类划分为整车、零担和集装箱三种。

1. 整车货物运输

一批货物的重量、体积、形状或性质需要以一辆以上货车运输的，应按整车托运。

整车货物运输的费用较低，运送速度较快，安全性能好，承担的运量也较大，是铁路的主要运输方式。

2. 零担货物运输

不够整车运输条件的，按零担托运。零担托运的货物，一件体积最小不得小于 $0.02\ m^3$（一件重量在 10 kg 以上的除外），每批不得超过 300 件。

零担货物运输具有运量零星、批数较多、到站分散、品种繁多、性质复杂、包装条件不一、作业复杂等特点。零担运输在铁路总运量中所占的比例较小。

3. 集装箱运输

集装箱是一种现代化运输设备，使用集装箱进行的货物运输，称为集装箱运输，适用于运输精密、贵重、易损、怕湿的货物。

集装箱运输具有保证货运安全、简化货物包装、提高装卸效率、加速车辆周转、便于组织"门到门"运输等优点，是一种现代化的运输方式，是铁路运输的发展方向。

（二）按一批托运的条件

铁路货物运输以批为单位。一批是铁路承运货物和计算运输费用的单位。按一批托运的货物，必须是托运人、收货人、发站、到站和装卸地点相同（整车分卸货物除外）。

整车货物，以每一车为一批；跨装、爬装及使用游车的货物，每一车组为一批；零担货物或使用集装箱的货物，以每张货物运单为一批。

下列货物不得按一批托运：

① 易腐货物与非易腐货物。

② 危险货物与非危险货物（另有规定者除外）。

③ 根据货物的性质不能混装运输的货物。

④ 按保价运输的货物与不按保价运输的货物。

⑤ 投保运输险货物与未投保运输险的货物。

⑥ 运输条件不同的货物。

上述货物，在特殊情况下，经铁路局认可也可以按一批托运。

(三) 货物运到期限

货物运到期限是指铁路在现有技术设备和运输组织工作水平的基础上,将货物运送一定距离而规定的时间。

货物运到期限主要包括货物发送期间、货物运输期间、特殊作业时间。其中:

① 货物发送期间:1 天。

② 货物运输期间:运价里程每 250 km 或其未满为 1 天;按快运办理的整车货物,运价里程每 500 km 或其未满为 1 天。

③ 特殊作业时间:

· 运价里程超过 250 km 的零担货物和 1 t 型集装箱,另加 2 天,超过 1 000 km 加 3 天;

· 一件货物重量超过 2 t、体积超过 3 m² 或长度超过 9 m 的零担货物,另加 2 天;

· 整车分卸货物,每增加一个分卸站,另加 1 天;

· 准、米轨间直通运输的整车货物,另加 1 天。

货物的实际运到天数,从货物承运次日起算,在到站由铁路组织卸车的,至卸车完毕时终止;在到站由收货人组织卸车的,至货车调到卸车地点或交接地点时终止。

货物运到期限起码为 3 天。

三、整车货物运输过程

整车货物运输过程可分为发送作业、途中作业、到达作业三大流程。

(一) 发送作业

1. 需求受理

除法律法规明令禁止运输的货物,对托运人提出的所有物流需求,不区分货物品类、体积、重量、批次、运到时限、装载要求、运载工具,全部纳入铁路物流服务范围,敞开受理。

运输需求提报方式有以下几种:

① 托运人通过铁路货运网上营业厅录入运输需求。

② 托运人拨打 95306 客服电话,客服人员根据客户需求在铁路货运电子商务系统代为录入运输需求。

③ 托运人通过 95306 "我要发货" 提出运输需求,客服人员根据客户需求在铁路货运电子商务系统代为录入运输需求。

④ 托运人拨打车站受理服务电话,车站营业厅工作人员根据客户需求在铁路货运电子商务系统代为录入运输需求。

⑤ 托运人在车站营业厅柜台办理,可填写纸质运单需求联,由车站营业厅工作人员代为录入系统。纸质运单需求联与承运后的运单正本发站存查联合订保存。

托运人按日提出运输需求,车站联系客户核实货源,在货运电子商务系统中确认运输条件,铁路局通过货调系统下达日需求审定结果并反馈给铁路货运电子商务系统。铁路货运电子商务系统生成带 18 位需求号的运单需求联电子信息,客户可补充运单需求联信息。选择电子领货时,应设置领货信息(领货人姓名、身份证号、领货密码等)。

货物运单的格式见图 2-2-1。

铁路货物运单是托运人与承运人之间,为运输货物而签订的一种运输合同文件。它是确定托运人、承运人、收货人之间在运输过程中的权利、义务和责任的原始依据,也是铁路收取货物运输费用

铁路货运 CHINA RAILWAY FREIGHT ××铁路局

货 物 运 单 【正本】

需求号：　　　　　　　　　　　　　　　　　　　　　　　　　批量：

托运人	发站（局）		专用线			货区		
	名称				经办人	货位		
					手机号码	车种车号		
	□上门取货	取货地址			联系电话	取货里程（km）		
收货人	到站（局）		专用线			运到期限		标重
	名称				经办人	施封号		
					手机号码	蓬布号		
	□上门送货	送货地址			联系电话	送货里程（km）		
付费方式 □现金 □支票 □银行卡 □预付款 □汇总支付				领货方式 □电子领货 □纸质领货		施封方		

货物名称	件数	包装	货物价格（元）	重量(kg)	箱型箱类	箱号	集装箱施封号	承运人确定重量(kg)	体积(m³)	运价号	计费重量
合计											

选择服务	□上门装车		费目	金额(元)	税额(元)	费目	金额(元)	税额(元)
	□上门卸车							
	□保价运输 □装载加固材料							
	□仓储 □冷藏(保温)							
	其他服务							

增值税发票类型 □普通票 □专用票	受票方姓名： 纳税人识别号： 地址、电话： 开户行及账号：				
		费用合计		大写：	

托运人记事：　　　　　　　　　　　　　承运人记事：
　　　　　　　　　　　签章　　　　　货运员　　　　　　　　　　　　车站日期戳

收货人签章　　　　　　　　　车站接(交)货人签章　　　　制单人　　　制单日期

图 2-2-1　铁路货物运单的格式

的结算单据之一。铁路货物运输采用统一格式的运单办理，不再使用货票办理。运单格式不得随意改动，各联打印规格均为 A4（297mm×210mm）。各栏由托运人和承运人按规定填写。托运人在本单所记载的货物名称、性质、重量、数量、价格等必要事项应与货物的实际完全相符，并对其真实性负责。

整车需求核实后，车站在货运站系统指定货区货位、进货或取货时间。

2. 进货验收

托运人可凭需求号或运单需求联进货，按指定日期将货物搬入货场指定的位置。发站在货运站系统中录入需求号，调取相关信息，补充货区货位信息，电子运单需求联状态变更为"已进货"。

货运员（外勤）要检查货物品名、件数、重量与货运站系统中记载是否相符，运输包装和标志是否符合规定，货物堆码是否合乎要求等，划清承、托双方责任。验收后，应通过计算机在货运站系统中确认"进货齐"。

3. 装车

装车作业是铁路货物运输工作的一个重要环节。货物装车和卸车的组织工作，在车站公共装卸场所内由承运人负责；在其他场所如专用线内，均由托运人或收货人负责。但罐车运输的货物、冻结易腐货物、未装容器的活动物、蜜蜂、鱼苗、一件重量超过 1 t 的放射性同位素，以及用人力装卸带有动力的机械和车辆，均由托运人或收货人负责组织装车或卸车。装车包括装车计划、接车、检查货物、制定装载方案、准备加固材料、车辆检查、车前会、监装、装车后检查、车辆施封、苫盖篷布、填写货物装载加固质量签认卡、根据货运站系统信息打印货物运单等步骤。

货场装车时，发站在货运站系统中录入需求号，调取并核实相关信息，选择车号，录入施封号（篷布号）等信息。装车完毕后，电子运单需求联状态变更为"已装车"。

4．承运

发站在电子货运票据管理系统检索"已装车"运单需求联，调取相关信息，计算运输费用，生成运单，打印货物运单正本（客户需纸质领货凭证的打印领货凭证），电子运单状态变更为"已制票"。加盖车站日期戳，托运人签章，留存发站存查联，托运人存查联交与托运人。

自整车货物装车完毕，发站在货物运单上加盖车站日期戳时起，即为承运。

承运表示货物运输合同成立，从承运时日起，承、托双方就要分别履行运输合同的义务与责任，因此，承运意味着铁路负责运输的开始。

（二）途中作业

货物在运输途中发生的各项货运作业，均称为途中作业。

1．途中作业形式

货物的途中作业包括货运交接检查、特殊作业及异常情况的处理。

货运交接检查是途中必须进行的正常作业。列车到达和出发时，列车司机要与车站办理列车编组顺序表（运统1）的人员交接签认，根据列车编组顺序表核对现车。

特殊作业包括整车分卸货物在分卸站的分卸作业、活动物途中上水、托运人或收货人提出的货物运输变更和解除的处理等。

异常情况的处理是指货车运行有碍运输安全或货物完整时需进行的换装或整理以及对运输阻碍的处理。

2．货物运输变更和取消托运

（1）货物运输变更

货物托运后，由于特殊原因需要变更的，经承运人同意，对承运后的货物可以按批在货物所在的途中站或到站办理变更到站和变更收货人。

（2）取消托运

整车货物在承运后、挂运前，托运人可向发站提出取消托运，经承运人同意，运输合同即告解除。

托运人要求变更或取消托运时，应将货物运单正本托运人存查联和货物运输变更要求通知书交与变更处理站（或发站）。凭纸质领货凭证领货的，还应将纸质领货凭证一并交与变更处理站（或发站），办理电子领货的，应向处理站（或发站）提供领货密码。

3．运输阻碍的处理

因不可抗力（如风灾、水灾、冰雹、地震等）的原因致使行车中断，货物运输发生阻碍时，铁路局对已承运的货物，可指示绕路运输；或者在必要时先将货物卸下，妥善保管，待恢复运输时再行装车继续运输。

（三）到达作业

货物在到站进行的各种货运作业，称为到达作业。到达作业程序如图 2-2-2 所示。

1．卸车

列车到达后，车站应派人接收重车。

货场卸车，到站接收现车系统的重车信息，在货运站系统指定股道货位并推送现车系统，接车对位后调取相关卸车信息，核实并组织卸车。卸车作业开始之前，装卸货运员应向卸车工组详细传达卸车要求和注意事项。卸车时，货运员应对施封的货车亲自拆封，并会同装卸工一起开启车门或取下苫盖篷布；要逐批核对货物、清点件数；应合理使用货位，按标准进行码放；对于事故货物则应编制记录。

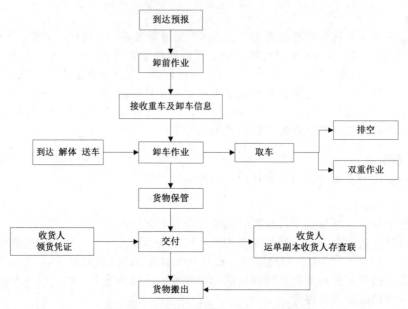

图 2-2-2　铁路货物运输到达作业流程

专用线（专用铁路）卸车，到站接收现车系统的重车信息，在货运站系统指定专用线股道并推送现车系统，路企交接后，企业运输员组织卸车，通过货运电子商务系统或手机 APP 补充卸车信息，车站根据作业进度在货运站系统填制货车调送单。

卸车完毕，电子运单状态变更为"已卸车"。

2. 货物保管

对货位上堆码的货物，货运员（外勤）应加强巡视检查，严禁闲杂人员进入库区；对库区的消防器材、电源进行交接检查。做到库区严禁烟火。对露天存放的怕湿货物，检查堆码、篷布苫盖及铺垫情况，交接、巡视中发现问题及时处理。

3. 交付工作

(1) 内交付

收货人凭纸质领货凭证领货的，到站在电子货运票据管理系统中调取运单信息，核实领货凭证、领货人身份等信息，办理内交付手续。

收货人以电子领货方式领货的，收货人在货运电子商务系统打印领货凭证，到站在电子货运票据管理系统中验证领货验证码，办理内交付手续。

收货人凭领货密码和领货人身份证明领货的，到站在电子货运票据管理系统上验证领货密码和收货人身份证信息后打印领货凭证，办理内交付手续。

到站核收相关费用后，打印运单副本两联，加盖车站日期戳，收货人签章，将收货人存查联交与收货人。

(2) 外交付

到站凭运单副本收货人存查联与收货人办理货物交接，在运单副本收货人存查联上加盖"货物交讫"章。电子运单状态变更为"已交付"。货位号、品名、件数要确认，特别要注意区分相邻货位同类货物，以防误交付。加固材料、装置、装车备品及自备篷布等一并点交。

(3) 货物搬出

到站凭运单副本收货人存查联验放货物。货物搬出后，货运员（外勤）应检查货位，并督促装卸工组将货位清扫干净，防湿布折叠整齐，送至规定存放地点。

交付完毕意味着铁路履行运输合同就此终止，铁路负责运输就此结束。

四、铁路集装运输

集装箱和集装化运输称为货物的集装运输。货物的集装运输是我国铁路货物运输的发展方向。

(一) 集装箱运输

1. 集装箱的定义

集装箱是满足下列要求的一种运输设备:

① 具有足够的强度,可长期反复使用。

② 适于多种运输方式运送,途中无须倒装货物。

③ 设有供快速装卸的设施,便于从一种运输方式转移到另一种运输方式。

④ 便于箱内货物装满和卸空。

⑤ 容积不小于 1 m³。

2. 集装箱的种类

① 按箱型分类:主要有 20 ft(英尺,1 ft = 0.3048 m)集装箱、40 ft 集装箱,如图 2-2-3 和图 2-2-4 所示。

图 2-2-3　40 ft 集装箱　　　　　　图 2-2-4　20 ft 水煤浆罐式集装箱

集装箱以 TEU 作为统计单位,表示一个 20 ft 的国际集装箱。20 个 1 t 集装箱折合为 1 个 TEU;1 个 40 ft 集装箱折合为 2 个 TEU。

② 按箱主分类:分为铁路集装箱和自备集装箱。

③ 按所装货物种类和箱体结构分类:可分为普通货物箱和特种货物箱。

3. 集装箱货物的运输条件

① 必须在规定的集装箱办理站办理集装箱货物运输。

② 必须使用符合规定的集装箱。

③ 必须是适合集装箱运输的货物。

④ 必须符合按一批办理的条件。按一批办理的集装箱,必须是同一箱型、同一箱主、同一箱态,至少一箱,最多不得超过一辆铁路货车所能装运的箱数。

⑤ 符合集装箱载重量的限制。集装箱货物的重量由托运人确定,但托运的集装箱每箱总重不得超过该集装箱的标记总重。集装箱内单件货物的重量超过 100 kg 时,应在运单"托运人记载事项"栏内注明实际重量。

⑥ 集装箱不办理军事运输。

(二) 集装化运输

凡是使用集装用具和自货物包装、捆扎等方法,将散件、小件包装、不易使用装卸机械作业的货物,按规定集装成特定的单元后运往到站的,皆为集装化运输。

集装化运输的形式有托盘、集装桶、集装捆、集装袋、集装网、集装笼、集装架、预垫运输、铸件改形、拆解集装等。

五、特殊条件下的货物运输

（一）超限、超重货物运输

1. 超限货物的定义和等级

货物装车后，车辆停留在水平直线上，货物的任何部位超出机车车辆限界基本轮廓者或车辆行经半径为 300 m 的曲线时，货物的计算宽度超出机车车辆限界基本轮廓者，均为超限货物。

机车车辆限界基本轮廓参见图 2-2-5。（有关机车车辆限界的知识将在项目三中介绍）

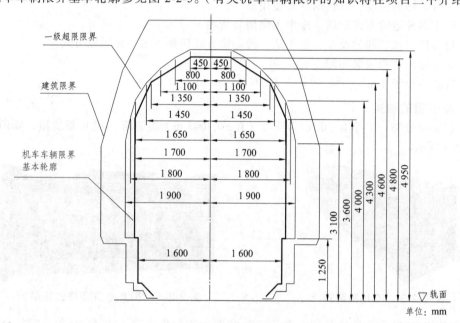

（a）一级超限限界

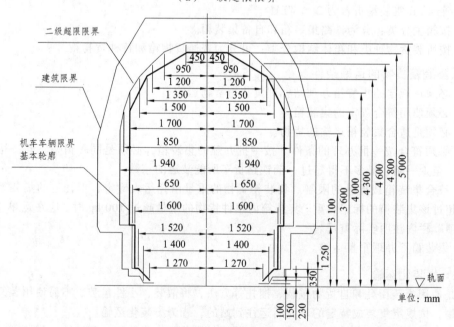

（b）二级超限限界

图 2-2-5　超限限界图

根据货物的超限程度，超限货物分为三个等级：一级超限、二级超限和超级超限。

① 一级超限：自轨面起高度在 1 250 mm 及其以上，超限但未超出一级超限限界者。

② 二级超限：超出一级超限限界但未超出二级超限限界者，以及自轨面起高度在 150 mm 至未满 1 250 mm 间超限但未超出二级超限限界者。

③ 超级超限：超出二级超限限界者。

各级超限限界示意图见图 2-2-5。

2. 超重货物的定义及等级

装车后，重车总重活载效应超过桥涵设计标准活载（中-活载）的货物，称为超重货物。

根据货物的超重程度，超重货物分为三个等级：一级超重、二级超重和超级超重。

① 一级超重：$1.00 < Q \leqslant 1.05$。（Q 为活载系数。下同）

② 二级超重：$1.05 < Q \leqslant 1.09$。

③ 超级超重：$Q > 1.09$。

3. 超限、超重货物运输的基本条件

为了保证安全、经济、迅速地运输超限、超重货物，铁路局和站段必须高度重视运输安全管理工作，实行关键作业质量签认制度和关键作业工序间交接签认制度。铁路局货运处主要负责超限、超重货物运输电报的请示、批示以及相关行政许可的资质审查等。铁路局调度所负责超限、超重车的运行组织和运行掌握以及超限、超重货物所需空车的调配。

(二) 超长货物运输

超长货物是指一车负重，突出车端，需要使用游车或跨装运输的货物。

超长货物装载的方法有两种：一种是一车负重，在负重车的一端或两端使用游车；另一种是两车负重跨装运送，可在两负重车中间加挂游车或在负重车的一端、两端加挂游车。超长货物的装载形式见图 2-2-6。

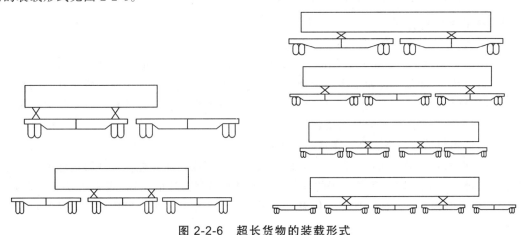

图 2-2-6　超长货物的装载形式

(三) 避免集重装载货物的运输方法

1. 集重装载的含义

一件货物的重量大于所装车辆负重面长度的最大容许载重量的货物，称为集重装载货物。支重面长度是指支撑货物重量的货物底面积的长度。负重面长度是指货车地板承担货物重量的长度。

2. 避免集重装载的方法

若货物重量小于所装车辆负重面长度的最大容许载重量时，可直接装载；否则，应采取下

列方法避免集重装载：

① 当货物支重面长度小于所装车辆负重面长度，而大于两横垫木之间的最小距离时，可在货物底部铺设两根横垫木。

② 当货物支重面长度小于所需两横垫木之间的最小距离时，可按需要先铺设两根横垫木，然后在横垫木上加纵垫木，将货物均衡地装在纵垫木上，如图 2-2-7 所示。

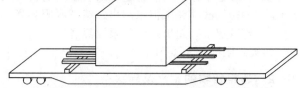

图 2-2-7　使用纵、横垫木避免集重装载

（四）危险货物运输

1. 危险货物的定义

在铁路运输中，凡是具有爆炸、易燃、毒害、感染、腐蚀、放射性等特性，在运输、装卸和储存保管过程中，容易造成人身伤亡和财产毁损而需要特别防护的货物，均属于危险货物。

2. 危险货物的分类

铁路运输危险货物按其主要危险性和运输要求分为九类：① 爆炸品；② 气体；③ 易燃液体；④ 易燃固体、易于自燃的物质、遇水放出易燃气体的物质；⑤ 氧化性物质和有机过氧化物；⑥ 毒性物质和感染性物质；⑦ 放射性物质；⑧ 腐蚀性物质；⑨ 杂类危险货物和物品。

危险货物在运输中应采取相应的特殊运输措施，加强运输组织，保证运输安全。

（五）鲜活货物运输

1. 鲜活货物的定义

鲜活货物是指在铁路运输过程中需要采取制冷、加温、保温、通风、上水等特殊措施，以防止腐烂、变质、冻损、生理病害、病残死亡等问题的货物。

2. 鲜活货物的分类

鲜活货物分为易腐货物和活动物两大类：

① 易腐货物包括肉、蛋、乳制品、速冻食品、冻水产品、鲜蔬菜、鲜水果等，按其热状态分为冻结货物、冷却货物和未冷却货物。冻结货物是指经过冷冻加工成为冻结状态的易腐货物。冷却货物是指经过冷却处理，温度在冻结点以上的易腐货物。未冷却货物是指未经过任何冷处理，完全处于自然状态的易腐货物。

② 活动物包括禽、畜、兽、蜜蜂、活水产品等。

托运的鲜活货物必须质量良好，无病残，包装适合货物性质并能保证铁路运输安全，按照货物性质、容许运输期限及运送全程的季节和气候条件选择合适的车辆、装载方法和运送方法，并根据需要采取预冷、制冷、加温、保温、通风、上水、加冰或押运等措施，以最大限度地保持货物质量。

六、铁路货运事故处理

（一）货运事故的定义

在铁路运输过程中（含交付完毕后点回保管）发生灭失、短少、变质、污染、损坏以及严重的办理差错，即货物从承运时起到交付时止的过程中发生的事故，都属于货运事故，均要按照货运事故处理的有关程序去调查处理。

(二) 货运事故的种类与等级

1. 货运事故按性质分为七类

① 火灾。

② 被盗（有被盗痕迹）。

③ 丢失（全批未到或部分短少，没有被盗痕迹的）。

④ 损坏（破裂、变形、磨伤、摔损、部件破损、湿损、漏失）。

⑤ 变质（腐烂、植物枯死、活动物非中毒死亡）。

⑥ 污染（污损、染毒、活动物中毒死亡）。

⑦ 其他（整车、整零车、集装箱车的票货分离和误运送、误交付、误编、伪编记录以及其他造成影响而不属于以上各类的事故）。

2. 货运事故按损失程度分为三等

(1) 重大事故

① 由于货物染毒或危险货物发生事故，造成人员死亡 3 人或死亡重伤合计 5 人以上的。

② 货物损失及其他直接损失（以下同）款额 30 万元以上的。

(2) 大事故

① 由于货物染毒或危险货物发生事故，造成人员死亡不足 3 人或重伤 2 人以上的。

② 损失款额 10 万元以上未满 30 万元的。

(3) 一般事故

① 未构成重大、特大事故的人员重伤事故。

② 损失款额在 2 000 元以上未满 10 万元的。

(三) 货运事故的调查与处理

1. 记录编制

为了正确及时地处理事故，分析原因，判定责任，总结吸取事故教训，必须根据不同的情况，分别编制必要的记录。

记录分为货运记录和普通记录两种。货运记录和普通记录均分为带号码和不带号码两种。货运记录和普通记录的号码均由铁路局编印掌握。不带号码的货运记录和普通记录只限作为抄件或货运员发现事故时报告用。

2. 事故调查

车站发现货运事故，除编制记录外，应对事故现场进行检查，找出原因，避免扩大损失。发生火灾、被盗必须及时向铁路公安部门报案并会同处理。涉及车辆技术状态的事故，应会同车辆段检查并做检查记录。

3. 责任划分与赔偿

事故责任的划分原则是"以事实为依据，以规章为准绳"。在查明情况和原因的基础上，首先应按《中华人民共和国铁路法》《铁路货物运输合同实施细则》和《铁路货物运输规程》有关规定划清承运人与托运人、收货人之间的责任，然后再划分铁路内部各单位之间的责任。

【任务单】

请利用本任务所学知识完成下列题目：

1. 简述货物运输的种类和特点。
2. 货物运到期限是指什么？包括哪些时间？
3. 请详细阐述货物发送的作业过程，包括每项作业的含义。
4. 如何变更货物运输和取消托运？
5. 请阐述货物到达作业的过程。
6. 集装箱运输的条件是什么？
7. 简述超限货物的定义和等级，避免集重装载的方法有哪些？
8. 请总结铁路货运事故的种类和等级。

【课　业】

将学生分组，完成以下课业后，每组以作业形式提交一份任务报告，包括知识总结和视频资料。

1. 查询相关网站，如铁道论坛等，收集并观摩货运现场相关资料和视频。
2. 模拟练习整车货物发送的作业过程，学生每 5 人一组分组进行场景演练，设托运人、承运人、货运员、收货人、旁白各 1 名，模拟完成整车货物发送的作业过程并录制视频。
3. 模拟练习整车货物到达的作业过程，学生每 6~7 人一组分组进行场景演练，设承运人、收货人各 1 名，货运员 1~2 人，其他人员根据情况自定，模拟完成整车货物到达的作业过程并录制视频。

任务三　认知铁路行车组织

【任务描述】

前两个任务对铁路旅客运输和货物运输的组织工作做了介绍，而旅客运输和货物运输过程的实现，需要合理的生产计划和组织工作来指导铁路相关部门综合运用各种技术设备，合理安排列车运行，这就是铁路行车组织工作。

通过本任务的学习，要求学生掌握铁路行车组织相关的基础知识。

【知识准备】

铁路行车组织是铁路运输组织的重要组成部分，是铁路部门综合运用各种技术设备、合理组织列车运行、实现旅客和货物运输过程的计划和组织工作。铁路行车组织工作的主要内容包括：车流组织、列车编组计划、列车运行图、铁路运输生产计划、调度指挥、车站行车工作组织等。

铁路各部门必须贯彻安全生产的方针，坚持"高度集中、统一领导"的原则，发扬协作精神，高质量、高效率地完成客、货运输任务。

一、车流组织

铁路运输的对象是旅客和货物，大量的旅客和货物向某一方向流动，即形成通常所说的客流和货流。客流和货流形象地表达了运输产品的位移特性，但要真正实现旅客和货物的位移，必须要借助一种载体——载运工具。就铁路运输而言，这个载体就是客车和货车，于是产生了车流的概念。车流是铁路运送的具有一定去向的车辆的集合。

（一）车流与列流

车流是指在一定时期内，某一方向、某一区段或某一车站上，车辆的去向或到站（流向）和数量（流量）的总称。

对于旅客运输而言，由于旅客自身能上下车，所以旅客列车的车辆可以用固定车底的方式连挂在一起，车辆一般不必拆散改编，而且旅客列车循环往返于始发站和终到站之间，在较长的一段时期内其流量、流向基本上固定不变。因此旅客列车一般是固定编组的，其车流组织问题比较容易解决。

对货物运输而言，车流组织则要复杂得多。铁路部门每天将装车站装出的重车向卸车地点输送，构成了重车流；同时，在卸车站把卸后的空车向装车地点排送，又形成了空车流。在铁路上，每天有近百万辆空、重货车，其数量不同、去向不同、性质不同、运距不同，再加上全路各站、各区段的线路和设备条件不同，如何按照优化原则，将发、到站各不相同的重车流及不同车种的空车流合理地组织起来，在适当的地点编组成列车，通过列车在铁路线上的运行，将货物迅速而经济地运送到目的地，这就是车流组织所要解决的问题。

1. 车流组织的基础——货流

在一定时期内，货物由发送地向装车地输送就形成了货流。货流由货物、流量、流向、运距四个要素构成。货流的构成与分布取决于各地区之间各种产品的生产、供应和销售关系。为了有效地规划和组织铁路货物运输工作，应通过深入细致的调查、研究，分析出货源、货流的变化规律，进行货流预测，为编制铁路货物运输计划提供依据。

2. 货流转化为车流，车流形成列流

在装车站，按照货物运输计划，将货物装上货车车辆后，这些货车车辆就有了去向，形成了车流。将具有一定去向的货车车辆按照列车编组计划编组成列车，这些列车也有了一定的去向，形成了列流。列车是铁路运输的基本单元，列流就是具有一定去向的列车的集合。列流的大小用列流量或行车量衡量，以每天开行的列车数来表示，合理地组织车流和列流是行车组织的主要研究内容之一。

编组后的列车按照列车运行图在铁路线路上运行，将货物送往目的地。

上述从货流到车流、由车流形成列流在铁路线上运行的过程，就是铁路完成货物运输的过程。中间需要进行大量的组织工作。把货流组织成车流，是货物运输计划要解决的问题；把车流组织成列流，是货物列车编组计划的任务；列车流的组织、规划列车运行的秩序则主要靠列车运行图来完成。上述关系可以用图 2-3-1 来表示。

（二）车流组织的原则

图 2-3-1 揭示了货流、车流、列流在行车组织工作上的递推关系，以及货物运输计划、列车编组计划、列车运行图的主要功用。可以说，车流组织贯穿了铁路运输的始终，可见车流组织在铁路运输工作中的重要性。因此，车流组织应遵循一定的原则。我国铁路车流组织的大体做法是：

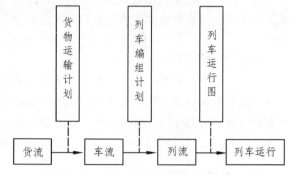

图 2-3-1　货流、车流、列流关系图

① 在装车量较大的车站或地区组织始发直达列车。

② 在卸车量较大、产生空车较多的车站或地区尽量组织空车直达列车。

③ 未纳入始发直达和空车直达列车的重、空车流向就近的技术站集结，按车流去向、流量大小和流程远近分别编入各种适当的列车，主要是技术直达列车、直通货物列车和区段货物列车，逐步输送到终到站。

④ 中间站到发的零星车流一般用摘挂列车或区段小运转列车输送。

⑤ 在枢纽地区到发的零星车流一般用枢纽小运转列车输送。

二、列车编组计划

列车编组计划是全路车流组织的规划，是铁路行车组织工作的基础性计划，它的正确编制与严格执行可以充分发挥各站技术设备的潜力，提高运输效率。

（一）列车的定义、分类及车次

1. 列车的定义

把车辆按规定条件编成车列，并挂有机车及规定的列车标志时，称为列车。也就是说，列车必须具备三个条件：① 按有关规定编成的车列；② 挂有牵引本次列车的机车；③ 有规定的列车标志。

单机（包括单机挂车）、动车及重型轨道车虽未完全具备列车条件，亦按列车办理。

2. 列车的分类

为适应旅客和货物运输的不同需要，列车按运输性质的分类如下：

(1) 旅客列车

旅客列车是指以客车（包括代用客车）编组的，运送旅客及行李、包裹、邮件的列车，包括：动车组、直达特快旅客列车、特快旅客列车、快速旅客列车、普通旅客列车、通勤列车、临时旅客列车、临时旅游列车等。

(2) 行邮行包列车

行邮行包列车是指固定车辆编组及发、到站的专门运送旅客行李、包裹和邮件的列车，包括：行邮特快专列、行包快运专列。

(3) 路用列车

路用列车是专为运送铁路自用物资或设备的列车。

(4) 货物列车

货物列车是铁路专门用于运输货物的列车。货物列车有以下分类：

① 按编组地点和运行距离分类：

·始发直达列车：在一个车站装车或相邻几个车站装车，通过一个及以上编组站不进行改编作业的列车。始发直达列车车次的编定范围是 86001～86998 次。

·技术直达列车：在技术站（编组站或区段站）编组，通过一个及以上编组站不进行改编作业的列车。技术直达列车车次的编定范围是 10001～19998 次。

·直通列车：在技术站编组，通过一个及以上区段站不进行改编作业的列车。它与技术直达列车的不同之点在于只通过区段站，而不通过编组站。直通列车车次的编定范围是 20001～29998 次。

·区段列车：在技术站编组，到达相邻技术站，但在区段内各站不进行车辆摘挂作业的列车。区段列车车次的编定范围是 30001～39998 次。

·摘挂列车：在技术站编组并在邻接区段内各中间站进行车辆摘挂作业的列车。摘挂列车车次的编定范围是 40001～44998 次。

·小运转列车：是为组织和取送本地车流而开行的一种列车。包括区段小运转列车（在技术站和邻近区段内一个或几个中间站间开行的列车）和枢纽小运转列车（只在枢纽内各站间开行的列车）。小运转列车车次编定范围是 45001～45998 次。

图 2-3-2 所示为货物列车的分类示意图。

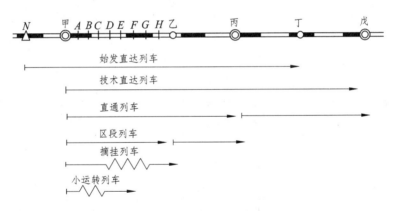

图 2-3-2　货物列车分类示意图

② 按运输种类和用途分：可分为快运货物列车、"五定班列"货物列车、空车直达列车、冷藏列车、超限货物列车、军用货物列车、重载货物列车、自备车列车、路用列车。

3. 列车的车次

为便于计划安排和具体掌握列车运行情况，各类列车均应冠以固定车次。这样，就可以从不同的车次辨别该次列车的种类、等级和运行方向。

列车运行，原则上以开往北京方向为上行，车次编为偶数；相反方向为下行，车次编为奇数。在铁路支线上，一般由连接干线的车站开往支线的方向为下行，相反方向为上行。在个别区间使用直通车次时，可与上述规定方向不符。

为确保旅客列车车次全路唯一性，各局管内特快、快速列车车次不足时，需向铁道部申请车次，不得自行确定车次。

现行列车车次见表 2-3-1。

表 2-3-1　列车车次编定表

顺号	列车分类		车次范围	顺号	列车分类		车次范围
一	旅 客 列 车			二	行 包 专 列		
1	高速动车组旅客列车		G1～G9998	1	行邮特快专列		X1～X198
	其中	跨 局	G1～G5998	2	行包快运专列		X201～X998
		管 内	G6001～G9998	三	货 物 列 车		
2	城际动车组旅客列车		C1～C9998	1	直达货物列车		80001～87998
	其中	跨 局	C1～C1998				10001～19998
		管 内	C2001～C9998		其中	货运五定班列	80001～81748
3	动车组旅客列车		D1～D9998			快运货物列车	81751～81998
	其中	跨 局	D1～D3998			煤炭直达列车	82001～84998
		管 内	D4001～D9998			石油直达列车	85001～85998
4	直达特快旅客列车		Z1～Z9998			始发直达列车	86001～86998
5	特快旅客列车		T1～T9998			空车直达列车	87001～87998
	其中	跨 局	T1～T4998			技术直达列车	10001～19998
		管 内	T5001～T9998	2	直通货物列车		20001～29998
6	快速旅客列车		K1～K9998	3	区段货物列车		30001～39998
	其中	跨 局	K1～K6998	4	摘挂列车		40001～44998
		管 内	K7001～K9998	5	小运转列车		45001～49998
7	普通旅客列车		1001～7598	6	超限货物列车		70001～70998
	(1) 普通旅客快车		1001～5998	7	万吨货物列车		71001～72998
	其中	跨三局及其以上	1001～1998	8	冷藏列车		73001～74998
		跨两局	2001～3998	9	军用列车		90001～91998
		管 内	4001～5998	10	自备车列车		60001～69998
	(2) 普通旅客慢车		6001～7598	11	抢险救灾列车		95001～97998
	其中	跨 局	6001～6198	四	单 机 和 路 用 列 车		
		管 内	6201～7598	1	单 机		50001～52998
8	通勤列车		7601～8998		其中	客车单机	50001～50998
9	临时旅客列车		L1～L9998			货车单机	51001～51998
	其中	跨 局	L1～L6998			小运转单机	52001～52998
		管 内	L7001～L9998	2	补 机		53001～54998
10	旅游列车		Y1～Y998	3	试运转列车		55001～55998
	其中	跨 局	Y1～Y498	4	轻油动车、轨道车		56001～56998
		管 内	Y501～Y998	5	路用列车		57001～57998
11	动车组检测车		DJ5501～DJ5598	6	救援列车		58101～58998
12	回送出入厂客车底列车		001～00298	车次中字母的读音：G—高，C—城，D—动，Z—直，T—特，K—快，L—临，Y—游，DJ—动检，F—返，X—行			

(二) 列车编组

1. 旅客列车编组

每对旅客列车的编组辆数、编组结构及车辆编挂次序是固定的，即为固定车底。车底的组成根据客流密度、列车种类、机车功率大小、线路情况、站线和站台长度等因素加以确定，每对列车都不尽相同。旅客列车在始发站与终到站之间往返运行，在一定时期内执行固定编组。其编组计划表的内容包括：列车的发到站、车次，车辆和客运乘务的担当段，编组辆数，车厢顺序号，编挂车种，定员，总重吨数，车底周转图、车底需要组数等事项，如图 2-3-3 所示。

通常情况下，行李车、邮政车、发电车等非乘坐旅客的车辆应分别挂于机车后第一位和列车尾部，起隔离作用。按旅客列车编组表编组，列车最后一辆的后端应有压力表、紧急制动阀和运转车长乘务室。

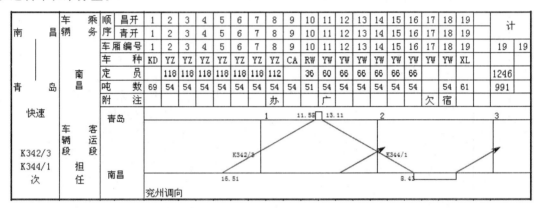

图 2-3-3　旅客列车编组表

2. 货物列车编组

(1) 货物列车的编组要求

货物列车应按照列车编组计划、列车运行图和《技规》等的有关规定进行编组。

① 编入货物列车的车辆去向、车辆编挂方法等应符合列车编组计划的规定。

② 货物列车的重量和计长应符合列车运行图的规定（摘挂列车除外）。未经有关部门批准，车站不准发出欠轴、超重和超长列车。

③ 编入货物列车中的车辆的技术条件、装载危险货物车辆的隔离、关门车的编挂、机车编入列车的条件等，均应符合《铁路技术管理规程》的规定。

(2) 货物列车编组计划

如何正确地组织重、空车流及合理地将车辆按规定编入列车向目的地运送，是铁路行车组织要解决的主要问题。

为此，铁路有关部门要制定货物列车编组计划，使全路编组的列车互相配合、互相衔接，成为统一的整体，在流向有同有异、流量有大有小、流程有远有近、各站设备条件不尽相同、作业性质与能力互有差异的复杂条件下，将发、到站各不相同的重车流及不同车种的空车流合理地组织起来，在适当的地点编组成各种不同去向和种类的列车，并保证各站产生的车流都能迅速而经济地运送到目的地。

货物列车编组计划是全路车流组织计划，由装车地直达列车编组计划和技术站列车编组计划两大部分组成。它根据全路的车流结构、各站的设备能力和作业条件，统一安排全路各站的解编作业任务，具体规定全路各货运站、编组站和区段站编组货物列车的种类、到站及车组编挂办法。首先在装车站利用自装车流编组装车地直达列车。装车地直达列车能最大限度地减少中间作业环节，降低运输成本，减轻运行途中相关技术站改编作业的负担，加速机车车辆周转和货物送达。没有被装车地直达列车吸收的车流，要将其送往技术站加以集中，以便和技术站自装车流汇合在一起分别编组不同种类和到站的列车。

表 2-3-2 是某铁路局金州站某方向的货物列车编组计划表，从表中可以看出，货物列车编组计划解决了以下问题：① 在哪些车站编组列车；② 编组到哪些车站的列车；③ 编组什么种类的列车；④ 列车中编挂哪种去向的车流；⑤ 以什么样的方式编组；⑥ 规定各去向列车的车次。

表 2-3-2　金州站某方向的货物列车编组计划表

顺号	发站	到站	编组内容	列车种类	定期车次	附　注
1	金州	哈尔滨南	哈尔滨南及其以远，5 000 t	五定班列	80201	主要卸车站：滨江、香坊、哈尔滨站
2	金州	灵山	灵山站卸	始发直达	85861～85865	
3	金州	各站	1. 沈阳南及其以远补轴 2. 粮食直达同一站	始发直达		第一组挂机次
4	金州	鸡西	空敞车	空车直达	86001～86003	
5	金州	七台河	空敞车	空车直达	86007	
6	金州	长春北	长春北及其以远和空车不分组	技术直达		
7	金州	沈阳南	沈阳南及其以远和空车不分组	直通列车		
8	金州	沈阳南	1. 沈阳南及其以远和空车不分组 2. 辽阳—北台间及溪辽线 3. 鞍山站卸	区段列车		
9	金州	甘井子	甘井子站卸	区段小运转		
10	金州	大连北	南关岭—大连北间站顺	枢纽小运转		

三、列车运行图和铁路通过能力

铁路是一个庞大复杂的多部门、多工种组成的运输企业，列车运行是铁路运输生产过程中的一个重要环节，在实现运输的过程中要利用多种技术设备，各个环节、各个部门必须相互配合、紧密联系、协同动作，才能保证行车安全、提高运输效率。列车运行图在这方面起着极其重要的作用。与运输有关的各部门都应根据列车运行图所规定的要求来安排工作。

(一) 列车运行图

列车运行图是列车运行管理的图解，列车运行图规定了各次列车占用区间的次序，列车在每个车站的到、发或通过时刻，列车在区间内的运行时间和在车站上的停站时间以及机车交路，列车的重量和长度标准等。

列车运行图是铁路运输工作的一个综合性计划，是铁路行车组织工作的基础。车站要按照运行图规定的各次列车到发时刻来安排列车的接发、解编工作和客货运业务；机务部门要根据运行图来安排机车交路、机车整备作业和机车乘务组的工作；列检所要根据运行图规定的列车到发时刻安排列车中车辆的技术检查工作；列车段、客运段要根据运行图的要求及时派出车长和列车乘务组值乘；工务、电务、供电等部门同样也要根据运行图来安排线路、桥隧、铁路信号及接触网等设备的检修施工时间等。总之，通过列车运行图就可以把整个铁路网的活动联系成为一个统一的整体，把所有与行车有关的各单位组织起来严格按照一定的程序有条不紊地进行工作。

1．列车运行图的表示形式

列车运行图实际上是利用坐标原理来表示列车运行的。如图 2-3-4 所示，图中以横轴表示时间，并用竖线等分横轴代表一昼夜的小时和分钟；以纵轴表示距离，并按列车在区间运行时分的比例画水平线，代表各车站中心线在铁路线上所处的位置，称为站名线；水平线和水平线之间的间隔表示站间距离。图上的斜线称为列车运行线，图中的数字为列车在车站的停车时分，填记在列车运行线与站名线相交的钝角内，通过时分填记在左侧的钝角内。

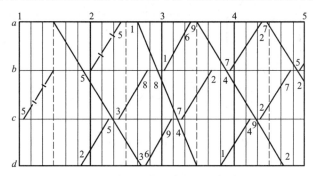

图 2-3-4　十分格运行图

根据垂直线等分横轴的时间单位不同，列车运行图主要有以下四种表示形式：

① 一分格运行图。横轴以 1 分钟为单位进行等分。一分格运行图是地铁、轻轨采用的列车运行图格式。

② 二分格运行图。横轴以 2 分钟为单位进行等分。二分格运行图是市郊铁路编制新图时的列车运行图格式。

③ 十分格运行图。横轴以 10 分钟为单位进行等分，半小时格用虚线表示。十分格运行图是铁路日常使用的列车运行图格式，如图 2-3-4 所示。

④ 小时格运行图：横轴以 1 小时为单位用竖线加以划分。小时格运行图是编制旅客列车方案图、机车周转图或客车周转图采用的格式。

2．列车运行图的分类

由于区间正线数目和闭塞设备的不同，以及列车运行速度、上下行方向的列车数量、同方向列车的运行方式等方面的差异，列车运行图可以分为多种不同的类型。

(1) 按区间正线数目的不同分

① 单线运行图：是指在单线区段上，上下行列车都在同一条正线上运行，因此，列车的交会必须在车站上进行，区间是绝不会出现上下行列车运行线的交点，如图 2-3-5 所示。

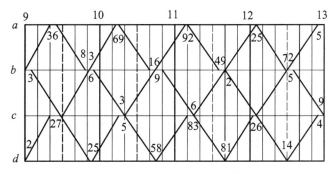

图 2-3-5　单线成对非追踪平行运行图

② 双线运行图：是指在双线区段上，上下行列车在各自的正线上运行，互不干扰，列车可以在区间内或车站上进行交会，但列车的越行必须在车站上进行，如图 2-3-6 所示。

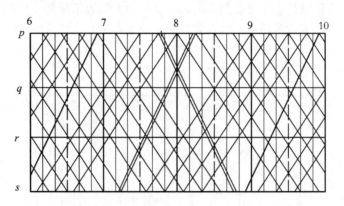

图 2-3-6　双线追踪非平行运行图

③ 单双线运行图：是指在有部分双线的区段上铺画出的运行图，它分别具有单线运行图和双线运行图的特征。

(2) 按同方向列车运行速度的不同分

① 平行运行图：是指在同一区间内，同方向列车运行速度相同，因而铺画出的列车运行线相互平行，且在区段内无列车的越行。

② 非平行运行图：是指同方向列车运行的速度不相同，因而铺画出的列车运行线出现不平行，且在区段内有列车的越行。

(3) 按上下行列车数目的不同分

① 成对运行图：成对运行图中上下行的列车数目相等。

② 不成对运行图：不成对运行图中上下行的列车数目不相等。

(4) 按同方向列车运行方式的不同分

① 追踪运行图：是指在自动闭塞的双线（或单线）区段上，同方向列车以闭塞分区为间隔，实行追踪运行。

② 非追踪运行图：是指在非自动闭塞的单线（或双线）区段上，同方向列车以站间或所间区间为间隔，实行非追踪运行。

上述分类都是针对列车运行图的某一特点而加以区别的。实际列车运行图都具有多方面的特点，例如某一区段的列车运行图，它既是双线的、非平行的，又是追踪的。

(二) 铁路线路通过能力

铁路线路通过能力是指某一铁路线、某一方向或区段，根据现有的固定技术设备（如区间、车站、机务设备及电气化铁路线的供电设备等），在一定类型的机车车辆和行车组织方法（如运行图类型及车站技术作业过程等）条件下，在单位时间（通常为一昼夜）内所能通过的规定重量的最大列车对数或列数。货运通过能力除了用列数表示外，也可用车数或货物吨数表示。

按各种固定设备分别计算出来的通过能力，其中最小的一种能力就限制了整个线路、方向或区段的通过能力，该能力即为该线路、方向或区段的最终通过能力。

与铁路行车组织有关的是区间通过能力和车站通过能力。

1. 铁路区间通过能力

在保证行车安全的条件下，每昼夜可能通过区间的列车对数（或每一方向的列车数），称为区间通过能力。区间通过能力主要取决于该区段的技术设备和所采用的行车组织方法，如区间正线数量、区间长度、线路纵断面、机车车辆类型及信号、联锁、闭塞方式以及列车运行图的类型等。列车运行图类型对区间通过能力影响很大，在同样的技术装备条件下，采取不同的运行图类型，通过能力就有很大不同。首先计算平行运行图的区间通过能力，然后在此基础上再计算非平行运行图的区间通过能力。

平行运行图区间通过能力应分别对区段内每一区间进行计算。运行图周期的最大区间通过能力，即为该区段的限制区间通过能力。所谓运行图周期，是指一定类型运行图中反复出现的一组列车占用区间的总时间。

为了适应国民经济发展和国防建设的需要，铁路应有预见、有计划地采取措施加强区段的通过能力。加强铁路区段通过能力的途径，不外乎是提高货物列车重量标准及其载重系数、增加列车密度、提高行车速度或者几方面综合起来运用，实现列车重量、速度、密度的优化组合。

2. 铁路车站通过能力

根据车站现有技术设备，在采用合理的技术作业过程条件下，车站一昼夜所能接发各方向的最大货物列车数和运行图规定的旅客列车数，称为车站通过能力。车站通过能力取决于咽喉道岔通过能力和到发线通过能力中的较小者。前者是指车站咽喉区各进路咽喉道岔组通过能力之和；后者是指车站到达场、出发场、到发场及直通场中办理货物列车到发作业的线路的通过能力之和。采用合理的作业组织和先进的工作方法，以减少进路交叉干扰和缩短各项作业占用设备的时间标准，特别是采取可行的技术组织措施促进车站各作业环节之间能力的协调，以及组织各方向列车均衡到发以减少各种作业间的等待时间，将有助于提高车站的通过能力和改编能力，为保持车站的正常作业秩序创造条件。

四、车站行车组织工作

车站是铁路运输的基层生产单位，车站工作的质量直接影响着铁路区段方向乃至整个路网运输工作的安全性、准确性、连续性和节奏性，决定着全路运输工作任务完成的数量和质量。因此，正确组织车站工作，特别是车站的行车组织工作，对于保证实现安全、正点、畅通、优质、高效等运输生产管理的基本要求有着十分重要的意义。车站行车组织工作的内容主要包括接发列车工作、列车和货车的技术作业及调车工作。

(一) 接发列车工作

为了保证列车运行的安全，列车接入车站和由车站出发，都必须按照一定的程序办理接发列车的必要作业。

1. 办理闭塞

在正常情况下，列车运行采用空间间隔行车的方法，即同一时间和同一区间（或闭塞分区）内，只准许有一列列车运行，以防止同向列车追尾或对向列车正面冲突。而实现铁路行车这一要求的技术设备，称为闭塞设备。因此，当列车进入区间前，两站间办理闭塞手续，是车站接发列车工作的首要作业程序。车站值班员在办理闭塞（预告）前，应确认区间（闭塞分区）空闲。

2. 准备接车或发车进路

列车到达、出发或通过车站时所需占用的一段站内线路，称为列车进路。为保证列车运行的安全，列车到达或出发之前，车站值班员应正确发布准备列车进路的命令，及时停止影响列车进路的调车工作。

3. 开放和关闭进站信号或出站信号

只有在闭塞手续办理完毕，列车进路确已准备妥当以后，才能开放进站或出站信号。在列车进入接车线警冲标内方并停妥或开出车站之后，应及时关闭信号。

4. 交接行车凭证（不使用自动闭塞和半自动闭塞时）

正常情况下，列车占用区间的许可是出站信号机的进行显示，因而在接发列车时，不必交接行车凭证。在设备不正常的情况下无法取得出站信号机的进行显示时，列车必须取得规定的行车凭证，才能向区间发车。

5. 迎送列车及指示发车

列车进出车站时，接发列车工作人员应在规定地点接送列车，注意列车运行情况和货物装载状态，发现有危及人身、货物或行车安全的情况，应及时采取有效措施妥善处理。

车站发车人员只有在确认列车取得占用区间许可、发车进路准备妥当、影响进路的调车工作已经停止、列车各项作业已经办理完毕以后，方可按规定时刻显示发车指示信号或发车信号，准许列车由车站出发。

6. 开通区间及报点

列车到达或出发之后，车站值班员应及时将列车到、发时刻通知邻站，向列车调度员报告并登记《行车日志》。

列车到、发及通过车站时刻，按以下规定加以确定：

① 到达时刻。以列车进入车站、停于到达线警冲标内方的时刻为准；列车超过实际到达线有效长时，以第一次停车时刻为准；列车在区间分部运行时，以全部车辆到达车站的时刻为准。

② 出发时刻。以列车机车向前进方向启动，列车在站界内（场界内）不再停车为准。列车全部发出站界后，因故退回车站再次出发时，则以第一次出发时刻为准；在分界站为邻局出发时，则以最后发出时刻为准。

③ 通过时刻。以列车机车通过车站值班员室外的时刻为准。

车站值班员是车站接发列车工作的统一指挥者，接发列车工作的各项作业原则上应由车站值班员亲自办理。如因设备条件和业务量关系难以做到时，除了布置进路必须由车站值班员亲自办理外，其他各项工作可指派助理值班员、信号员或扳道员等办理。

(二) 技术站货物列车及货车的技术作业

1. 技术站办理的货物列车的作业过程

① 无改编中转列车：在该技术站不进行改编作业，而只在到发场进行到发技术作业后继续运行的列车。无改编中转列车的作业过程如表 2-3-3 所示。

表 2-3-3 无改编中转列车的作业过程

顺序	作 业 项 目	作 业 时 间
		0　5　10　15　20　25　30　35　40 45
1	检车员、车号员、货运检查员出动	—
2	到达试风、摘机车、车辆技术检查和修理	⊢———35———⊣
3	货运检查及整理	⊢——20——⊣
4	交接票据并接收列车	⊢——20——⊣
5	车号员核对现车	⊢—15—⊣
6	列尾装置技术作业	⊢—10—⊣
7	挂机车及试风	⊢5⊣
8	准备发车及发车	⊢6⊣
作 业 总 时 分		⊢—————41—————⊣

② 部分改编中转列车：在该技术站需要变更列车重量、变更运行方向和换挂车组的列车。部分改编中转列车的作业过程如表 2-3-4 所示。

表 2-3-4 部分改编中转列车的作业过程

顺序	作 业 项 目	作 业 时 间
		0　5　10　15　20　25　30　35　40　45 50
1	检车员、车号员、货运检查员出动	—
2	车辆技术检查及修理（包括摘机车及试风）	⊢———35———⊣
3	货运检查及整理	⊢——25——⊣
4	部分改编调车作业	⊢—10—⊣
5	司机接收票据和列车	⊢——25——⊣
6	车号员核对现车	⊢—15—⊣
7	列尾装置技术作业	⊢—10—⊣
8	挂机车及试风	⊢—10—⊣
9	准备发车及发车	⊢6⊣
作 业 总 时 分		⊢——————46——————⊣

③ 到达解体列车：在该技术站进行解体的列车。到达解体列车的作业过程如表 2-3-5 所示。

表 2-3-5 到达解体列车的作业过程

顺序	作业项目	作业时间
		0　5　10　15　20　25　30　35　40
1	检车员、车号员、货运检查员出动	—
2	车辆技术检修(包括试风及摘机车)	35
3	货运检查及整理	20
4	车号员核对现车	15
5	列尾装置技术作业	10
6	司机与车号员办理票据交接	10
7	准备解体	10
	作　业　总　时　分	35

④ 自编始发列车：由该技术站编成的列车。自编始发列车的作业过程如表2-3-6所示。

表 2-3-6 自编始发列车的作业过程

顺序	作业项目	作业时间
		0　5　10　15　20　25　30　35　40　45
1	检车员、车号员、货运检查员出动	—
2	车辆技术检查和修理	25
3	货运检查及整理	18
4	车号员核对现车	16
5	列尾装置技术作业	10
6	司机接收票据和列车	20
7	挂机车及试风	7
8	准备发车及发车	13
	作　业　总　时　分	33

2. 技术站办理的货车的作业过程

① 无调中转车：随无改编中转列车或部分改编中转列车到达，在该站进行到发作业后，又随原列车继续运行的货车。无调中转车在技术站的技术作业与无改编中转列车在技术站的技术作业过程相同。

② 有调中转车：随到达解体列车或部分改编中转列车到达，在该技术站经过一系列改编作业后，再随自编始发列车或另一列部分改编中转列车继续运行的货车。有调中转车的技术作业过程如表2-3-7所示。

③ 货物作业车（或称本站作业车）：随到达解体列车或部分改编中转列车到达，需在车站进行货物作业（卸车或装车）的货车。它包括一次货物作业车和双重货物作业车。一次货物作业车的作业过程如表2-3-8所示，双重货物作业车的作业过程如表2-3-9所示。

表 2-3-7　有调中转车的作业过程

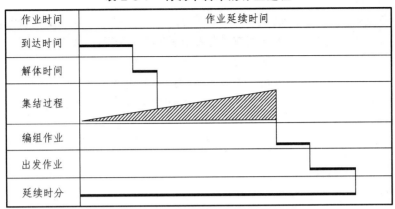

作业时间	作业延续时间
到达时间	
解体时间	
集结过程	
编组作业	
出发作业	
延续时分	

表 2-3-8　一次货物作业车的作业过程

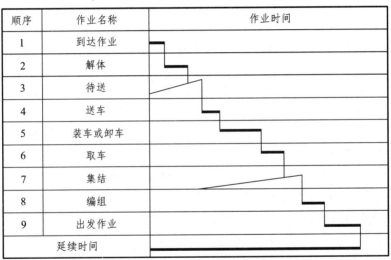

顺序	作业名称	作业时间
1	到达作业	
2	解体	
3	待送	
4	送车	
5	装车或卸车	
6	取车	
7	集结	
8	编组	
9	出发作业	
	延续时间	

表 2-3-9　双重货物作业车的作业过程

顺序	作业名称	作业时间
1	到达作业	
2	解体	
3	待送	
4	送车	
5	卸车	
6	调移	
7	装车	
8	取车	
9	集结	
10	编组	
11	出发作业	
	延续时间	

（三）调车工作

除了列车在车站到、发、通过及在区间运行之外，凡是机车车辆在站线或其他线路上进行的一切有目的的移动，统称为调车。调车工作是铁路运输生产不可缺少的重要环节，对编组站来说，调车工作更是它的主要生产活动。

车站的调车工作，由车站调度员（未设车站调度员的由调车区长，未设调车区长的由车站值班员）统一领导。分场（区）时，各场（区）的调车工作，由负责该场（区）的车站调度员或该场（区）的调车区长领导。

1. 调车工作按作业目的分类

调车工作按其作业目的不同可分为：

① 解体调车：将到达解体的车列或车组，按其车辆的去向或其他需要分解到调车场各个固定线路上去的调车。

② 编组调车：按列车编组计划、列车运行图以及有关规章的规定和要求，将车辆选编成车列或车组的调车。

③ 摘挂调车：对部分改编中转列车进行补轴、减轴、车辆换挂以及摘挂列车在中间站进行摘挂车辆的调车。

④ 取送调车：将待装、待卸的车辆由调车场送至装卸作业地点以及从上述地点将作业完毕的车辆取回调车场的调车。

⑤ 其他调车：因工作需要对车列或车组进行转场、转线，对调车场内的停留车辆进行整理以及机车出入段等调车作业。

车站由于作业性质的不同，完成各种调车工作的比重也不一样，如编组站有大量的解体和编组调车，而中间站一般只进行摘挂和取送调车。

2. 调车工作按使用设备分类

调车工作按使用设备分为牵出线调车和驼峰调车。牵出线调车，车辆的动力靠调车机车的推力作用，适合车列的编组作业。驼峰调车是利用其高差的位能，车辆溜放的动力以其自身的重力为主、调车机车的推力为辅，适合车列的解体作业。

(1) 牵出线调车

牵出线调车是最基本的调车作业方式，通常有推送调车法和溜放调车法两种。

推送调车法是利用机车将车辆移动到适当地点，停妥后再摘车的调车作业方法，如图2-3-7所示。这种调车作业方法安全可靠，但调车效率较低。

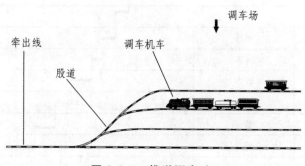

图 2-3-7　推送调车法

溜放调车法是利用机车推送车列达到一定速度，并在行进中提开车钩，被摘下的车组借助所获得的动能溜向指定地点，由制动员用人力制动机使之停车或与停留车安全连挂的调车作业方法，如图 2-3-8 所示。

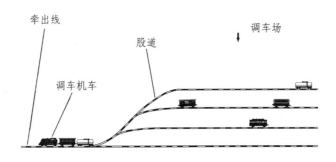

图 2-3-8　溜放调车法

相比于推送调车法，溜放调车的分解行程更短，因此调车效率更高，所以摘解车组时通常使用溜放调车法。

(2) 驼峰调车

在铁路运输中，驼峰是调车中使用的土坡，由于它的纵断面形似骆驼的峰背而得名。

驼峰调车是利用车辆自身的重力，辅以机车的推力，使摘下的车辆由峰顶自行溜入峰下调车场指定线路，由制动员使用铁鞋或车辆减速器、减速顶、加减速小车等使之停车或与停留车安全连挂的调车作业方法，见图 2-3-9。这是技术站解体车列时普遍采用的调车作业方法。

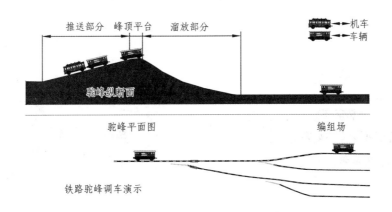

图 2-3-9　驼峰调车作业

驼峰解体车列的作业过程主要为：

① 挂车：机车自峰顶至到达场入口，进入车列停留线连挂车列，在到达场与调车平行配置时，还包括将车列牵引至峰前推送线。

② 推峰：机车将车列推至峰顶。

③ 溜放：机车继续推送车列，使被摘解的车组脱钩溜向调车场内的指定线路。

④ 整理车场：在连续解体几个车列以后，机车下峰连挂车组并尽可能向尾部推送，为驼峰继续溜放创造条件。

驼峰调车作业的组织方法主要有：

① 单推单溜：一条推送线，一条溜放线，一台机车连续进行挂车、推峰和溜放作业，必要时下峰整理车场，如图 2-3-10 所示。

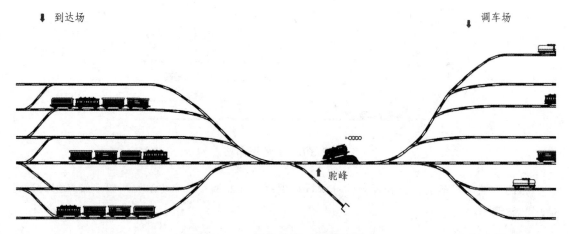

图 2-3-10 单推单溜驼峰调车作业

此方案对驼峰机车的利用率较高，但对驼峰设备的利用率较低，适合改编作业量较小的编组站。

② 双推单溜：两条推送线，一条溜放线，两台调车机车交替进行挂车、推峰和溜放作业，如图 2-3-11 所示。

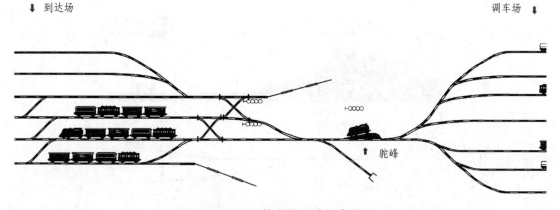

图 2-3-11 双推单溜驼峰调车作业

此方案相比于单推单溜方案，其驼峰设备的利用率较高，驼峰解体车列的能力也更强，适合改编作业量较大的编组站。

③ 双推双溜：具有两条及以上推送线，两条溜放线，两台及以上的调车机车，两套驼峰信号系统，调车场线路在 24 条以上，如图 2-3-12 所示。

此方案可以充分利用驼峰设备，解体能力很强，但是大量的折角车流会造成解体能力的损失，因此适合于改编作业量很大而折角车流量不大的编组站。

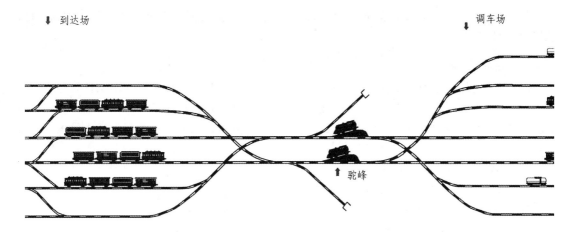

图 2-3-12 双推双溜驼峰调车作业

（四）车站作业计划

铁路运输是一个实时处理系统，车流、列流每日均有所变化，车站自身的工作条件也经常发生变化。为了使车站各项工作顺利进行，必须有一个周密又切实可行的工作日常计划。

车站工作日常计划包括班计划、阶段计划和调车作业计划。

1. 车站班计划

车站班计划是车站最基本的作业计划，是车站完成一个班运输生产任务的作业组织计划。

铁路日常生产活动一般分两个班次进行，由当日 18:00 至次日 6:00 为第一班，自 6:00 至 18:00 为第二班。班计划由主管运输的副站长或运转车间主任负责编制，其内容一般包括：① 列车到达计划；② 列车出发计划；③ 卸车计划；④ 排空车计划；⑤ 装车计划；⑥ 班工作指标及临时重点任务。

班计划编制完成后，由站长或主管副站长负责审批下达，各班组要制定保证安全、准确完成计划的具体措施。

2. 阶段计划

阶段计划是一个班各阶段工作的具体安排，是完成班计划的保证，由车站调度员根据该阶段工作开始前的具体情况，利用车站技术作业图表进行编制。由于各站情况不同，一般车站每隔 3~4 小时编制下一阶段计划。

3. 调车作业计划

调车作业计划是列车解体、编组和车辆取送作业的具体行动计划，一般由调车区长根据阶段计划编制，并以调车作业通知单的方式下达给有关作业人员执行。

五、铁路运输生产计划

铁路货物运输生产计划按编制期限分为长远计划、年度计划和月度计划。长远计划是较长时期的运量规划，通常为五年或十年。它是规划期内全路的运量规模和货物周转量等经济指标预期达到的目标。年度计划直接反映计划年度国民经济计划中铁路应完成的运输任务，作为分配各铁路局货物运输任务的依据。月度计划根据年度计划和托运人提出的具体运输要求按月编制，是年度计划在计划月份的具体安排，也是组织日常运输生产活动的直接依据。

铁路运输生产计划包括货运计划、技术计划、运输方案，是铁路日常组织运输工作的基础，也是铁路运输日常生产的主要依据。

(一) 货运计划

铁路货物运输计划的基本任务是，根据国家的经济政策和运输政策，在国家计划经济和计划运输原则的指导下，密切产、供、运、销的关系，正确安排各地区、各部门、各种货物运量和流向，充分发挥运输工具的效能，按月度完成铁路年度运输任务，最大限度地满足国民经济高速度发展的需要。

货运计划的主要内容有：
① 全路分品类的发、到铁路局货运量计划。
② 国际联运发、到铁路局货运量计划。
③ 主要港口水陆联运计划。
④ 外贸到港计划。
⑤ 国铁集团、铁路局下达的各类重点物资、重点厂矿、企业装车计划。
⑥ 零担、集装箱运输计划和直达列车、整列短途列车及成组装车计划。
⑦ 品类别货车静载重指标计划等。

(二) 技术计划

铁路运输技术计划是铁路部门为了保证完成月度货物运输计划而制定的机车车辆运用计划，简称技术计划。制订技术计划的目的在于合理使用机车车辆和铁路通过能力，提高运输效率，保证完成货物运输任务。技术计划以月为单位，为各铁路局规定使用车、卸空车、接入和交出的货车、列车等运输工作任务，规定机车车辆的运用效率指标，并确定各铁路局的运用货车保有量和使用机车台数。

技术计划的内容主要包括：① 使用车、卸空车和交接重车计划；② 空车调整计划；③ 各区段货物列车列数计划；④ 分界站货车出入和货物列车交接计划；⑤ 货车运用指标和运用货车保有量计划；⑥ 机车运用指标和货物列车机车使用台数计划。

(三) 运输方案

铁路运输方案是保证完成铁路运输生产计划的综合部署。编制运输方案，应根据技术计划规定的任务，按照列车编组计划和列车运行图的规定，考虑装卸站的装卸能力、区段输送能力及各部门各企业的生产规律，根据当月（旬）具体情况，对月、旬的货运工作、列车工作、机车工作和施工等进行统筹安排。运输方案由货运工作方案、列车工作方案、机车工作方案和施工方案几部分组成。

六、铁路运输调度指挥工作

铁路运输系统具有线长、点多、工种多、分工细、连续性强的特点。为了使各环节协调配合，铁路运输生产必须实行集中统一指挥的管理原则。凡是与运输有关的各部门、各工种都必须在运输调度的统一指挥下进行日常生产活动。

铁路运输调度是铁路日常运营组织的指挥中枢，其基本任务是正确地编制和执行运输工作日常计划，科学地组织客流、货流和车流，搞好均衡运输，挖掘运输潜力，提高运输效率，经济合理地使用机车车辆及运输设备，组织与运输有关的各部门紧密配合，协同动作，使列车编组计划、列车运行图和运输方案得以实现。

　　我国调度指挥实行分级管理、集中统一指挥的原则，通过设置三级调度机构进行统一指挥，即国铁集团设调度部，铁路局（集团公司）设调度指挥中心（总调度室），技术站设调度室的三级调度指挥机构。各级运输调度指挥部门同时受运输管理部门的领导和上级调度指挥部门的指挥。我国三级调度指挥机构的设置如图 2-3-13 所示。

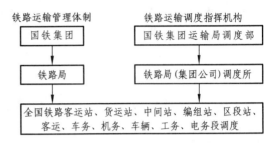

图 2-3-13　全路调度指挥机构示意图

　　铁路运输调度指挥工作的核心部门是铁路局调度所，在调度所一般设有：

　　① 列车调度员：又称行车调度员，负责管辖区段内所有与列车运行有关的工作。通常列车应按运行图运行，但实际列车运行的条件随时都有可能发生变化，如每天的车流有可能增加或减少，列车运行图中所规定的车次有可能要停运，有时又需要增开列车，图定列车有可能发生晚点，有的列车需要调整作业时间等，因此，在列车运行日常工作中，需要根据变化的情况采取相应的措施来进行运行调整，使列车尽可能按列车运行图行车，这就需要由列车调度员来进行调度指挥。

　　② 计划调度员：负责编制和调整管辖区域的列车工作计划，协助值班主任组织实现日班计划。

　　③ 机车调度员：负责机车运用的调度工作。

　　④ 客运调度员：负责旅客计划运输及客车的运用。

　　⑤ 货运调度员：负责管辖区段内装卸作业及管内重车的输送工作。

　　此外，根据各铁路地区的具体货流和设备情况还可以设有：篷布调度员、零担货物调度员、罐车调度员、车辆检修调度员、特种运输调度员、预/确报调度员、军事运输调度员、电力牵引区段的电力调度员等。

【任务单】

　　请利用本任务所学知识完成下列题目：

　　1. 货物列车按编组地点和运行距离如何分类？

　　2. 简述货物列车编组计划的内容。

　　3. 简述列车运行图的格式和种类？其用途分别是什么？

　　4. 识别右图所示运行图的格式与种类。

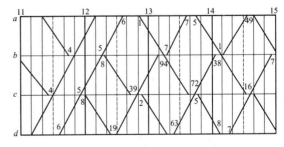

　　5. 简述铁路线路通过能力的概念。

　　6. 简述车站接发列车的作业程序。

　　7. 技术站办理的货物列车的种类和货车种类分别有哪些？

　　8. 简述牵出线调车和驼峰调车的作业方法。

　　9. 车站工作日常计划包含了哪三类计划？

　　10. 简述货运计划、技术计划和运输方案的内容。

　　11. 我国铁路调度指挥的原则是什么？简述列车调度员的工作内容。

【课　业】

将学生分组，完成以下课业后，每组以作业形式提交一份任务报告，包括相关资料和视频。

1. 查询相关网站，收集铁道论坛相关资料，观摩某些车站发布的接发列车视频。

2. 分组进行场景演练（6人一组），设置相邻两站的车站值班员、助理值班员、信号员各一名，对车站接发列车作业的程序进行场景演练，录制小视频。

任务四　认知铁路运输安全工作

【任务描述】

铁路运输工作的前提就是保障安全。任何一名铁路从业者都要牢固树立"安全第一"的思想，认识到安全的重要性。

通过本任务的学习，要求学员对影响安全的因素、铁路事故的等级和分类以及保证铁路运输安全的基本措施有充分的了解。

【知识准备】

铁路运输生产工作要得到有效保证，铁路各单位、各部门都要把安全工作作为头等大事来抓，牢固树立安全第一的思想。"安全第一""畅通无阻、四通八达、安全正点、当好先行"，这是对铁路部门的基本要求。为了实现上述要求，铁路各部门必须贯彻"安全第一、预防为主"的方针，坚持"安全为了生产、生产必须安全"的原则，认真执行各类规范、规程、工作制度、工作细则等规章制度。

一、铁路运输安全工作的重要性

铁路运输安全是关系到人民生命财产和国家政治声誉的政治问题，必须十分重视。保证铁路运输安全，是我国铁路运输组织的基本原则之一，是铁路工作优质服务的重要标志。搞好铁路运输安全工作，对铁路运输的发展，对广大职工和旅客，对国家的财产都有着十分重要的意义。国家一切生产活动的目的，都是为了满足人民不断增长的物质和文化生活的需要。尤其在市场经济下，确保安全是树立好企业形象，提高其在运输市场中的竞争力的最有力措施。因此，各级领导要经常对职工进行政治思想、安全知识和遵章守纪的教育，建立健全群众性的安全生产组织，经常开展"四查"（查思想、查纪律、查制度、查领导）活动，抓事故苗头，挖事故根源，论事故危害，定防止事故的措施，牢固树立"安全生产，人人有责"的思想，确保运输安全。

同时，确保安全是使生产能顺利进行、完成和超额完成运输生产任务的重要保证；实现安全生产也是搞好增产节约、增收节支、提高经济效益的有效措施。一旦发生事故，特别是发生重大事故、大事故，其后果是极其严重的，可能会造成运输中断、人员伤亡，使经济遭受巨大损失，家庭遭到不幸，影响社会安定。

二、铁路运输安全工作的特点

铁路是通过旅客与货物的位移来完成生产任务的，而旅客和货物的位移又是在多部门、多工种共同配合下，其主要生产过程是通过长大的列车在高速度的运动中实现的。所以，铁路运输生产的安全工作，一方面同其他行业有着共同的要求，即在生产过程中，防止和消除人身伤亡事故和设备事故，变危险为安全，变有害为无害；另一方面，由于铁路自身的特点，决定了铁路运输生产在安全上有其自己的特点，主要表现在以下几个方面。

(一) 铁路是一架联动机，安全工作影响面广

铁路运输是由机务、车务、工务、电务、车辆、水电等多部门组成的一架巨大的"联动机"，昼夜不停地运转，每个工作环节必须紧密联系、协同动作，才能确保安全运输；否则，任何一个部门、一个环节出了问题，都会影响旅客、货物运输的安全。尤其是行车安全方面，如果一个地方发生行车重大事故、大事故，就会影响一线、一片，甚至波及整个运输生产。

(二) 铁路运输生产过程复杂、安全工作贯穿始终

铁路运输旅客和货物，要经过复杂的生产过程，需经过若干工序、若干人员的共同劳动才能实现旅客、货物的位移，把其送到目的地。因此，安全生产贯穿运输生产的始终，牵扯着生产环节中的每一道工序、每一个人。在一系列的生产过程中，各个工作环节都必须严格遵章守纪，才能确保旅客和货物的运输安全；否则，只要某一个工种、某一个职工违章作业，就可能会造成行车事故、货运事故或人身伤亡事故。

(三) 铁路点多、线长，安全工作受社会环境影响大

铁路运输是在漫长的铁路线上、遍及全国各地的车站上进行的，各地的社会治安秩序的好坏、沿线人民群众对铁路安全知识的了解、爱路护路情况，或一些旅客违章携带危险品、易燃、易爆品上车等，都会影响铁路的安全生产。

(四) 铁路运输不间断进行，安全生产受外界影响大

铁路运输生产一年四季昼夜不停地进行，安全生产工作必然会受到外界自然环境变化的影响。一旦遇上天阴、下雨、刮风、下雪、下雾等，都会影响到机车乘务人员瞭望信号和观察线路情况，稍不注意就可能发生事故；雨季，由于雨水浸入，可能会发生坍方落石、洪水冲毁线路桥梁的情况，危及行车安全；严冬季节，可能会造成运输设备的冻坏；雷雨季节，由于强烈的雷电可能毁坏、干扰通信、信号设备，使行车安全得不到保证。

(五) 铁路是现代交通工具，技术性强

铁路是现代化的主要交通工具，设备先进、结构复杂，因而技术性很强。例如，各种机车、车辆，现代化的通信、信号设备，养路机械、修车设备，各类装卸起重机械，各种机床、仪表、电气设施、锅炉、压力容器等，结构复杂，要求操作人员具备相应的安全技术措施和有关技术知识。因此，各类操作人员都必须经过培训和严格考试，合格后才能任职。只有这样，才能确保运输安全。

(六) 铁路运输是动态加工，时间因素对安全影响大

铁路运输旅客和货物是通过长大的高速列车使其发生位移，将其送到目的地的。由于列车或调车的运行速度快，因此，在作业时要求有关人员应特别注意时间因素，要做到分秒不差、准确无误，才能确保运输安全。否则，由于分秒之差也可能导致事故的发生。

三、影响铁路运输安全的因素

铁路运输安全状况是人员素质、管理水平、设备能力和社会环境状况多种因素的综合反映。影响安全的因素基本可归结为人、物和环境条件三个方面。

(一) 人的因素

在影响安全的诸多因素中，人的因素是最重要的。因为设备要人来操纵，生产工艺要由人来控制和完成，各种规章制度、工艺规程要由人来制订、执行、检查和监督管理。这些状况的好坏就取决于人的思想素质和业务素质。

思想素质就是是否树立了对工作强烈的主人翁责任感，是否有对党、对人民、对社会主义事业的忠诚之心和责任心。业务素质就是是否具有胜任其本职工作的基本工作能力、技能和处理可能发生的变异的基本应变能力。思想素质和业务素质两者是紧密联系、互为作用的。

(二) 物质因素

影响铁路运输安全的物质因素主要包括技术设备和设备的维修管理两个方面。

目前，我国铁路主要运输设备的增长跟不上运量的增长，造成"设备超期服役"，设备老化、年久失修，对铁路安全运输造成极大的威胁。因此，除了及时更新设备外，加强现有设备的维修，提高设备的完好率，是提高安全运输必不可少的条件。

(三) 环境因素

影响铁路运输安全的环境是指铁路沿线的自然环境和社会环境。例如，大水冲断铁路，暴雨冲刷路基或泥石流毁坏铁路，大风沙或大风雨淹没铁路，均会危及铁路运输的安全。铁路沿线社会环境安定、秩序井然，铁路运输就能畅通无阻、运行安全；否则，铁路运输的秩序被破坏，严重时，会造成行车中断，交通事故连续不断。因此，铁路安全运输必须有良好的外界环境。

四、保证铁路安全运输的基本措施

(一) 加强管理，认真贯彻规章制度，依法治路

实践表明，要保证铁路运输安全生产，首先必须在思想上牢固树立"安全第一"的观念，加强管理，严肃劳动纪律，遵守规章，照章办事，集中精力执行任务，防患于未然；其次，认真学习、宣传、贯彻执行《中华人民共和国铁路法》，依法治路，确保运输安全。

管生产者必须管安全，在工作中还要不断学习先进的管理方法，以提高铁路运输安全的管理水平。

(二) 提高设备质量，提高运输安全系数

要保证铁路运输安全，应积极采用新技术和新设备，对既有设备应加强维修保养，使设备经常处于良好状态，对影响运输安全的设备应及时更换。加强技术改造，提高设备的安全度。尽快普及机车信号、自动停车装置、列车无线通信、红外线探测轴温、塌方落石自动报警器、列车接近报警器等设备，提高运输安全系数。

(三) 加强人员培训，全面提高职工队伍素质

确保铁路运输安全，人的因素是第一位的，职工队伍的文化、技术素质是关键。因此对职工要有计划、有步骤地进行全员培训，提高职工的技术水平；对新入路的工人，必须做到岗前培训，未经培训及培训考核不合格者不得上岗。对干部也要有计划、有步骤地进行培训，不断提高他们的业务水平和管理水平。要建立、健全考核制度，有奖有罚、奖惩分明的措施。

(四) 建立健全安全监察机构

目前，铁路局已设置行车安全和劳动安全监察机构，并设有检查安全工作的专职工作人员；站

段设有安全室；车间、班组也配备了安全员。这样，一方面可以保证持续地监督检查安全规章制度的执行情况，分析事故发生的原因，提出防止事故的措施，总结安全生产的经验；另一方面可以从上到下地形成职工群众的安全生产管理网，以促进广大职工互相监督，开展安全活动，做好安全生产工作。

五、铁路运输安全事故等级划分

铁路行车工作包括列车在车站到达、出发、通过、区间运行、调车作业等，因此，铁路行车事故分为列车（含旅客列车和其他列车）行车事故和调车作业事故两类。

调车作业事故是指在车站调车作业过程中发生的事故，牵涉面较窄；而列车行车事故是指列车在线路或车站中运行发生的事故，牵涉面和影响面大，危害也大，必须引起注意。

（一）特别重大事故

指旅客列车、其他列车、调车作业、机车车辆整备作业发生冲突、脱轨、火灾或爆炸，造成人员重大伤亡、机车车辆重大损坏和严重中断正线行车的事故。有下列情形之一的，为特别重大事故：

① 造成 30 人以上死亡。
② 造成 100 人以上重伤（包括急性工业中毒，下同）。
③ 造成 1 亿元以上直接经济损失。
④ 繁忙干线客运列车脱轨 18 辆以上并中断铁路行车 48 小时以上。
⑤ 繁忙干线货运列车脱轨 60 辆以上并中断铁路行车 48 小时以上。

（二）重大事故

指旅客列车、其他列车、调车作业、机车车辆整备作业发生冲突、脱轨、火灾或爆炸，造成人员有较大的伤亡、机车车辆有较大的损坏和中断正线行车的事故。有下列情形之一的，为重大事故：

① 造成 10 人以上 30 人以下死亡。
② 造成 50 人以上 100 人以下重伤。
③ 造成 5 000 万元以上 1 亿元以下直接经济损失。
④ 客运列车脱轨 18 辆以上。
⑤ 货运列车脱轨 60 辆以上。
⑥ 客运列车脱轨 2 辆以上 18 辆以下，并中断繁忙干线铁路行车 24 小时以上或者中断其他线路铁路行车 48 小时以上。
⑦ 货运列车脱轨 6 辆以上 60 辆以下，并中断繁忙干线铁路行车 24 小时以上或者中断其他线路铁路行车 48 小时以上。

（三）较大事故（或险性事故）

指事故性质严重，但未造成损坏后果或不够特大、重大事故的严重程度。有下列情形之一的，为较大事故：

① 造成 3 人以上 10 人以下死亡。
② 造成 10 人以上 50 人以下重伤。
③ 造成 1 000 万元以上 5 000 万元以下直接经济损失。
④ 客运列车脱轨 2 辆以上 18 辆以下。
⑤ 货运列车脱轨 6 辆以上 60 辆以下。
⑥ 中断繁忙干线铁路行车 6 小时以上。
⑦ 中断其他线路铁路行车 10 小时以上。

（四）一般事故

指事故性质及损害后果不构成特大、重大和险性事故的列车事故。一般事故分为：一般 A 类事故、一般 B 类事故、一般 C 类事故、一般 D 类事故。

六、铁路员工人身安全

在铁路运输生产过程中，确保人身安全是日常工作的重要内容之一。因此，除了不断地改善劳动条件和设备条件外，应经常组织宣传、学习、贯彻、落实人身安全的有关规定，以确保人身安全及生产任务的顺利完成。

（一）铁路员工人身安全的要求

① 班前禁止饮酒。班中按规定着装，佩戴防护用品。

② 顺线路行走时，应走两线路中间，并注意邻线的机车、车辆和货物装载状态，严禁在道心、枕木头上行走。不准脚踏钢轨面、道岔连接杆、尖轨等。

③ 横越线路时，应"一站、二看、三通过"，注意左右机车、车辆动态及脚下有无障碍物。

④ 横越停有机车、车辆的线路时，先确认机车、车辆暂不移动，然后在离该机车、车辆较远处通过。严禁在运行中的机车、车辆前面抢越。

⑤ 必须横越列车、车列时，应先确认列车、车列暂不移动，然后从通过台或两车车钩上越过，勿碰开钩销，要注意邻线有无机车、车辆运行，严禁钻车。

⑥ 不准在钢轨上、车底下、枕木头、道心里坐卧或站立。

⑦ 严禁爬乘运行中的机车、车辆，以车代步。

（二）铁路员工人身伤亡的预防

行车事故的发生往往会导致人身伤亡，因此，预防人身伤亡除遵守预防行车事故的有关规定外，还应做到：

① 加强铁路沿线的防护设施建设，特别是道口建设。

② 强化铁路安全常识宣传，普及铁路安全知识。

③ 教育职工遵章守纪，按"人身安全的要求"来要求自己。

【任务单】

请利用本任务所学知识完成下列题目：

1. 简述铁路运输安全的重要性。

2. 简述铁路运输安全工作的特点，影响安全的因素有哪些？

3. 为了保证铁路运输安全，一般有哪些基本措施？

4. 列车行车事故可分为哪几类？

【课　业】

1. 查询相关网站、收集铁道论坛相关资料，观摩铁路运输事故的案例视频。

2. 针对典型事故案例进行分组讨论，每位同学提交一份事故分析报告。

项目三　认知铁路线路

【知识目标】

1. 了解线路质量对铁路运输安全的重要性；培养铁路员工的安全意识。
2. 熟悉线路的组成、轨道的组成、限界的实质。
3. 掌握线路的横纵断面组成、线路标志的设置含义。
4. 掌握轨道各部分的组成及作用。
5. 掌握铁路限界的含义、分类及其重要作用。
6. 熟悉铁路工务工作的分类及具体的工作内容。

【能力目标】

1. 能够识别线路平面图。
2. 能够识别线路纵断面图。
3. 能够正确识读线路标志。
4. 具备高度的安全意识和遵章守纪的职业责任感。

【项目导入】

项目学习引导书

本项目中的学习任务是：深入了解线路的各部分组成及作用，认识到线路状态对铁路运输安全的影响及铁路限界对铁路运输安全的重要性，具备认真严谨、遵章守纪的职业素养。

在理论学习和实践练习中，逐步掌握本项目要求的所有技能，并通过不断练习和强化，提高实践技能。

为了达到更好的学习效果，需多方位、多渠道地了解、查找相关的资料，扩充知识。在学习过程中，除了提前预习、认真听讲、课后练习等环节外，还需要独立思考并进行知识点归纳。

任务一　认知铁路线路的平面和纵断面

【任务描述】

铁路线路的状态与铁路运营有着怎样的关系？线路两旁的标志有什么含义？这些都是每个铁路从业人员应该深入了解的内容。

本任务将铁路线路作为一个整体来介绍其平面和纵断面。通过本任务的学习，要求学员能够正确识读线路平面图、纵断面图和线路标志，并在此基础上进一步掌握线路的情况；同时要求学员在学习中体会铁路线路与铁路运营之间的紧密关系。

【知识准备】

铁路线路在空间的位置是用它的线路中心线来表示的。线路中心线是指距外轨半个轨距的铅垂线 AB 与两路肩边缘水平线 CD 交点 O 的纵向连线，如图 3-1-1 所示。

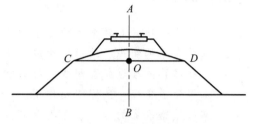

线路中心线在水平面上的投影，叫作铁路线路平面，表明线路的直、曲变化状态。线路中心线纵向展开后在铅垂面上的投影叫线路纵断面，表明线路的坡度变化。

图 3-1-1　铁路线路横断面

一、铁路线路平面

(一) 铁路线路平面的组成
铁路线路平面由直线、圆曲线及缓和曲线组成。

1. 圆曲线
铁路线路在转向处所设的曲线为圆曲线，其基本要素包括圆曲线半径 R、转角 α、长度 L 及切线长度 T，如图 3-1-2 所示。

在线路设计时，一般先设计出圆曲线半径 R 和转角 α，然后再确定 T 和 L，其计算公式为：

$$T = R \cdot \tan\frac{\alpha}{2}, \qquad L = \pi \cdot R \cdot \frac{\alpha}{180}$$

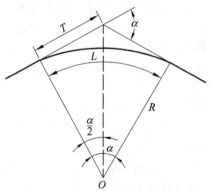

圆曲线转向角 α 的大小由线路走向、绕过障碍物的需要等确定。圆曲线半径 R 的大小，反映了圆曲线弯曲度的大小。圆曲线半径越小，弯曲度越大。一般情况下，圆曲线半径越大，行车速度可以越高，但工程费用也越高，且线形也不易保持，所以一般不超 12 000 m。而小半径圆曲线具有容易适应地形困难的优点，对工程条件

图 3-1-2　　圆曲线要素图

有利，但恶化了行车条件，所以我国铁路规范对此也做出了明确规定。

因此，正确选用圆曲线半径是十分必要的。设计线路时，可根据具体条件，因地制宜、由大到小合理选用圆曲线半径。为了测设、施工和养护的方便，圆曲线半径一般应取 50 m、100 m 的整倍数。为了保证线路的通过能力，并有一个良好的运营条件，还对区间线路的最小圆曲线半径做了具体规定，见表 3-1-1 和表 3-1-2。

列车在曲线上行驶的速度越快，所产生的离心力也就越大，为了保证列车运行的安全、平衡和舒适，必须限制列车通过曲线时的速度。

表 3-1-1　客货共线 I、II 级铁路区间线路的最小圆曲线半径

铁路等级	I			II	
路段设计行车速度/(km/h)	200	160	120	120	80
一般/m	3 500	2 000	1 200	1 200	600
特殊困难/m	2 800	1 600	800	800	500

表 3-1-2　客运专线铁路区间线路的最小圆曲线半径和最大圆曲线半径

设计速度/(km/h)	最小曲线半径/m		最大曲线半径/m	
	一般	困难	一般	困难
200	2 200	2 000	10 000	12 000
250	4 000	3 500	10 000	12 000
300	4 500		12 000	14 000
350	7 000		12 000	14 000

2. 缓和曲线

在铁路线路上，直线和圆曲线不是直接相连的，而是在它们之间插入一段缓和曲线，如图 3-1-3 所示。缓和曲线的作用是使曲线半径由无限大逐渐变化到等于圆曲线半径（或相反），从而使线路平顺地由直线过渡到圆曲线或由圆曲线过渡到直线，以避免车辆离心力的突然产生或消失，使列车运行安全平稳，旅客乘坐时感觉较为舒适。

缓和曲线的长度与所衔接圆曲线的半径及路段旅客列车设计行车速度有关，路段设计行车速度越大，缓和曲线长度也应越长；圆曲线半径越大，所需衔接缓和曲线长度越短。

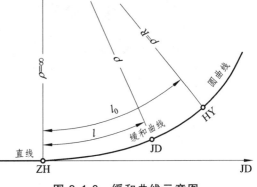

图 3-1-3　缓和曲线示意图

3. 夹直线

为了运行的安全与平顺，两相邻曲线间应设置夹直线，夹直线的最小长度应根据路段最高行车速度及地形条件等因素按表 3-1-3 的数值选用。

表 3-1-3　夹直线的最小长度

v_{max}/(km/h)	160		140		120		100		80	
工程条件	一般	困难	一般	困难	一般	困难	一般	困难	一般	困难
L_j/m	130	80	110	70	80	50	60	40	50	30

（二）曲线附加阻力

线路平面上有了曲线（弯道）后，给列车运行造成阻力增大和限制行车速度等不良影响。列车通过曲线时，由于离心力的作用，使得外侧车轮轮缘挤压外轨，摩擦增大；同时还由于外轨长于内轨，内侧车轮在轨面上滚动时产生相对滑动，从而给运行中的列车带来一种附加阻力，称为曲线附加阻力。平均每一千牛顿列车重力所承受的列车阻力，称为单位曲线附加阻力，常用 ω_r 表示。计算公式如下：

① 当 $l_r \geqslant l_1$，即列车整列运行在曲线上时，单位曲线附加阻力 ω_r 为：

$$\omega_r = \frac{600}{R} \text{ (N/kN)}$$

② 当 $l_r < l_1$，列车只有一部分运行在曲线上时，单位曲线附加阻力 ω_r 为：

$$\omega_r = \frac{600}{R} \cdot \frac{l_r}{l_1}\ (N/kN)$$

式中：R 为曲线半径，m；l_r 为曲线长度，m；l_1 为列车长度，m。

（三）铁路线路平面图

铁路线路平面图是指用一定比例尺（1:2 000 或 1:10 000）和规定的符号，把线路中心线以及两侧地形、地物，投影到水平面上绘出的图（见图 3-1-4）。

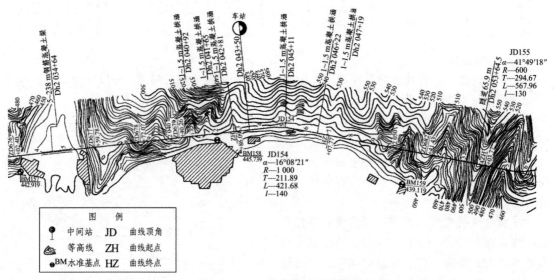

图 3-1-4　铁路线路平面图

线路平、纵断面图是铁路设计的基本文件。在各个设计阶段都要编制要求不同、用途不同的各种平面图。由图 3-1-4 可以看出线路的中心线走向、里程、直曲线情况以及沿线的车站、桥隧建筑物的数量和位置，同时还可以看到用等高线（地面上高程相等的各点的连线）表示的沿线地形、地物及地面起伏情况等。

二、铁路线路纵断面

（一）铁路线路纵断面的组成

铁路线路纵断面由平道、坡道及设于变坡点处的竖曲线组成。

1. 坡道

（1）坡段长度

坡段长度 L 为坡段两端两个变坡点间的距离，如图 3-1-5 所示。

（2）坡度

坡道的陡与缓常用坡度来表示。坡度是指坡道线路中心线与水平线夹角 α 的正切值，如图 3-1-5 所示。

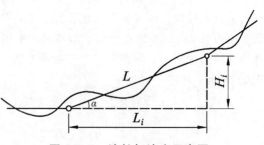

图 3-1-5　坡长与坡度示意图

坡道坡度的大小通常用千分率来表示：

$$i‰ = H_i/L_i = \tan\alpha$$

式中：i 为坡度值，是坡度的 1000 倍；α 为坡道段线路中心线与水平线的夹角；L_i 为坡段两端两变坡点间的水平距离。

铁路线路根据地形的变化，可分为上坡、下坡和平道。上、下坡是按列车运行方向来区分的，通常用"＋"号表示上坡，用"－"号表示下坡，平道用"0"表示。例如，＋6‰ 表示坡度为 6‰ 的上坡道。

1）限制坡度

在一个区段上，决定一台某一类型机车所能牵引的货物列车重量（最大值）的坡度，称为限制坡度（$i_x‰$）。一般情况下，限制坡度的数值和区段内陡长上坡道的最大坡度值相当。

如果在坡道上又有曲线，那么这一坡道的坡道阻力值和曲线阻力值之和，不能大于该区段规定的限制坡度的阻力值，即：

$$i + i_r \leqslant i_x$$

限制坡度是影响铁路全局的主要技术标准。它不仅对线路走向、长度和车站分布有很大影响，而且直接影响运输能力、行车安全、工程费用与运营费用。在设计线路时，应根据铁路等级、地形类别、牵引种类和运输要求比选确定，并应考虑与邻接铁路的牵引质量相协调，但不得大于表 3-1-4 所规定的数值。

一条长大干线所经过地区的地形类别差异较大时，可在地形困难地段采用加力牵引坡度（$i_j‰$）；也可分为若干区段选择不同的限制坡度，用调整机型的方法统一，协调全线的牵引定数。所谓加力牵引坡度，是为了统一全区段的列车重量标准，而在特定地段进行多机牵引的坡度。加力牵引坡度，内燃牵引最大可采用 25‰，电力牵引最大可采用 30‰。

表 3-1-4　　限制坡度最大值（‰）

铁路等级	牵引种类	
	电力	内燃
I 平原	6.0	6.0
I 丘陵	12.0	9.0
I 山区	15.0	12.0
II 平原	6.0	6.0
II 丘陵	15.0	9.0
II 山区	20.0	15.0

通常情况下，一条铁路线路上下行方向以采用相同的限制坡度为好。但在上下行方向货流量相差悬殊的铁路上，宜分方向采用不同的限制坡度，这样既满足运营需要又能节省大量工程费用。

2）换算坡度

在学习换算坡度前，首先应清楚坡道附加阻力和单位坡道附加阻力的含义及计算方法。

 **资料袋 1**

坡道附加阻力、单位坡道附加阻力

列车在坡道上运行时，会受到一种由坡道引起的阻力，这一阻力称为坡道附加阻力。机车车辆所受的重力 $Q \cdot g$（kN）可以分解为垂直于坡道的分力 F_1 和平行于坡道的分力 F_2。前一个分力 F_1 由轨道的反作用力所抵消，后一个分力 F_2 就成为坡道附加阻力，用 W_i 表示。由于铁路线路坡度的夹角 α 很小，$\sin\alpha = \tan\alpha$，因此，W_i 可由下式计算：

$$W_i = 1\,000 \cdot Q \cdot g \cdot \sin\alpha \approx 1\,000 \cdot Q \cdot g \cdot \tan\alpha = Q \cdot g \cdot i \text{（N）}$$

式中：W_i 为坡道附加阻力，N；Q 为列车牵引重量，t；g 为重力加速度（近似取 10 m/s^2）。

列车平均每单位质量所受到的坡道阻力，叫作单位坡道阻力（w_i），计算公式为：

$$w_i = \frac{W_i}{Qg} = \pm i \quad (\text{N/kN})$$

这就是说，机车车辆每单位重量上坡时所受的坡道阻力，等于用千分率表示的这一坡度值。列车上坡时，坡道阻力规定为"＋"；而当下坡时，坡道阻力规定为"－"。

如果在坡道上有曲线，列车在坡道上运行时所遇到的单位附加阻力应为单位曲线附加阻力与单位坡道附加阻力之和。由于曲线附加阻力无正负值，而坡道附加阻力有正、负之分，所以总的单位附加阻力为：

$$w_{总} = w_r + w_i \quad (\text{N/kN})$$

根据前述的 w_i 与 i 的对应关系，将总的单位附加阻力换算为坡度，这个坡度即称为换算坡度，也称为加算坡度。其计算公式为：

$$i_{换}\text{‰} = (w_r + w_i)\text{‰} = (i_r \pm i)\text{‰}$$

由此可知，坡道上有曲线时，列车上坡运行时就显得更陡，下坡运行时坡道则显得平缓。

2. 变坡点及竖曲线

平道与坡道、坡道与坡道的交点，叫作变坡点。列车经过变坡点时，坡度的突然变化会使车钩内产生附加应力。坡度变化较大时，附加应力的突然增大甚至容易造成脱钩、断钩事故（见图 3-1-6）。

当相邻坡道的坡度代数差超过一定数值，为了保证列车的运行平稳和安全，应在相邻坡道间用一圆曲线连接，使列车顺利地由一个坡道过渡到另一个坡道，这个纵断面变坡点处所设的圆曲线，叫作竖曲线。但是在缓和曲线地段、明桥面桥上及正线道岔范围内不得设置竖曲线。

图 3-1-6　车辆经过变坡点的状态

我国铁路规定，在Ⅰ、Ⅱ级线路上，相邻坡道的坡度代数差的绝对值大于 3‰、Ⅲ级铁路大于 4‰ 时，应以竖曲线连接。竖曲线的半径，Ⅰ、Ⅱ级铁路为 10 000 m，Ⅲ级铁路为 5 000 m。

 **资料袋 2**

我国铁路等级划分

我国铁路包括高速铁路和普速铁路两大类，普速铁路共划分为四个等级，即Ⅰ级、Ⅱ级、Ⅲ级和Ⅳ级，具体条件如下表所列：

铁路等级划分标准

等　级	铁路在路网中的意义	远期年客货运量
Ⅰ级铁路	在路网中起骨干作用的铁路	≥20 Mt
Ⅱ级铁路	在路网中起骨干作用的铁路	<20 Mt
	在路网中起联络、辅助作用的铁路	≥10 Mt
Ⅲ级铁路	为某一地区或区域服务，具有地区运输性质的铁路	<10 Mt
Ⅳ级铁路	为某一地区或企业服务，具有地区运输性质的铁路	<5 Mt

（二）铁路线路纵断面图

用一定的比例尺（水平方向为 1∶10 000，垂直方向为 1∶1 000）和规定的符号，把线路中心线（展直后）投影到垂直面上，并标明平面、纵断面的各项有关资料的图纸，叫作线路纵断面图，如图 3-1-7 所示。铁路线路平面图、纵断面图是全面、正确反映线路主要技术条件的重要文件，也是线路施工工作和在线路交付运营后仍需使用的技术资料。

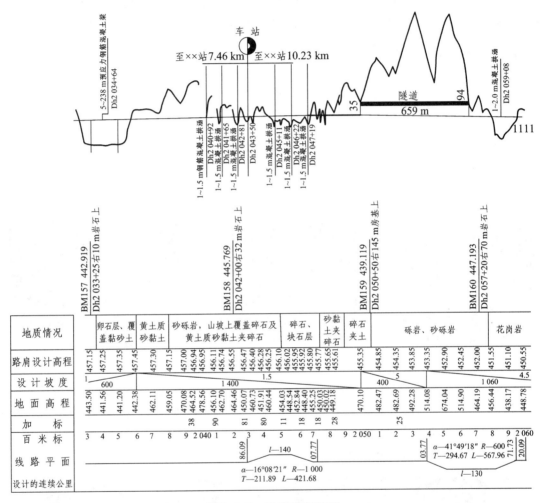

图 3-1-7　线路纵断面图

铁路线路纵断面图的上部是图的部分，表示线路纵断面概貌和沿线主要建筑物特征。主要部分是设计坡度线，即设计的路肩标高的连线。此外，还有地面线、填方与挖方的高度、桥隧建筑物资料、车站资料及其他有关情况。

在纵断面图的下部是表格部分，主要是路肩设计标高（在变坡点处和百米标、加标处都标出路肩设计标高）和设计坡度（每个坡段分别标出）。同时，用公里标、百米标和加标（在桥涵中心位置等必要地点都设置加标，并标明加标和前后百米标之间的距离）标明线路上各个坡道和设备的位置。

在线路纵断面图上，还附有线路平面情况，以便和线路纵断面情况相对照，看清线路全貌。

三、铁路线路标志

（一）铁路线路标志设置的位置

为了满足行车和线路养护维修的需要，在铁路沿线设有许多表明铁路建筑物以及设备位置、状态的标志。这些线路标志设在线路里程增加方向的左侧机车车辆限界以外，距钢轨头部外侧不小于 2 m 处。曲线标等不超过钢轨顶面的标志，为了不妨碍某些特种车辆（如除雪车、底开门车等）在工作状态时顺利通过，可设在距钢轨头部外侧不小于 1.35 m 处。

（二）铁路的主要线路标志

1. 公里标、半公里标（见图 3-1-8、图 3-1-9）

设置的位置：公里标设于公里前进方向整公里处，每一公里设置一个。半公里标设于相邻两公里标的中间。

标志的含义：公里标表示从铁路起点开始计算的连续里程。半公里标表示距前后公里标 500 m。

2. 曲线标（见图 3-1-10）

图 3-1-8　公里标　　　　　图 3-1-9　半公里标　　　　　图 3-1-10　　曲线标

设置的位置：设在曲线中部。

标志的含义：曲线长度、缓和曲线长度、曲线半径、外轨超高和轨距加宽，侧面标有曲线中部里程。请注意，虽然在标志上没有标明单位，但其有默认的单位，例如，曲线长度的单位是 m，外轨超高的单位是 mm 等。

3. 圆曲线和缓和曲线的始终点标（见图 3-1-11）

图 3-1-11　曲线始终点标

设置的位置：直缓、缓圆、圆缓、缓直各点处，呈三棱柱形。

标志的含义：侧面标有"直""缓""圆"字样，表明所进入路段分别为直线、缓和曲线及圆曲线。

4. 坡度标（见图 3-1-12）

图 3-1-12　坡度标

设置的位置：设在线路坡度的变坡点处。

标志的含义：两侧各标明其所进入路段的上、下坡状况及坡度，箭头向上斜为上坡，箭头向下斜为下坡，横线为平道；侧面标有变坡点里程。

5. 桥梁标（见图 3-1-13）

设置的位置：设在桥梁中心里程（或桥头）处。

标志的含义：标明桥梁编号和中心里程。

6. 管界标（见图 3-1-14）

图 3-1-13　桥梁标　　　　　　　　图 3-1-14　管界标

设置的位置：设在铁路局、工务段、领工区、养路工区、供电段、电务段的管辖地段的分界点处。

设置的含义：两侧标明所向的单位名称。

除了上述常见的线路标志外，还有隧道标、水准点标等。

【任务单】

请利用本任务所学知识完成下列题目：

1. 简述铁路线路平面和纵断面的组成及作用。

2. 曲线对铁路运营有什么不利影响？

3. 坡度、坡度值、限制坡度有什么不同？

4. 曲线附加阻力和单位曲线附加阻力、坡道附加阻力和单位坡道附加阻力之间的有什么关系，它们之间如何进行换算？

5. 线路平面图和线路纵断面图分别包含哪些技术信息。

6. 请总结线路标志的作用，它跟信号标志有何不同？

7. 请以表格的形式总结公里标、半公里标、曲线标、圆曲线和缓和曲线始终点标、坡度标、桥梁标、隧道标、管界标等线路标志设置的位置、表达的含义。

【课　业】

学生每5～6人一组，通过网络或其他方式查阅《铁路技术管理规程》等相关资料，完成以下课业后，以作业的形式每组提交一份任务报告。

1. 利用网络找出某段线路的平面图、纵断面图，进行识读。

2. 列举你见过的线路标志，这些线路标志通常设置在哪里？表达什么含义？

3. 线路两侧除了线路标志，还有信号标志，请问你见过哪些信号标志？说说二者的区别。

任务二　认知铁路线路的组成结构

【任务描述】

上一个任务中，我们把铁路线路看作一个整体来介绍其特点，然而，铁路线路本身是一个组合体。铁路线路有哪些组成部分？如何保证铁路线路处于良好状态？本任务将介绍铁路线路的各组成部分，尤其是轨道部分，通过本任务的学习，要求学员能准确画出路基横断面示意图以及道岔示意图，同时在学习过程中体会铁路线路与运营安全之间的关系。

【知识准备】

一、路　基

路基是轨道的基础，是铁路线路的重要组成部分。它直接承受轨道的重量，承受轨道传来的机车车辆及其荷载的压力。路基的质量影响着线路的质量，因此路基必须填筑坚实，并保持干燥、稳定和完好状态，以保证运输安全畅通。

（一）路基的横断面形式

垂直于线路中心线的路基断面，称为路基横断面。铁路路基按其横断面形式分为六种，如图 3-2-1 所示。

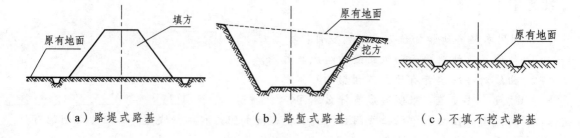

（a）路堤式路基　　　　　　（b）路堑式路基　　　　　　（c）不填不挖式路基

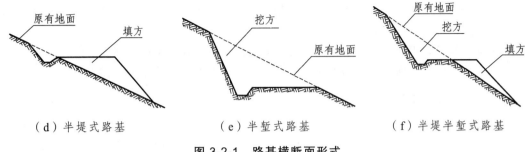

（d）半堤式路基　　　　　（e）半堑式路基　　　　（f）半堤半堑式路基

图 3-2-1　路基横断面形式

（二）路基的组成

路基由路基本体、防护建筑物及排水建筑物组成。常见的路基横断面是路堤和路堑。

1. 路基本体

（1）路堤

路堤由路基顶面、边坡、护道和取土坑（或纵向排水沟）等组成，如图 3-2-2 所示。

路基顶面：是指铺设轨道的工作面，其宽度为两侧路肩边缘之间的距离。所谓路肩，是指路基顶面两侧无道砟覆盖的部分，它不仅可以增强路基的稳定性，防止道砟滚落至路基面外，还可以设置线路标志和信号标志，同时可用于人员避车和暂放维修材料和机具。

路基边坡：是指路肩边缘两侧的斜坡，其作用是增强路基的稳定性。边坡的坡度是以边坡上任意两点间的垂直高度与水平距离之比来表示的，一般为 1:1.5 或 1:1.75。

路基护道：是指路堤坡脚与取土坑（或排水沟）间的斜坡，宽度一般不小于 2 m，并向外做成 2‰~4‰排水坡。作用是保持路基边坡的稳定，防止雨水冲刷坡脚造成边坡塌方。

取土坑（兼作排水沟）：位于路堤护道外侧，用以排除路堤范围内的地面水。

（2）路堑

直线地段一般黏性土路堑由路基顶面、侧沟、边坡、隔带、弃土堆、天沟等组成（见图 3-2-3）。

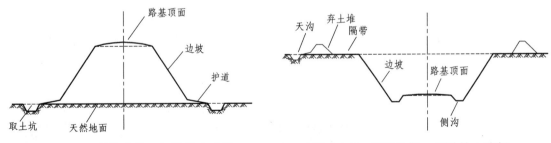

图 3-2-2　直线地段一般黏性土路堤　　　图 3-2-3　直线地段一般黏性土路堑

路堑的路基顶面形状与路堤的路基顶面形状相同。

侧沟：位于路基顶面两侧，用以排泄路堑边坡和路基顶面上流下来的地面水，其断面呈梯形，沟深一般不小于 0.6 m，沟底宽度不小于 0.4 m，两侧边坡为（1:1.5）~（1:1），沟底纵向坡度不小于 2‰。

边坡：即侧沟底至路堑开挖侧面的斜坡，其坡度一般为（1:1.5）~（1:1），边坡高度不宜超过 30 m。对严重风化、岩体破碎的石质路堑，特殊岩土和土质路堑的边坡高度更应严格控制，并采取可靠的支挡防护措施。

隔带：是指堑顶边缘至弃土堆坡脚的地带，其宽度一般为 2.5 m。设置隔带可减少弃土堆对边坡的压力，有利于边坡的稳定。

弃土堆：是指开挖路堑时堆放在隔带外的弃土，可阻挡地面水流入路堑。

天沟：位于路堑顶面弃土堆的外侧，用以截排路堑上方流向路堑的地面水。

2. 路基的排水及防护加固设施

(1) 路基的排水设施

为了保持路基经常处于干燥、坚固和稳定的状态，路基上应设置一套完整的排水设施，包括排地面水设施和排地下水设施。

1）地面排水设施

在路堤天然护道外，可设置单侧或双侧排水沟，也可用取土坑排水；路堑应于路肩两侧设置侧沟；堑顶外可设置单侧或双侧天沟。天沟不应向路堑侧沟排水，路堑侧沟的水不得流经隧道流出。地面排水系统如图 3-2-4 所示。

2）地下排水设施

当地下水埋藏浅或无固定含水层时，可采用明沟、排水槽、渗水暗沟、边坡渗沟、支撑渗沟；当地下水埋藏深或为固定含水层时，可采用渗水隧洞、渗井、渗管。地下排水设施如图 3-2-5 所示。

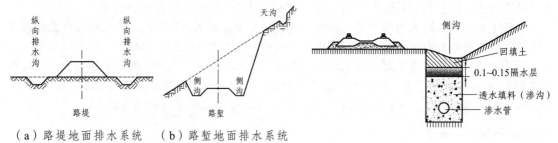

（a）路堤地面排水系统　（b）路堑地面排水系统

图 3-2-4　地面排水系统

图 3-2-5　地下排水系统

(2) 路基的防护加固设施

路基坡面长期裸露在自然中，受自然风化及雨水冲刷的破坏作用，会出现边坡剥落、局部凹陷、表土溜滑、坡脚被掏空崩塌等不同的坡面变形。为了保证路基的坚固和稳定，路基坡面常用种草、铺草皮、砌石、抹面、喷浆、修建挡土墙（见图 3-2-6）等方式加以防护加固。

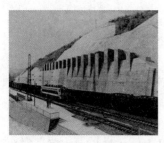

（a）挡土墙　　　　　　（b）挡土棚　　　　　　（c）种草保护

图 3-2-6　路基防护加固措施

(三) 路基病害及整治

路基在列车荷载的作用和自然条件的影响下,不可避免地会引起路基土壤力学性质发生变化,形成路基病害。常见的路基病害有翻浆冒泥、路基冻胀、滑坡和边坡塌方等。

1. 翻浆冒泥

翻浆冒泥是指土质路基顶面因道床污染及排水不良,在列车反复振动作用下而形成的泥浆向上翻冒现象。此病害不仅会使轨道下沉和变形,还会由于道床的空隙被泥浆填充,降低了路基的承载力,从而导致列车运行不平稳,甚至会危及行车安全。翻浆冒泥的整治办法是排除地表水、降低地下水位、彻底清筛道床、加铺砂垫床或更换路基顶面土壤等。

2. 路基冻胀

路基冻胀是指在严寒地区的铁路线路上,由于路基排水不良和地下水侵蚀,在严寒季节发生的路基顶面不均匀隆起的现象。它的整治办法是排除地表水和降低地下水位,更换土质,改良土质或将炉渣覆盖在路基基床表层作保温材料。

3. 滑坡

滑坡是指在一定的地形地质条件下,由于地表水的大量侵入或地下水的作用,土体或岩体在重力的作用下,沿某一层面或软弱带作整体缓慢或急速滑动的变形现象。滑坡的综合防治办法为拦截地下水、排除地表水和修建支挡建筑。

4. 边坡塌方

山区铁路的路基多为高堤、深堑,地质构造复杂。在雨季,由于雨水侵蚀、洪水冲刷,土质路基变软、石质路基岩石发生风化,在列车荷载作用下,路基边坡发生坍塌。这便是边坡塌方。在北方地区裂隙中的水冻结后,体积膨胀,也会导致边坡塌方。为防止边坡塌方,可在坡面种草或铺片石,必要时可在边坡坡脚处砌挡土墙。

二、桥隧建筑物

铁路线路在跨越江河、深谷、公路或其他铁路线路时都需修建桥隧建筑物,桥隧建筑物包括桥梁、涵洞、隧道、道口等。在修筑铁路时,桥隧建筑物的投资占整个工程量相当大的比重,大型桥隧的工期也是影响整个工程工期的关键。

(一) 桥梁

1. 桥梁的组成

桥梁主要由桥面、桥跨结构、墩台及基础三部分组成,如图 3-2-7 所示。

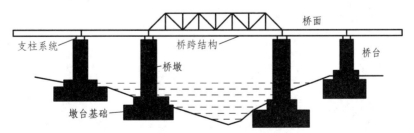

图 3-2-7 跨河桥梁的基本组成

桥面指桥上的路面,即铺设轨道和供人行走的部分;桥跨结构是桥梁承受荷载、跨越障碍的部分;墩台包括桥墩和桥台,桥墩是桥梁中部支承桥跨结构的建筑物;桥台是桥梁两端支承和连接路基的建筑物；基础设置在桥墩和桥台的底部，它承受墩台自身的重力、桥跨重力、列车重力和冲击力等，并把这些力传至地基。

2. 桥梁的种类

① 按建造材料分：有钢桥、钢筋混凝土桥、石桥等。

② 按桥梁长度（L）分：有小桥（$L < 20\ \text{m}$）、中桥（$20\ \text{m} \leqslant L < 100\ \text{m}$）、大桥（$100\ \text{m} \leqslant L < 500\ \text{m}$）和特大桥（$L \geqslant 500\ \text{m}$）等。

③ 按桥梁结构形式分：有梁桥、拱桥、斜拉桥等形式，如图 3-2-8 所示。

（a）梁桥

（b）拱桥

（c）斜拉桥

图 3-2-8　结构形式不同的桥梁

④ 按桥梁跨越的障碍分：有跨河桥（是指跨越江河、湖泊的桥梁）、跨线桥（又称立交桥，是铁路、公路相互交叉时所建的桥梁）、高架桥（又称栈桥或旱桥，是跨越宽谷、深沟的桥梁），如图 3-2-9 所示。

（a）跨河桥

（b）跨线桥

（c）高架桥

图 3-2-9　高架桥

⑤ 按用途分：有铁路桥（见图 3-2-10）、公路桥（见图 3-2-11）、公铁两用桥（见图 3-2-12）、人行及自行车桥、农桥等。

图 3-2-10 铁路桥

图 3-2-11 公路桥

图 3-2-12 公铁两用桥

（二）隧道

如图 3-2-13 所示，隧道是修建在地下或水下并铺设铁路供机车车辆通行的建筑物，大多建筑在山中以避免开挖很深的路堑或修筑很长的迂回线，改善了线路条件，节省了运营费用；也有为穿越河流或海峡的水下隧道以及为适应铁路通过大城市的需要而在城市地下穿越的城市隧道。

图 3-2-13 隧道断面

1. 隧道的组成

隧道一般是由洞门、洞身、附属结构组成。其中附属结构主要包括避车洞、防排水设施、消防设施、应急通信、通风和照明设备（长大隧道设置）。

(1) 洞门

洞门是隧道进出口处，其主要作用是用来保证洞口土体仰坡和边坡的稳定，并通过洞门位置的排水系统将仰坡流下的雨水引离隧道，以防止水流冲刷洞门。洞门有多种形式，如图 3-2-14 所示。

环框式

翼墙式

端墙式

图 3-2-14　隧道洞门的结构形式

(2) 洞身

洞身是隧道的主要组成部分，其长度由两端洞门的位置决定。洞身是列车通过的通道，为保证行车安全，洞身必须按建筑限界标准修建。

洞身衬砌的作用是用来承受地层的压力，防止坑道周围地层变形，防止岩石风化和坍落，维护坑道轮廓不侵入建筑限界的范围，以确保行车安全。目前，主要是采用整体灌注式衬砌，由拱圈、边墙、托梁和仰拱组成，如图 3-2-15 所示。拱圈位于坑道顶部，至半圆形，为承受地层压力的主要部分。边墙位于坑道两侧，承受来自拱圈和坑道侧面的土体压力，可分为垂直形和曲线形两种。托梁位于拱墙和边墙之间，为防止拱圈底部挖空时发生松动开裂，用来支承拱圈。仰拱位于坑底，形状与一般拱圈相似，但弯曲方向与拱圈相反，用来抵抗土体滑动和防止底部土体隆起。

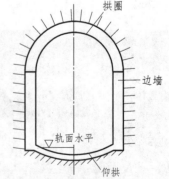

图 3-2-15　洞身衬砌

(3) 附属结构

附属结构主要是指避车洞、防排水设施。

避车洞是指当列车通过隧道时，为了保证洞内行人、维修人员及维修设备（小车、料具）的安全，在隧道两侧边墙上交错均匀修建的人员躲避及放置车辆、料具的洞室。

隧道的永久性防排水是通过防排水工程措施实现的。经过理论和实践经验的总结，提出了"截、防、堵、排结合，因地制宜，综合治理"的原则。

2. 隧道的分类

① 按长度：分为短隧道（全长 500 m 及以下）、中隧道（全长 500 m 以上至 3 000 m，含 3 000）、长隧道（全长 3 000 m 以上至 10 000 m，含 10 000 m）和特长隧道（全长 10 000 m 以上）。

② 按所在位置和埋藏条件：可分为傍山隧道、越岭隧道、地下铁道、深埋和浅埋隧道。

③ 按洞内行车线路的数量：可分为单线隧道、双线隧道及多线隧道。

 资料袋

目前，我国已建成的最长的铁路隧道是新关角隧道。新关角隧道作为西格（西宁—格尔木）铁路二线工程的控制性工程，于 2007 年 11 月 6 日全面开工，采用钻爆法施工，全长 32.645 km，由中铁第一勘察设计院集团负责设计，新关角隧道设计为两座平行的单线隧道，设计速度为 160 km/h，两线间距 40 m，均位于直线段上。全线共设置了 11 座斜井（合计 15.26 km）及 9.8 km 的平行导坑辅助正洞掘进，建设总工期为 5 年，实际将近 7 年。2014 年 4 月 15 日新关角隧道全线贯通。

（三）涵洞

涵洞是一种修建在路堤下部的填土中，跨越天然沟谷洼地或者跨越道路或人工渠道，用以通过水流或行人的建筑物。

1. 涵洞的特点

由于涵洞处于大自然环境中（风、霜、雨、雪、冰冻、高温、水流冲击）并承受行车荷载的作用，因此要求涵洞必须具备如下特点：

① 具有排泄洪水的能力，保证在遭遇 50 年一遇的洪水的情况下，能顺利快捷地排泄洪水。

② 具有足够的整体强度和稳定性，保证在设计荷载的作用下，构件不产生位移和变形。

③ 具有较高的可靠性和耐久性，保证在自然环境中，长期完好，不发生破损。

2. 涵洞的结构

涵洞主要由洞身、基础、端墙、翼墙和出入口等部分组成（见图 3-2-16），其孔径一般为 0.75~6 m。洞身埋在路基中，从进口向出口有一定的纵向坡度，以利于排水。

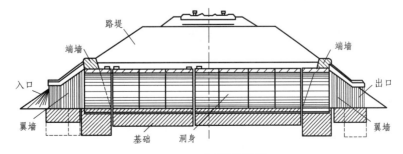

图 3-2-16　涵洞的构造

三、轨　道

在路基、桥隧建筑物修成之后，就可以在
上面铺设轨道。轨道是各种列车行驶的基础，
其作用是引导列车运行，直接承受车轮的动压
力并传到路基、桥梁和隧道等基础结构上。轨
道是一个整体性工程结构，主要由钢轨、轨枕、
联结零件、道床、防爬设备以及道岔等组成，
如图 3-2-17 所示。

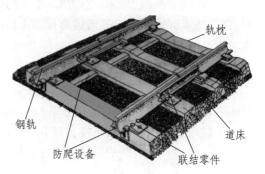

图 3-2-17　有砟轨道的基本组成

（一）钢轨

钢轨的作用是：直接承受并传递机车车辆传
来的压力、冲击和震动，引导车轮运行方向；在
电气化铁路或自动闭塞区段，钢轨还兼作轨道电路。

1. 钢轨的结构形式及类型

钢轨的断面形状为"工"字形，由轨头、轨腰和轨底组成（见图 3-2-18）。钢轨头部呈弧形
以适应轮轨的接触，同时，应有足够的面积和厚度，能够耐磨
并具有抵抗挠曲的能力。轨腰应有足够的高度，以提高钢轨抵
抗挠曲的能力。轨底应有足够的厚度和宽度，以保证其稳定性。

在我国，钢轨的类型（或强度）以每米长度的质量（千克）
表示，我国钢轨的主要类型有 75 kg/m、70 kg/m、60 kg/m、
50 kg/m 等几种。

图 3-2-18　钢轨断面形式

钢轨的长度应长一些好，这样可以减少接头的数量，使列
车运行平稳并可节省接头零件和线路的维修费用，但是，由于
加工条件和运输条件的限制，一根钢轨的轧制长度是有限的。

我国钢轨的标准长度有 12.5 m、25 m、50 m 和 100 m 四种。为了减少焊接接头的数量，高
速铁路应尽量采用 100 m 定尺钢轨。此外，还有专供曲线地段使用的标准缩短轨若干种。

2. 轨距

轨距是钢轨头部踏面下 16 mm 范围内两股钢轨工作边之间的最小距离。

(1) 直线地段的轨距

直线地段的轨距标准规定为 1 435 mm。

宽轨距大于标准轨距，如印度、巴基斯坦等国家主要采用 1 676 mm 宽轨距，俄罗斯采用
1 520 mm 宽轨距；窄轨距小于标准轨距，如我国昆明至河口段以及几内亚、埃塞俄比亚、喀
麦隆等国家采用 1 000 mm 窄轨距，我国台湾地区、日本普通铁路、刚果、赞比亚等国家和地
区采用 1 067 mm 窄轨距。

(2) 曲线地段的轨距

为了使机车车辆能够顺利通过曲线，对曲线地段
的轨距要适当加宽。表 3-2-1 所示为我国《铁路线路
设计规范》中规定的曲线地段轨距加宽的数值。

表 3-2-1　轨距加宽取值

曲线半径/m	加宽值/mm	轨距/mm
$R \geqslant 350$	0	1 435
$350 > R \geqslant 300$	5	1 440
$R < 300$	15	1 450

（二）轨枕

轨枕的作用是：支承钢轨，并将钢轨传来的压力传递给道床；保持钢轨的位置和轨距。轨枕应具有必要的坚固性、弹性和耐久性，并且造价低、制作简单、铺设及养护方便。

1. 轨枕的类型

(1) 按材料分

轨枕按材料分为木枕和钢筋混凝土枕两种，如图 3-2-19 和图 3-2-20 所示。

图 3-2-19　木枕　　　　　　　　　　图 3-2-20　混凝土枕

木枕具有弹性好、易加工、铺设与养护维修方便、绝缘性能好等优点，但也有使用寿命短、耗费木材多，强度、弹性和耐久性不完全一致，在机车车辆荷载作用下易出现轨道不平顺等缺点。

钢筋混凝土枕既不受气候、腐朽、虫蛀及火灾的影响，又能保证尺寸一致，使轨道的弹性均匀，且稳定性好、坚固耐用，并可节省大量木材。但和木枕相比，有质量大、弹性较差等缺点。

我国铁路所使用的主要是混凝土轨枕。目前我国使用的混凝土轨枕可以分为Ⅰ、Ⅱ、Ⅲ型，其中Ⅲ型混凝土轨枕结构合理，强化了轨道结构，提高了设计承载能力及保持线路稳定的能力。

(2) 按用途分

按用途分，轨枕主要有普通轨枕、岔枕和桥枕。

岔枕是指用在铁路道岔上的专用轨枕。桥枕是专门用于桥梁上铺设道岔时所用的轨枕。

普通轨枕的长度为 2.5 m 和 2.6 m；道岔用的岔枕和钢桥上用的桥枕长度为 2.6～4.85 m。

2. 轨枕的铺设

铁路轨道在铺设中，每千米线路上铺设轨枕的数量，应根据运量及行车速度等运营条件确定。轨枕根数越多，轨道强度越大。我国铁路规定：木枕轨道，每千米轨枕数最多为 1 920 根，最少为 1 440 根；混凝土枕轨道，每千米轨枕数最多为 1 840 根，最少为 1 440 根。

（三）联结零件

联结零件分为接头联结零件和中间联结零件两类。

1. 接头联结零件

接头联结零件用来连接钢轨与钢轨之间的接头，使两根钢轨连接成一个整体，它包括夹板、螺栓、螺帽和弹性垫圈等，如图 3-2-21 所示。钢轨接头处必须保持一定的缝隙，这一缝隙叫作轨缝。当气温发生变化时，轨缝可满足钢轨的自由伸缩。钢轨接头是线路上最薄弱的环节，它使行车阻力和线路维修费用显著增加，是线路维修工作的重点对象。

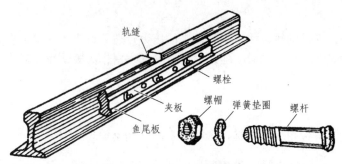

图 3-2-21　接头联结零件

2. 中间联结零件

中间联结零件亦称钢轨扣件，其作用是将钢轨紧扣在轨枕之上，以确保钢轨位置稳定，防止钢轨相对于轨枕作纵、横向移动。

中间联结零件分为木枕用扣件和钢筋混凝土枕用扣件两类，如图 3-2-22 所示。木枕用扣件，主要包括道钉和垫板。在钢轨与木枕面之间置有垫板，其目的在于增加木枕与轨底的接触面积，使木枕经久耐用；同时，它的顶面做成 1∶40 的斜度，使线路上的钢轨具有适当的内倾度（叫作轨底坡），也有利于防止和减轻轮对的蛇行运动。钢筋混凝土枕用扣件有扣板式、拱形弹片式和弹条式三种。扣板式、拱形弹片式扣件主要配置于 20 世纪六七十年代的老型混凝土枕，现在只在一些支线和专用线上还在使用，正线已淘汰。目前最常用的是弹条式扣件，分为Ⅰ、Ⅱ、Ⅲ三种类型。Ⅰ、Ⅱ型弹条式扣件是有挡肩、螺栓的扣件，它们的外形相同，其中Ⅱ型扣件的扣压力较Ⅰ型扣件有所提升；Ⅲ型弹条式扣件是无螺栓、无挡肩的扣件，一般用于有砟高速轨道结构。

（a）木枕用扣件

（c）弹条式扣件

图 3-2-22　中间联结扣件

（四）道床

道床介于轨枕与路基之间，是铺设在路基面上的石砟（道砟）垫层。

道床的主要作用是：支承轨枕，把从轨枕上部的压力均匀地传递给路基，并固定轨枕的位置，阻止轨枕纵向或横向移动，保持轨道稳定和正确的几何行位；缓和机车车辆轮对对钢轨的冲击，保证行车安全；调整线路的平面和纵断面。

1．道床材料的要求

道床的材料应当具有坚硬、不易风化、富有弹性并有利于排水的特点。常用的材料有碎石、卵石、粗砂等。其中以碎石为最优，我国铁路一般都采用碎石道床。

2．道床的种类

(1) 碎石道床

碎石道床通常由具有一定粒径、级配和强度的硬质碎石堆集而成。碎石道床除了传递压力外，还可以排除轨道中的脏水、阻止轨枕移动钢轨、缓和车轮对钢轨的冲击，使钢轨具有足够的弹性。但是，有砟道床随着时间的推移，道床空隙会被脏物填塞而变得板结，排水性能、承载能力会降低，从而失去应有的弹性。

(2) 沥青道床

沥青道床是用沥青材料使散粒体道砟道床固结或用沥青混凝土、沥青胶砂、乳化沥青水泥砂浆等代替散离体道砟，使道床稳定的一种新型轨道结构。这种道床灌注施工时不影响行车，简便易行，适用于既有线改造。

(3) 整体道床

如果将碎石道床灌注水泥浆，使它成为一个整体来支承钢轨，或者用混凝土、钢筋混凝土直接在路基面上筑成基础来支持钢轨，就形成整体道床。整体道床的强度高、维修工作量小，适合于列车高速运行，目前我国在隧道内及高速铁路上基本均铺设了整体道床，图 3-2-23 所示为铺设了整体道床的高速铁路。

图 3-2-23　整体道床

(五) 防爬设备

列车运行时，常常产生纵向力带动钢轨做纵向移动，有时甚至带动轨枕一起移动，这种纵向移动叫作爬行。轨道爬行经常出现在单线铁路的重车方向（运量大的方向）、双线铁路的行车方向、长大下坡道上及进站前的制动距离内。

轨道爬行往往引起轨缝不匀、轨枕歪斜等线路病害，对轨道的破坏性极大，严重时还会危及行车安全。因此，必须采取有效措施加以防止。

常见的防爬设备主要包括防爬器和防爬撑。

1．防爬器

我国铁路广泛采用穿销式防爬器（见图 3-2-24）。它由带挡板的轨卡和穿销组成。安装时，将轨卡的一边紧紧地卡住轨底，另一边用楔形穿销楔紧，使整个防爬器牢固地卡在轨底上。

图 3-2-24　穿销式防爬器

2．防爬撑

为了充分发挥防爬器的抗爬能力，通常在轨枕间还安装防爬撑（见图 3-2-25），把 3～5 根轨枕联结起来组成一组防爬设备，共同抵抗钢轨的爬行。

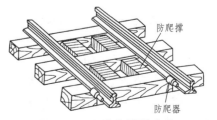

图 3-2-25　防爬器的安装

（六）道岔

道岔是一种使机车车辆能从一股道转入或越过另一股道的轨道连接设备，大量铺设在车站、编组站内，以满足各种作业需要。最常见的是普通单开道岔。有了道岔，可以充分发挥线路的通过能力。即使是单线铁路，铺设道岔，修筑一段大于列车长度的叉线，就可以对开列车。图 3-2-26 所示即为道岔。

图 3-2-26　道岔

由于道岔具有数量多、构造复杂、使用寿命短、限制列车速度、行车安全性低、养护维修投入大等特点，与曲线、接头并称为轨道的三大薄弱环节。

1. 道岔的组成

单开道岔是最常用、最简单的线路连接设备。本任务以单开道岔为例，介绍道岔的组成。

道岔主要由转辙器、辙叉及护轨、连接部分组成（见图 3-2-27）。此外，还有操纵尖轨位置的转辙机械及岔枕等。

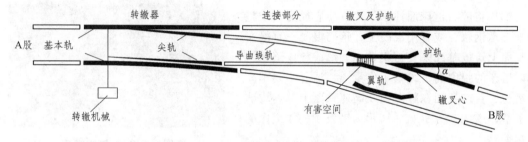

图 3-2-27　普通单开道岔示意图

(1) 转辙器

转辙器包括两根尖轨和两根基本轨，是引导机车车辆转线的部分。

两根尖轨是整个道岔中可以活动的部分，用连杆相连，处于两根基本轨的内侧，并且总是一根尖轨同一根基本轨密贴，而另一根尖轨与另一根基本轨分离。以图 3-2-27 为例，机车车辆通过直线线路时，就要求上边的尖轨在离开基本轨的同时，下边的尖轨和基本轨密贴，以便使机车车辆轮缘顺利地通过该部位。

(2) 辙叉及护轨

辙叉及护轨部分包括辙叉心、两根翼轨和两根护轮轨。其作用是保证车轮安全通过互相交叉的两根钢轨。

辙叉心轨两工作边所夹的角 α 称为辙叉角（见图 3-2-27），其交点称为辙岔尖端；两翼轨间的最小距离处称为辙叉咽喉。从辙叉咽喉至辙岔尖端之间有一段轨线中断地带，车轮有失去引导误入异线而发生脱轨事故的可能，因此此处被称为有害空间。为保证车轮在有害空间处进入正确的轮缘槽，防止进入异线，通常在辙岔两侧相对应位置的基本轨内设置护轮。

道岔上有害空间的存在是限制过岔速度的一个重要因素，为了消灭有害空间，适应高速行车的要求，国内外都发展了各种活动心轨道岔。活动心轨道岔（见图 3-2-28）中的辙叉心轨和尖轨是同时被扳动的，当尖轨开通某一方向时，活动心轨的辙叉心轨就与开通方向一致的翼轨密贴，与另一翼轨分开，从而消灭了有害空间。活动心轨道岔是由长心轨、短心轨拼装成的可动心轨和翼轨、叉跟基本轨、帮轨等组合而成的，它消除了有害空间，不仅避免了车轮对心轨和翼轨冲击，而且提高了列车直向过岔速度，被广泛用于高速行车的线路上。

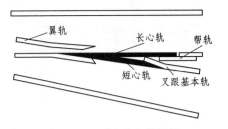

图 3-2-28 活动心轨辙叉

(3) 连接部分

连接部分是连接转辙器和辙叉及护轨的部分，使之成为一组完整的道岔。它包括两根直轨和两根导曲线轨。在导曲线上一般不设缓和曲线和超高，所以列车在侧向过岔时，速度要受到限制。

2. 道岔的种类

(1) 单开道岔

单开道岔的组成在道岔组成部分已经介绍，在此不再赘述。单开道岔数量很多，约占全部道岔数量的 90% 以上。

(2) 双开道岔

双开道岔也叫对称道岔，如图 3-2-29 所示，它由主线向两侧分为两条线路。在构造上，道岔对称于线路的中线，道岔连接部分有 4 条导曲线轨而无直轨，所以无直向及侧向之分。

(3) 三开道岔

三开道岔（见图 3-2-30）衔接 3 条线路，有两对尖轨，每对由一组转辙机控制，决定尖轨的位置。连接部分有两根直轨、两对导曲线轨，辙叉及护轨部分有三副辙叉、四根护轨。

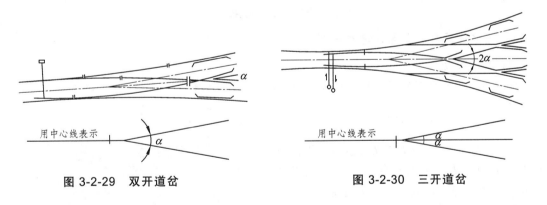

图 3-2-29 双开道岔　　　　　　　　图 3-2-30 三开道岔

(4) 交分道岔

交分道岔如图 3-2-31 所示，它有 4 个辙叉，其中两个锐角、两个钝角；有 4 条导曲线轨和 8 条尖轨；两根拉杆，每根带动 4 条尖轨同时动作。

(5) 菱形交叉

菱形交叉如图 3-2-32 所示，它是指一条线路与另一条线路在平面上相交，使机车车辆能跨越运行，交叉角度小于 90° 的连接设备。锐角辙叉的结构与单开道岔中的辙叉结构基本相同，钝角辙叉分为固定型和可动心轨型两种。菱形交叉可以单独使用，也可以与四组单开道岔组成渡线。

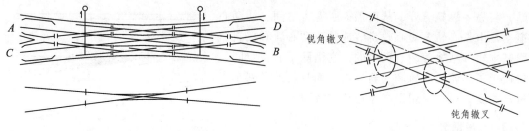

图 3-2-31 复式交分道岔　　　　　图 3-2-32 菱形交叉

(6) 渡线

为了使机车车辆能从一条线路进入另一条线路，应设置渡线（见图 3-2-33），包括普通渡线和交叉渡线两种。其中，普通渡线设在两平行线路之间，由两副辙叉号数相同的单开道岔及两道岔间的直线段所组成，如图 3-2-33（a）所示；交叉渡线设在两平行线路之间，由 4 副普通单开道岔和 1 副菱形交叉组成，如图 3-2-33（b）所示。

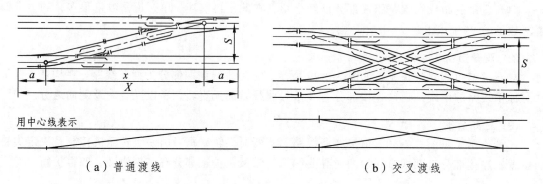

（a）普通渡线　　　　　　　　　　　（b）交叉渡线

图 3-2-33 渡线

3. 道岔辙叉号数及允许过岔速度

(1) 辙叉号数

辙叉号数也称道岔号数（N），以辙叉角（α）的余切值来表示，如图 3-2-34 所示，即：

$$N = \cot\alpha = \frac{FE}{AE}$$

式中：N 为道岔号数；α 为辙叉心轨两工作边的夹角；FE 为辙叉心轨理论尖端沿工作边至垂足的距离；AE 为辙叉心轨某一工作边任意一点至另一工作边的垂直距离。

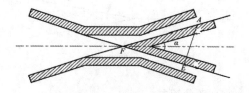

图 3-2-34 道岔号数表示图

辙叉角越大，辙叉号数越小，这时同辙叉部分连接的导曲线轨半径也就越大；辙叉角越小，辙叉号数越大，导曲线半径越小。我国常见道岔号数、辙叉角及导曲线半径的对应关系如表 3-2-2 所示。

表 3-2-2 道岔号数与辙叉角及导曲线半径的对应关系

道岔号数 N	6（对称）	7（三开）	9	12	18
辙叉角 α	9°27′44″	8°07′48″	6°20′25″	4°45′49″	3°10′47″
导曲线半径	180 m	180 m	180 m	330 m	800 m

(2) 允许过岔速度

由于导曲线部分不设缓和曲线和超高，列车通过道岔时如果速度过高，突然产生的离心力就很大，特别是当列车侧向通过时，车轮对尖轨、护轨和翼轨都有冲击，速度过大时冲击力就很大，这样不仅会造成很大程度的摇晃，使旅客感到不适，而且危及行车安全，因此列车的过岔速度不能超过一定的范围。

允许过岔速度包括直向过岔速度和侧向过岔速度，其中侧向过岔速度受限制较大。道岔号数 N 越大时，允许过岔速度也就越高，我国铁路主要线路上使用较多的 9、12、18 号三个型号道岔的侧向允许速度分别为 25 km/h、45 km/h、80 km/h；当侧向列车速度超过 80 km/h 时，应采用 18 号以上道岔，如 30 号道岔等。

【任务单】

请利用本任务所学知识完成下列题目：

1. 请绘制路基横断面示意图，并标注路基本体各组成部分。
2. 请总结路堤、路堑排水设施的组成结构及作用。
3. 请总结桥梁、隧道、涵洞的组成结构及作用。
4. 请总结轨道的组成结构及各部分的作用。
5. 道岔的种类有哪些？各类道岔有哪些优缺点？适用条件是什么？
6. 简述道岔号码与侧向允许速度、道岔的长度之间的关系。
7. 猜猜看，右图中的路基两旁为什么设置铁棒。

【课　业】

完成以下课业后，以作业的形式每人提交一份任务报告。

1. 实地拍摄某段轨道，并指出各组成部分。
2. 请绘制单开道岔的结构示意图。

任务三　认知铁路限界

【任务描述】

铁路线路两旁有很多的信号设备、建筑物等，当列车在轨道上运行时，如何保障列车和线路两旁设备、建筑物的安全呢？在线路中间，经常会看到有建筑物或有工人在工作，如何保障建筑物或工人的安全呢？这些问题将在本任务中详细解答。

通过本任务的学习，要求学员在学习过程中体会线路设计对列车运行安全及人身安全的重要性。

【知识准备】

一、限界的种类

为了确保机车车辆在铁路线路上的运行安全，防止机车车辆撞击邻近线路的建筑物和设备，铁路部门对机车车辆和接近线路的建筑物、设备规定了不允许超越的轮廓尺寸线，称为限界。

铁路基本限界可分为机车车辆限界和建筑接近限界。

（一）机车车辆限界

机车车辆限界是机车车辆横断面的最大容许尺寸的轮廓，如图 3-3-1 所示。它是新造和使用中的机车车辆，除升起的受电弓外，任何部位在任何情况下都不得超过的轮廓尺寸。使用平车或敞车装载货物时，除超限货物或另有规定者外，不得超过此轮廓尺寸。所以，机车车辆限界也是一般货物的装载限界。

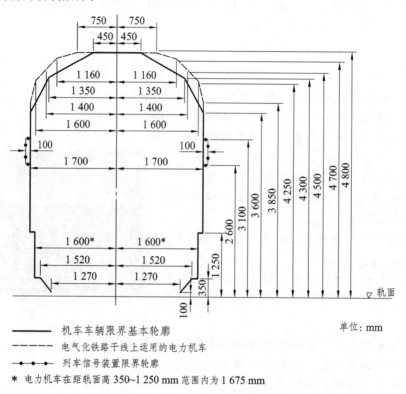

机车车辆限界基本轮廓
------- 电气化铁路干线上运用的电力机车
-•-•- 列车信号装置限界轮廓
* 电力机车在距轨面高 350～1 250 mm 范围内为 1 675 mm

单位: mm

图 3-3-1 机车车辆限界示意图

由图 3-3-1 可以看出：

① 机车车辆的中心最大高度为 4 800 mm，因此，机车车辆顶部的任何装置不得超越此尺寸，以防机车车辆顶部与桥梁、隧道上部相撞。

② 机车车辆在钢轨水平面上部 1 250～3 600 mm 范围内，其宽度为 3 400 mm，但为悬挂列车尾部的侧灯，在 2 600～3 100 mm 范围内允许两侧各加宽 100 mm。

③ 在钢轨水平面 1 250 mm 以下，机车车辆宽度逐渐缩减。

（二）建筑接近限界

建筑接近限界是邻近线路的建筑物或设备（与机车车辆相互作用的设备除外）不得侵入的最小横断面尺寸轮廓，如图 3-3-2 所示。

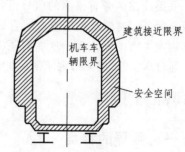

建筑接近限界
机车车辆限界
安全空间

图 3-3-2 建筑接近限界示意图

建筑接近限界与机车车辆限界之间留有一定的空隙，称为安全空间。设置安全空间的目的：一是为了适应运行中的列车横向晃动偏移和竖向上下振动，防止与邻近的建筑物或设备发生碰撞；二是为了使"超限货物"列车能够安全运行。所谓"超限货物"列车，是指列车在直线线路上停留时，其中一些车辆中的货物高度或宽度超过了机车车辆限界或特定区段装载限界。按超限货物的超限程度，分为一级超限、二级超限和超级超限三个等级。

建筑接近限界包括直线建筑接近限界、隧道建筑接近限界和桥梁建筑接近限界。

二、直线地段建筑接近限界

图 3-3-3 所示为直线地段建筑接近限界，其中实线轮廓为各种建筑物的基本限界，从钢轨顶面算起，纵向最大高度为 5 500 mm，最低部位为 25 mm；从线路中心线算起，横向最大半宽为 2 440 mm，最窄半宽为 1 400 mm。它适用于区间、站内正线及通行超限货物列车的站线。

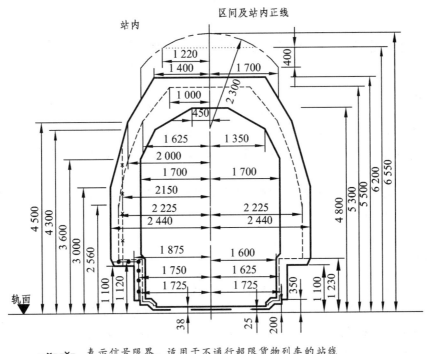

图 3-3-3　直线地段建筑接近限界（单位：mm）

另外，可查出站台距线路中心线的距离为 1750 mm，信号机距线路中心线的距离为 2 150 mm；跨线桥、天桥、雨棚、接触网支柱等距线路中心线的距离分别为 2 440 mm 等。从图 3-3-3 中还可查出各种站台及其他建筑物距轨面的高度。

隧道建筑接近限界的高度稍高于直线地段建筑接近限界的高度，宽度与直线地段建筑接近限界的宽度相同。

曲线地段的各种建筑接近限界应在直线地段建筑接近限界的基础上适当加宽。

【任务单】

请利用本任务所学知识完成下列题目：

1. 简述铁路限界的作用及铁路限界的种类。
2. 机车车辆限界的实质是什么？
3. 建筑接近限界的实质是什么？
4. 什么是安全空间？简述设置安全空间的作用。
5. 请总结主要建筑物或设备距线路中心线的距离是多少。

【课　业】

每5～6个同学一组，查询相关网站，收集资料，然后每个小组举出一个与铁路限界或侵限有关的案例，以ppt的形式进行分组汇报。

任务四　认知铁路线路的养护与维修

【任务描述】

线路是列车、机车、车辆运行的基础，线路的质量关系到列车运行的安全和效率，如何保障线路处于良好的状态呢？这就需要对线路进行定期养护与维修，这是铁路工务部门的工作范畴。

通过本任务的学习，要求学员充分熟悉线路养护与维修的工作任务和内容，了解铁路工务工作对列车运行安全的重要性。

【知识准备】

由于列车不间断地运行以及自然界和人为的作用，轨道在机车车辆动力的作用下，在风、沙、雨、雪和温度变化等自然条件的侵袭下，逐渐产生各种变形或损坏，以致发生病害，如钢轨磨损，轨枕腐朽、损坏，道床脏污，路基松软、下沉、翻浆，轨道爬行等，从而削弱了轨道的强度和稳定性，影响列车高速、平稳的运行，甚至威胁行车安全。因此，为了确保列车能按规定的最高速度安全、平稳、不间断地运行，延长线路的使用寿命，必须加强线路的养护与维修，保证线路设施经常处于完好状态，这就是铁路工务部门的基本任务。

工务段是工务部门的基层生产单位，负责领导线路维修工作，下设若干个领工区，领工区下设4～5个工区和机械化维修工队，负责管辖范围内的线路维修与养护工作。在铁路局下面，一般还设有工务机械段，负责管内线路的机械化大中修以及无缝线路的铺设工作。

一、线路经常维修

线路经常维修的基本任务是经常保持线路状态的完好，使列车能以规定速度安全、平稳和不间断地运行，并尽量延长设备使用寿命。线路经常维修工作包括综合维修（计划维修）、紧急补修、重点病害整治和巡道工作等。

（一）综合维修

综合维修是按周期对线路进行综合性修理，以改善轨道弹性，调整轨道几何尺寸，整修和更换设备零部件，恢复线路完好的技术状态。我国铁路规定，所有正线、到发线、道岔和主要站线、专用线每年必须做一次计划维修。综合维修的基本作业包括起道、拨道、改道、调整轨缝、捣固、清筛道砟等。起道是矫正线路的纵断面，就是将钢轨和轨枕向上抬至必要高度；拨道是矫正线路的平面，就是将钢轨和轨枕一起横移至规定位置；改道是改正轨距；捣固是将钢轨底部轨枕下的道砟捣压密实。

（二）紧急补修

紧急补修是指在计划维修之外的个别地点，由于出现超过容许误差的线路质量问题而必须立即进行的紧急修理工作。

（三）重点病害整治

重点病害整治是指彻底消除线路上较长时期存在的、工作量大的某些病害，例如全面整治接头、整治线路爬行、彻底整治路基翻浆冒泥等。

（四）巡道工作

巡道工作是指由巡道工人在工区管辖范围内负责巡视钢轨、道岔以及联结零件等的状态，察看路基是否有沉陷、塌方、水害、雪害等情况以及信号及线路标志是否完好等。此外，巡道工人还应对所发现的不良现象尽可能做好处理工作，以保证行车安全。

二、线路中修

中修是在两次大修之间的修理，是延长大修周期的重要手段。中修的目的是消灭上次线路大修以后由于列车通过而积累，但又不是经常维修所能消除的病害。中修的主要内容是解决道床不洁及厚度不足问题，同时更换失效轨枕、整修钢轨，使线路质量基本上恢复到或接近于原来的标准。

三、线路大修

线路经常维修的目的在于预防线路病害的发生，保持线路的完好状态。但是线路经过较长时间使用后，线路的各个部分还会发生磨损或变形。当磨损或变形达到相当程度时，单靠经常维修就难以整治了，因此有必要进行线路大修。线路大修施工的内容有：矫正并改善线路的平面和纵断面；全面更换或抽换、修理钢轨；更换或补充轨枕；清筛和更换道床，补充道砟，全面起道并捣固、改善道床断面；整治路基和安装防爬设备等。线路经过大修后，其质量标准应符合设计要求或得到改善。

四、线路养护维修作业的机械化

线路养护维修作业过去是一项既费时费工又极为繁重的体力劳动，它需要占用大量的人力、物力和财力。为了改变人工作业的落后面貌，提高维修质量和作业效率，节约劳动力和维修费用，世界各国都在努力研制各种养路机具。

目前养路机械已由小型到大型、由低级到高级、由单机到联合机械，逐步发展到采用先进技术设备的大型、高效、多功能的机械。例如，大型起道、拨道、捣固联合作业机，每小时可以捣固线路 600～1 000 m；清筛机每小时可清筛道砟 650 m^3；线路大修列车能够完成拆卸旧轨排直到铺设新轨排的全部作业，每小时作业进度为 200 m 以上等。实践证明，由于实现维修作业机械化，使线路质量和作业效率大为提高，维修费用和人力也得到大量节省。目前，我国线路作业机械化程度约为 30%。为了加快发展步伐，在工务段普遍设立了机械化工队和养路工区，配备了以单项、小型为主的养路机械，如电动捣固机、扒砟机、边坡回填机、液压起道机等，从而减轻了劳动强度，提高了作业效率。

2005 年，我国在引进、消化、吸收国外先进制造技术的基础上，成功地实现了对大型养路机械捣固车、清筛机、动力稳定车和配砟整形车等设备的国产化，使我国的大型养路机械装备规模、综合能力、作业水平都有了显著提高，为提速扩能、保证繁忙干线和快速线路的运输安全、实现养路机械的现代化做出了巨大的贡献。

机械化维修机具比较笨重，综合作业时占用线路的时间较久，往往需要封闭线路，《铁路主要技术政策》明确规定，繁忙干线应在列车运行图上安排工务、电务、供电等设备综合维修"天窗"。"天窗"时间规定，采用中、小型养路机械的区段 90～120 min；采用大型养路机械的区段 150～180 min。双线区段的设备维修"天窗"应按上、下行设置，施工时可组织反方向行车。

目前，世界各国都在着手研究如何进一步强化线路结构，以减少线路维修作业量。

【任务单】

请利用本任务所学知识完成下列题目：
1. 铁路工务部门的基本任务是什么？
2. 铁路维修与养护的主要工作内容是什么？
3. 铁路经常维修的基本任务是什么？
4. 线路中修的目的和主要任务是什么？
5. 线路大修的主要内容是什么？
6. 请总结线路维修机械化的好处。

【课 业】

学生每 5～6 人一组，完成以下课业后，每组以作业形式提交一份任务报告。
1. 通过查找资料，总结工务部门的主要职责。
2. 通过网络，查找并下载有关线路维修机械化的视频。

项目四　认知铁路车站

【知识目标】

1. 了解铁路车站的重要性，培养铁路员工的安全意识。
2. 掌握铁路车站的设置和分类，熟悉各类车站的作业流程。
3. 掌握铁路车站的各种线路、线间距的作用、有效长。
4. 掌握中间站的作业、主要设备和各种布置图。
5. 掌握区段站的作业、主要设备和布置图。
6. 掌握编组站的任务、主要设备、布置图和调车设备。

【能力目标】

1. 能够识别车站的类型。
2. 能够识别车站中线路的种类及作用。
3. 能对股道、道岔进行编号。
4. 具备谨慎、安全意识。

【项目导入】

项目学习引导书

学生毕业进入铁路行业后，无论是否在车站工作，都应对车站的作业流程、车站线路、设备的布置情况等有基本的了解和认识，这对于以后开展工作有较大的帮助。另外，在学习铁路车站的相关知识中，也能增强从业者的安全意识，培养从业者认真严谨、遵章守纪的职业素养，使从业者能尽快适应并融入铁路运输行业中。

在理论学习和实践练习中，逐步掌握本项目要求的所有技能，并通过不断的练习和强化，提高实践技能。

为了达到更好的学习效果，除了不断练习和实践观察外，还需多方位、多渠道地了解、查阅相关资料，扩充知识。在学习过程中，除了提前预习、认真听讲、课后练习等环节外，还应独立思考并进行知识点归纳。

任务一 认知铁路车站的分类、车站线路及铁路枢纽

【任务描述】

如果您经常乘坐火车，可能就会有一些疑问，比如，为什么车站内有那么多线路？列车在运行过程中如何保证安全？为什么有的车站没有客运业务？通过对本任务的学习，就能解开您心中的疑问了。

本任务的目的是让从业者了解车站的不同分类，能准确识读常见车站布置图，熟悉车站各类线路的特点及作用，掌握股道、道岔编号的规律；通过对线间距的学习，加强从业者的安全意识；了解铁路枢纽的含义及分类。

【知识准备】

一、铁路车站概述

(一) 铁路车站的定义

为了保证行车安全和必要的线路通过能力，以满足人们对运输的需要，铁路线路上每隔一段距离就需要设置一个车站。两相邻车站间的线路称为区间。而车站就成为相邻区间之间的分界点，因此，区间和分界点就是组成铁路线路的两个基本环节。如图 4-1-1 所示，甲、乙、丙、A、B、C、D、E、F、G、H 车站都是分界点。

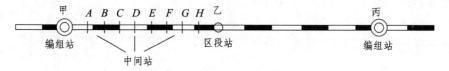

图 4-1-1 铁路线路车站示意图

车站是铁路线上设有配线的分界点。此外，还有无配线的分界点，包括非自动闭塞区段两车站间设置的线路所和自动闭塞区段两车站间若干个闭塞分区处所设置的通过色灯信号机。车站与车站之间的区间称为站间区间（见图 4-1-2），车站与线路所之间的区间称为所间区间（见图 4-1-3）；自动闭塞区段上通过色灯信号机之间的线路称为闭塞分区（见图 4-1-4）。

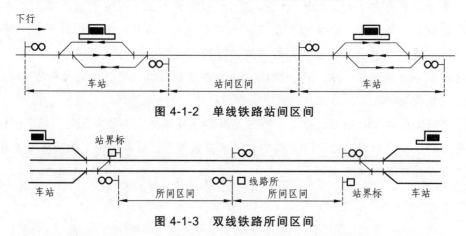

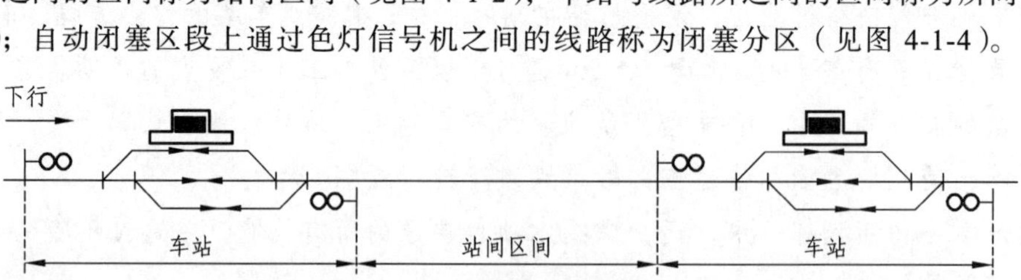

图 4-1-2 单线铁路站间区间

图 4-1-3 双线铁路所间区间

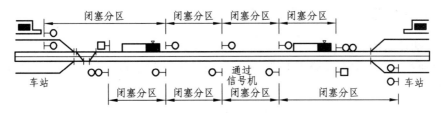

图 4-1-4 双线铁路自动闭塞分区

区段是指两相邻技术站之间，包含若干个区间和分界点的铁路线段，如图 4-1-1 中的甲—乙区段和乙—丙区段。区段的长度一般取决于牵引动力的种类或路网状况。

(二) 铁路车站的作用

车站是铁路运输的基层生产单位，它参与运输过程的主要作业环节，如旅客乘降、售票，行包的托运交付、保管；货物的承运、装卸、交付和保管；列车的通过、接发、会让和越行；车列的解体和编组；机车换挂、检修和整备，机车和列车乘务组更换；车辆检修等，这些都必须在车站上办理。

车站集中了与运输有关的各项技术设备，如客货运业务设备、运转设备，机务、车辆检修设备和信号、通信设备等。车站对提高铁路运输效率和保证运输安全起着决定性的作用。

(三) 铁路车站的分类

1. 按业务性质分类

按业务性质可分为客运站、货运站、客货运站和不办理客货运业务的车站。

客运站是专门办理售票、行李与包裹运送、旅客乘降等客运业务，同时也办理旅客列车的始发、终到，技术检查等行车工作以及客车整备等作业的车站。

货运站是专门办理货物承运、交付、中转、装卸和货物列车到发、车辆取送以及货物联运、换装等作业的车站。

客货运站是既办理客运业务又办理货运业务的车站。我国铁路绝大多数车站都属于客货运站。

此外，路网上还有一部分不办理客运业务也不办理货运业务，专为列车交会和越行而设立的车站，称为会让站（单线铁路）和越行站（双线铁路）。

2. 按技术作业性质分类

车站按技术作业性质可分为中间站、区段站和编组站。

中间站主要办理列车的接发、会让与越行、摘挂列车的调车作业以及客货运业务。有些中间站还办理市郊列车的折返和列车的始发和终到作业。

区段站设在机车牵引区段的分界处，它的主要工作是办理货物列车的中转作业、进行机车的更换或机车乘务组的换班以及解体、编组区段列车和摘挂列车。

编组站主要工作是改编车流，即解体和编组各种货物列车以及机车换挂、整备，乘务组换班，列车的技术检查、车辆检修等。

3. 按客货运量和技术作业量大小分类

按照所担负的任务量及在国家政治、经济中的地位，车站共分为特等站、一、二、三、四、五等站六个等级。车站等级是车站设置相应机构和配备定员的依据。

二、车站线路

（一）车站线路的分类

铁路线路按照用途和归属分为正线、站线、段管线、岔线及特别用途线，如图 4-1-5 所示。

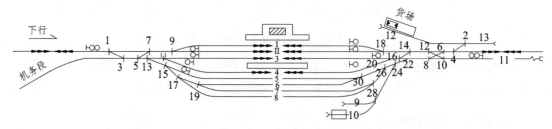

图 4-1-5　车站线路图

Ⅱ—正线；1、3、4—到发线；5、6、7、8—调车线；9、10—站修线；
11、13—牵出线；12—货物线

正线是指连接车站并贯穿或直股伸入车站的线路，正线可分为区间正线及站内正线，连接车站的部分为区间正线，贯穿或直股伸入车站的部分为站内正线。

站线主要包括以下几类：

① 到发线：供接发旅客列车或货物列车使用的线路。

② 调车线：供解体或编组货物列车使用的线路。

③ 牵出线：供调车机车牵出车列进行解体、编组等调车作业的线路。

④ 货物线：专门办理装卸作业的线路。

⑤ 其他线路：办理其他各种作业的线路，如机走线、存车线、检修线等。

站内正线及站线由车站负责管理，机车车辆由区间、段管线、岔线等地点进入站内正线或站线时，都应经车站允许。

段管线是指机务段、车辆段、工务段、电务段、供电段等段专用并由其管理的线路，如机务段内机车整备线、三角线，车辆段内车辆检修作业用的线路以及工务、电务段内停留轨道车及其他车辆的线路。

岔线是指在区间或站内接轨，通向路内外单位的专用线路。

特别用途线是指为保证行车安全而设置的安全线和避难线。岔线、段管线与正线、到发线接轨时，均应铺设安全线。为防止在长大下坡道上失去控制的列车发生冲突或颠覆，应根据线路情况，计算确定在区间或站内设置避难线。

（二）线间距

线间距是指两相邻铁路线路中心线间的距离（简称线间距），它一方面要保证行车及车站工作人员进行有关作业的安全与便利性，另一方面还要考虑通行超限货物列车和在两线间装设行车设备的需要。

线间距的大小通常由机车车辆限界、建筑限界、超限货物装载限界、设置在相邻线路间有关设备的计算宽度、在相邻线路间办理作业的性质等因素确定。

线间距的大小应根据《技规》有关规定确定，直线部分常用线间距见表 4-1-1 和表 4-1-2。曲线部分的线间距应根据计算适当加宽。

表 4-1-1 客货共线铁路线间距

顺序	名称			线间最小距离/mm
1	区间双线	$v \leq 120$ km/h		4 000
		120 km/h $< v \leq$ 160 km/h		4 200
		160 km/h $< v \leq$ 200 km/h		4 400
2	三线及四线区间的第二线与第三线			5 300
3	站内正线			5 000
4	有列检作业或上水作业	无列检作业		5 000
		$v \leq 120$ km/h	一般	5 500
			改建特别困难	5 000
		120 km/h $< v \leq$ 160 km/h	一般	6 000
			改建特别困难	5 500
		160 km/h $< v \leq$ 200 km/h	一般	6 500
			改建特别困难	5 500
5	到发线与相邻到发线			5 000
6	站内相邻两线均需通行超限货物列车			5 300
7	站内相邻两线只有一线通行超限货物列车			5 000
8	铺设列检小车轨道的两到发线			5 500
9	换装线			3 600

表 4-1-2 客运专线铁路线间距

顺序	名称	线间设施	线间最小距离/mm
1	区间正线	$v \leq 200$ km/h	4 400
		200 km/h $< v \leq$ 250 km/h	4 600
		250 km/h $< v \leq$ 300 km/h	4 800
		300 km/h $< v \leq$ 350 km/h	5 000
2	正线与其相邻线	无	5 000
		声屏障	5 940 + 结构宽
		接触网支柱	5 200 + 结构宽
		雨棚柱	4 590 + 结构宽
		有站台	3 830 + 站台宽
3	到发线或到发线与其相邻线	无	5 000
		接触网支柱	5 000 + 结构宽
		雨棚柱	4 300 + 结构宽
		有站台	3 500 + 站台宽
4	正线与其他线		5 000

(三) 股道、道岔的编号规则

为了作业和维修管理上的方便，站内线路和道岔应有统一的编号。同一车站或车场内的线路和道岔不得有相同的编号。

1. 股道编号规则

站内正线规定用罗马数字编号（Ⅰ、Ⅱ、Ⅲ、…），站线用阿拉伯数字编号（1、2、3、…）。

(1) 单线铁路车站股道的编号规则

单线车站内的线路，由靠近站房的线路起向站房对侧依次顺序编号；位于站房左、右或后方的线路，在站房前的线路编完后，再由正线方向起，向远离正线顺序编号，如图 4-1-6 所示。

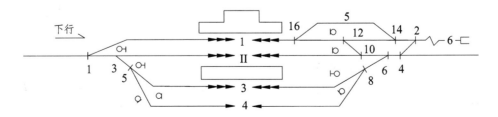

图 4-1-6 单线铁路车站线路、道岔编号

（2）双线铁路车站股道的编号规则

双线铁路车站内的线路，从正线起按列车运行方向分别向外顺序编号，上行编双数，下行编单数，如图 4-1-7 所示。

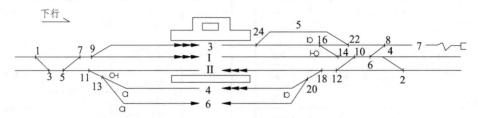

图 4-1-7 双线铁路车站线路、道岔编号

（3）尽端式车站股道的编号规则

尽端式车站站房位于线路一侧时，从靠近站房的线路起，向远离站房方向顺序编号，如图 4-1-8（a）所示；站房位于线路终端时，面向终点方向由左侧线路起顺序向右编号，如图 4-1-8（b）所示。

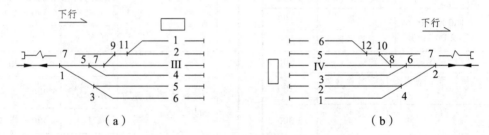

图 4-1-8   尽端式车站线路、道岔编号

（4）大型车站股道的编号规则

大型车站当有数个车场时，应分别对车场编号。车场靠站房时，从靠近站房线路起，向站房对侧顺序编号；车场远离站房时，顺公里标前进方向从左向右顺序编号；且在线路编号前冠以罗马数字表示车场，如Ⅱ场 2 道，写为Ⅱ2。

2．道岔编号方法

① 用阿拉伯数字从车站两端由外向内依次编号，上行列车到达端用双数，下行列车到达端用单数，如图 4-1-6 和图 4-1-7 所示。

② 站内道岔，一般以车站站房中心线作为划分单数号和双数号的分界线。

③ 每一道岔均应编为单独的号码，对于渡线、梯线、交分道岔等处的联动道岔，则应编为连续的单数或双数。

④ 当车站有几个车场时，每一车场的道岔必须单独编号，此时道岔号码应使用三位数字，百位数字表示车场号码，个位和十位数字表示道岔号码。应当避免在同一车站内有相同的道岔号码。

（四）线路有效长

1．线路有效长的定义和影响因素

线路有效长是指在线路全长范围内可以停留机车车辆而不妨碍邻线行车道岔转换和信号显示的部分。

线路有效长度的影响因素如下：

① 警冲标。警冲标是信号标志的一种，设在两会合线路线间距离为 4 m 的中间，用来指

示机车车辆的停留位置，防止机车车辆的侧面冲撞，如图 4.1-9 所示。

② 道岔基本轨接头处的钢轨绝缘 a（有轨道电路时）或道岔的尖轨尖端 a_0（无轨道电路时），如图 4-1-10 所示。

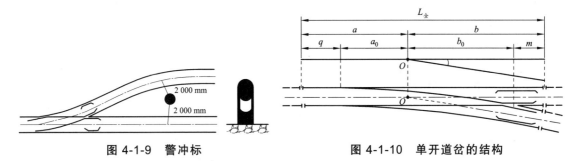

　图 4-1-9　警冲标　　　　　　　　　图 4-1-10　单开道岔的结构

③ 出站信号机（或调车信号机），是用来指示列车可否进入区间的信号装置。

④ 车挡或挡车器，其中车挡的位置表明为线路的尽头。

⑤ 减速器。

2. 线路有效长的范围

如何运用上述各项因素确定股道有效长度，应视股道的用途及连接形式而定，其基本原则是应保证本道及相邻股道的停留与作业安全。对于双方向使用的线路，应分上下行分别确定其有效长，如图 4-1-11 所示。图中所示为设置了轨道电路的车站，其中图（a）表示各股道下行方向有效长，图（b）表示各股道上行方向有效长。

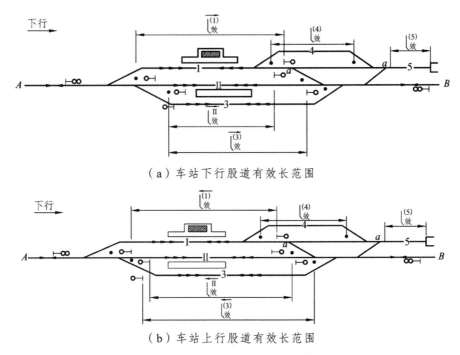

（a）车站下行股道有效长范围

（b）车站上行股道有效长范围

图 4-1-11　设置了轨道电路的车站

我国铁路采用的货物列车到发线有效长度在Ⅰ、Ⅱ级铁路上为 1 250 m、1 050 m、850 m、750 m、650 m；Ⅲ级铁路上为 850 m、750 m、650 m 或 550 m。开行重载列车为主的铁路可采用大于 1 050 m 的到发线有效长度。

具体采用何种有效长度，应根据运输能力的要求、机车类型及所牵引列车的长度，结合地形条件，并考虑与相邻铁路区段各铁路到发线有效长度相配合等因素确定。

三、铁路枢纽

在铁路网上，几条铁路干线相互交叉或接轨的地点需要修建一个联合车站，或修建几个专业车站以及连接这些车站的联络线、进站线路、跨线桥等设施，由这些车站和配套设施组成的整体称为铁路枢纽。铁路枢纽是铁路网的主要组成部分，它是客、货流从一条铁路到各衔接铁路的中转地区，也是所在城市客、货到发及联运的地区。因此，它除了办理枢纽内各种车站的有关作业外，还担负着枢纽各衔接方向间的车流转线、枢纽内小运转列车的交流及城市范围内的各种联运任务。

铁路枢纽是在铁路网建设和城市、国民经济以及社会发展中逐步建设形成的。各个铁路枢纽的结构、布局和设施均有其地理特征、历史特点和发展条件，一般都经历由小到大、由简单到复杂、由不合理到合理的发展过程。

(一) 铁路枢纽内的设施

① 铁路线路：包括引入线路、联络线、环线、工业企业专用线等。

② 车站：包括客运站、货运站、编组站、工业站、港湾站等。

③ 疏解设施：包括铁路线路与铁路线路的平面和立交疏解、铁路线路与城市道路的立交桥及道口以及线路所等。

④ 其他设施：包括机务段、车辆段、客车整备所等。

(二) 铁路枢纽的类型

① 按在路网上的地位和作用，分为路网性枢纽（北京、郑州等枢纽）、区域性枢纽（太原、蚌埠等枢纽）和地方性枢纽（秦皇岛属港湾铁路枢纽等）。

② 按衔接线路、车站数量和规模，分为特大型枢纽、大型枢纽、中型枢纽、小型枢纽。

③ 按主要服务对象，分为工业性枢纽、港湾性枢纽、综合性枢纽。

④ 按布置图的类型，分为一站式、三角形、十字形、顺列式、并列式、环形、混合型和尽端式铁路枢纽等，图 4-1-12 为混合型铁路枢纽示意图。

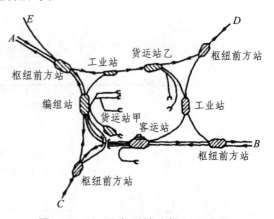

图 4-1-12　混合型铁路枢纽示意图

(三) 铁路枢纽实例

北京铁路枢纽（见图 4-1-13），是我国北方最大的铁路枢纽，京九、京广、京沪、京哈、京包、京承、京原、京通、京秦等我国铁路主要干线均汇集北京。其中，丰台西、丰台、双桥等为编组站；北京、北京西、北京北、北京南等为大型客运站；广安门、北京东等为大型货物站。枢纽内有很多联络线。北京铁路枢纽到发的旅客列车达到 170 多对，通往 88 个城市、4 个国家，年旅客发送量达到 5 322 万人次。北京西客站建于 1996 年，主站房正面长 740 m、高 90 m，主站区建筑面积约 50 万平方米，是我国目前最大的客运站，也是亚洲最大的客运站，各客运设施也是最先进的。

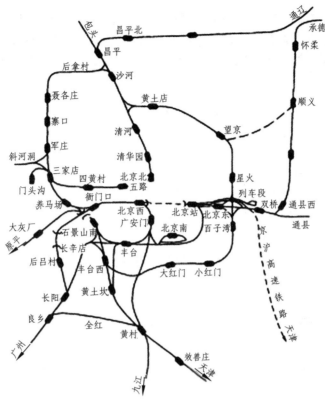

图 4-1-13　北京铁路枢纽示意图

【任务单】

请利用本任务所学知识完成下列题目：

1. 车站有哪些分类，其分类标准是什么？
2. 车站线路的种类有哪些？简述车站股道、道岔的编号方法。
3. 如何判断车站中股道有效长的范围？
4. 什么是铁路枢纽？铁路枢纽有哪些类型？

【课　业】

学生每 5～6 人一组，分组讨论图 4-1-6、图 4-1-7 中各股道的种类及用途。分组讨论完成后，以作业的形式每人提交一份任务报告。

任务二　认知中间站

【任务描述】

我国铁路线网上布置了 5 000 多个车站，其中大部分都是中间站，中间站在沟通城乡物资交流、改善人们出行方面起着重要的作用。那么，中间站有哪些不同的分类？中间站有哪些设备？中间站能完成哪些主要作业？中间站有哪些站场布置图？在本任务中将一一揭晓。

　　通过本任务的学习，要求学员了解中间站的分类，熟悉会让站、越行站的主要作业，熟悉中间站的主要设备和作业，能够识读中间站的布置图，为后期学习接发车作业做准备。

【知识准备】

一、中间站的分类

（一）无货场的中间站

　　该类中间站一般只办理列车的通过、会让和越行以及少量的客货运作业，不办理摘挂列车和甩挂车组的作业。该类中间站包括会让站和越行站。

（二）有货场的中间站

　　该类中间站除了办理与无货场的中间站同样的作业外，另设有货场，办理摘挂列车、甩挂车组的作业。

二、会让站和越行站

（一）会让站

　　会让站设在单线铁路上，主要办理列车的到发和会让，也办理少量的客货运业务。因此，会让站应铺设到发线、旅客乘降设备，并设置信号及通信设备、技术办公用房，但没有专门的货运设备。在会让站上，既可以实现会车，也可以实现越行。图 4-2-1 所示为会让站布置图。

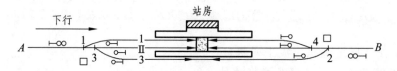

图 4-2-1　两条到发线的横列式会让站

（二）越行站

　　越行站设在双线铁路上，主要办理同方向列车的越行业务，必要时办理反方向列车的转线，也办理少量的客、货运业务。因此越行站应有到发线、旅客乘降设备、信号及通信设备、技术办公房屋等。图 4-2-2 所示为越行站。

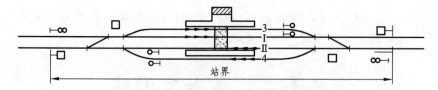

图 4-2-2　两条到发线的横列式越行站

　　在正常情况下，双线铁路的每一条正线规定只开行某一方向的列车。车站上的到发线是按方向分别设置的。相对方向运行的列车，在区间内或车站上都可以交会。每一方向等待越行的列车可停在到发线上（如图 4-2-2 中的 3 或 4 道），不用跨越正线。车站两端设有渡线，在必要时作为调整列车运行方向或车站实行反方向接发车之用。

三、中间站的主要作业和设备

(一) 中间站的主要作业

① 列车的到发、通过、会让和越行,这是中间站的主要行车工作。

② 旅客的乘降、行李以及包裹的承运、保管与交付。

③ 货物的承运、装卸、保管与交付。

④ 摘挂列车的车辆摘挂以及向货物线、专用线取送车辆的调车作业。

有的中间站如有工业企业线接轨或加力牵引起终点以及机车折返时,尚需办理去专用线取送车、补机的摘挂和机车整备等作业。

另外,在客、货运量较大的个别中间站,还应有始发、终到旅客列车及编组始发货物列车的作业等。

(二) 中间站的主要设备

为了完成上述作业,中间站应根据作业的性质和工作量大小而设置以下设备:

① 客运设备。主要包括旅客站舍(售票房、候车室、行包房)、旅客站台、雨棚和跨越设备(天桥、地道、平过道)等。

② 货运设备。主要包括货物仓库、货物站台和货运室、装卸机械等。

③ 站内线路。包括到发线、牵出线和货物线等,它们分别用于接发列车、进行调车和货物装卸作业。

④ 信号及通信设备。包括信号机、信号表示器、站内电话、广播及扩音设施等。

四、中间站布置图

中间站布置图按到发线的相互位置,主要分为横列式和纵列式两种。

(一) 横列式中间站布置图

横列式中间站布置的特点是到发线沿正线横向排列。这种布置图具有站坪长度短、工程投资省、设备布置紧凑、便于管理、到发线使用灵活等优点。因此在中间站上广泛采用此种布置图。横列式中间站布置图如图 4-2-3 所示。

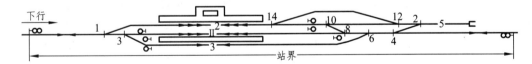

(a) 单线铁路横列式中间站布置图

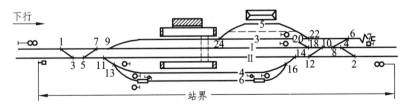

(b) 双线铁路横列式中间站布置图

图 4-2-3 横列车中间站布置图

（二）纵列式中间站布置图

纵列式中间站布置图的特点是：到发线沿正线纵向排列，通常逆运转方向错移一个货物列车到发线的有效长度。纵列式中间站布置图有利于组织列车不停车会车，提高区间通过能力；适应重载列车到发的需要；便于车站值班员与司机交接行车凭证。但这种布置图站坪长度长、工程投资大，且增加了中间咽喉，车站定员多，管理也不方便；车站值班员瞭望信号确认进路也不方便，车长与值班员联系工作走行距离长。因此这种布置图利少弊多，一般只在山区因地势陡窄或需组织不停车会让才采用，如图 4-2-4 所示。

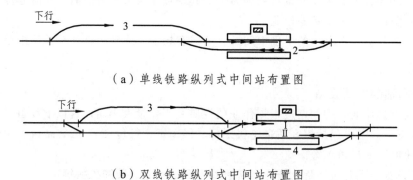

（a）单线铁路纵列式中间站布置图

（b）双线铁路纵列式中间站布置图

图 4-2-4　纵列式中间站布置图

【任务单】

请利用本任务所学知识完成下列题目：

1. 中间站的分类有哪些？
2. 越行站、会让站的作业有哪些？
3. 中间站有哪些设备？能完成哪些作业？

【课　业】

学生 5~6 人一组，完成以下课业后，以作业的形式每组提交一份任务报告。

1. 请总结中间站常见布置图有哪些？在图中指出不同类型的列车到达后的作业流程。
2. 上网查阅"铁道论坛-专业技术交流-车务专区"，了解中间站的行车基础岗位有哪些？职责分别是什么？

任务三　认知区段站

【任务描述】

列车在线运行距离动辄几百公里，机车和乘务人员不能一直工作，那么他们应该在哪里更换？如何更换呢？这就需要设置专门的地方来完成这项工作，即区段站。那么区段站的主要任务是什么？能完成哪些作业？区段站设置了哪些设备？区段站有哪些布置图，这些布置图有什么优缺点，分别适用哪种情况？通过本任务的学习，您就有了答案。

本任务要求学员熟悉区段站的主要设备和作业，能够识读区段站布置图，了解不同区段站布置图的特点，养成认真、严谨、遵章守纪的工作作风。

【知识准备】

一、区段站的主要任务

区段站多设在铁路网上牵引区段（机车交路）的起点或终点。区段站的主要任务是为邻接的铁路区段供应或整备机车以及更换机车乘务组，并为无改编中转货物列车办理规定的技术作业；此外，还办理一定数量的列车解编作业及客货运业务。在设备条件具备时，还进行机车、车辆的检修业务。

 资料袋

常见术语

无改编中转货物列车：货物列车到达本站不解体，只作技术检查和机车换挂等作业，然后继续运行的列车。

有改编中转货物列车：货物列车到达本站后，要将车列解体。

解体：把车列中不同去向的车辆分别送入调车场的指定线路上。

编组：把停留在调车线上同一去向的车辆，按有关规定与要求连挂起来，编成一个新的车列。编组应按货物列车编组计划进行，对于重车来说大多是对到达某一范围内车流的一种界定，对于空车而言是指定其编组的车种。

二、区段站的主要作业与设备

区段站的作业和设备尽管在数量和规模上都不是最大的，但是作业和设备的种类是比较齐全的。

(一) 区段站的主要作业

根据区段站所担负的任务，其主要办理的作业可以归纳如下：

① 客运业务。区段站与中间站办理的客运业务大致相同，只是数量较大。

② 货运业务。区段站与中间站办理的货运业务大致相同，但一般作业量更大。

③ 运转作业：

· 与旅客列车有关的运转作业。区段站主要办理通过旅客列车的接发作业及机车更换、技术检查等。有的车站还办理局管内或市郊旅客列车的始发、终到作业及个别车辆的甩挂作业。

· 与货物列车有关的运转作业。区段站主要办理无改编中转列车的接发及有关作业。对区段列车和摘挂列车，要进行解体和编组作业；同时还办理向货场、工业企业线取送作业车等。某些区段站还担当少量的始发直达列车的编组任务。

④ 机车业务。区段站办理换挂机车和更换乘务组，对机车进行整备、修理和检查等。

⑤ 车辆业务。区段站还可以办理列车的技术检查和车辆的检修任务。在少数设有车辆段的区段站上，还办理车辆的段修业务。

由此可知，区段站所办理的作业，无论从数量上或种类上，都远较中间站繁多。而在所办理的解、编及中转列车中，又以无改编中转列车所占的比重为大，成为区段站行车组织的重要环节。

（二）区段站的主要设备

为了保证上述作业的完成，在区段站上设有以下设备：

① 客运业务设备。主要有旅客站房、站台、雨棚及跨越线路设备等。

② 货运业务设备。主要有货场及其有关设备，如装卸线、货物站台、仓库及装卸机械等。

③ 运转设备。主要有旅客列车到发线；货物列车到发线、调车线、牵出线（有时设简易驼峰），机车走行线等。

④ 机务设备。区段站的主要机务设备是指机务段或机务折返段。机务段所在的区段站上，如采用循环运转制时，在到发场应设有机车整备设备。采用长交路轮乘制时可设置机车运用段或换乘点。

⑤ 车辆设备。主要包括车辆段、列车检修所和站修所等。

除上述设备外，还有信号、通信、照明、办公房舍等设备。

三、区段站布置图

区段站中的客运、货运、运转、机务和车辆这五项设备需要合理布置，由于地形、城市规划、运量及运输性质、正线数目等因素的影响，可以形成多种多样的布置图型。区段站图型的选择是一项重要而复杂的工作。图型选择应讲求经济效益，满足运输需要，节省工程投资，便于管理，有利于铁路、城市和工农业生产等的发展。

区段站常见的布置图有横列式、纵列式及客货纵列式三类。

（一）横列式区段站布置图

当上、下行到发线（场）平行布置在正线一侧，调车场在到发场的一侧时，称为横列式区段站布置图，如图 4-3-1 所示。

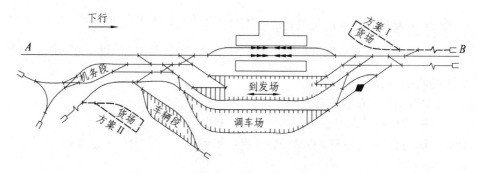

图 4-3-1　单线铁路横列式区段站布置图

这种布置图的主要优点是：布置紧凑，站坪长度短，占地少，设备集中，管理方便，作业灵活性大，对各种不同地形的适应性强。它的缺点是：一个方向的列车机车出入段走行距离长，对站房同侧的货物取送车和正线有交叉干扰。

（二）纵列式区段站布置图

在双线铁路上，当运量较大时，为了减少站内两端咽喉区上下行客、货列车进路的交叉干扰，区段站可采用纵列式布置图。

在区段站上，当上、下行到发场分设在正线两侧，并逆运行方向全部错移，在其中一个到发场一侧，设一个双方向共用的调车场时，称为纵列式区段站布置图，如图 4-3-2 所示。

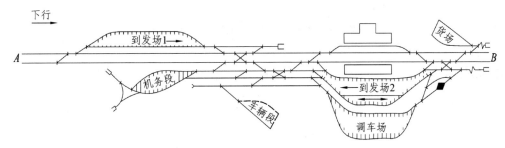

图 4-3-2　双线铁路纵列式区段站布置图

纵列式区段站的优点是：作业上的交叉干扰较横列式少；机车出入段走行距离短，当机车采用循环运转制时，到发线上的整备设备比较集中；对站舍同侧的支线或工业企业线的接轨也比较方便。它的缺点是：站坪长度长，占地多；设备分散，投资大；定员较多，管理不便；一个方向货物列车的机车出入段要横切正线。

(三) 客货纵列式区段站布置图

这种区段站是客运运转设备（主要指旅客列车到发场）与货运运转设备（主要指货物列车到发场）纵向配列布置，如图 4-3-3 所示。

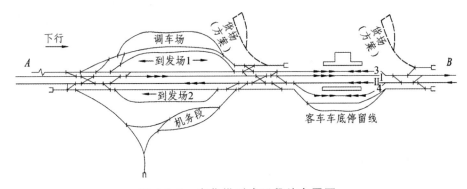

图 4-3-3　客货纵列式区段站布置图

此种布置图型往往是改建时逐步形成的，故客、货运转设备和机务设备相互位置的配置形式很多。其优缺点与纵列式图型大致相同。

【任务单】

请利用本任务所学知识完成下列题目：
1. 区段站有哪些主要作业？
2. 区段站设置了哪些主要设备？
3. 常见的区段站布置图有哪些？各种布置图有什么优缺点？

【课　业】

每 5~6 人一组，通过网络或其他方式收集更多有关区段站的资料，扩充知识面，并以作业的形式，每组提交一份任务报告。

任务四 认知编组站

【任务描述】

运输货物的质量和速度是运输业中首要关注的问题。为什么货物列车在运输中还需要再进行解体、编组呢？如果必须进行解体、编组，有哪些常用的调车设备呢？调车设备未来的发展方向如何？有哪些常见的编组站布置图呢？各类列车进入车站后有哪些作业流程呢？这些问题在学习本任务后会知道答案。

通过本任务的学习，要求学员熟悉编组站的类型及主要任务，熟悉编组站的主要设备和不同编组站布置图及其特点，了解常见的调车设备，培养认真严谨、遵章守纪的工作作风。

【知识准备】

编组站是指在铁路网上办理大量货物列车解体和编组作业，并为此设有比较完善的调车设备的车站。它是铁路运输的主要基本生产单位，在完成铁路货物运输任务中，起着十分重要的作用。

编组站和区段站统称为技术站。它们办理的技术作业种类大致相同，都办理列车的接发、解编、机车乘务组的更换、机车整备及车辆检修等作业，但二者又有区别。区段站以办理无中转列车为主，改编列车较小，办理少量区段列车和摘挂列车的改编作业；而编组站按照编组计划要求，除办理通过列车外，主要是解体和编组直达、直通、区段、摘挂及小运转等各种货物列车，以办理改编列车为主，所以编组站又叫"货物列车制造工厂"。

编组站通常设在几条主要干线的汇合处，也可以设在有大量装卸作业地点的大城市、港口或大工矿企业附近。

一、编组站的分类

（一）路网性编组站

路网性编组站位于几条铁路干线的汇合点，编组两个及以上远程技术直达列车，年度日均改编车数一般在 6 000 辆以上。设有单向或双向纵列式抑或混合式编组站，其驼峰设有自动或半自动控制设备。

（二）区域性编组站

区域性编组站分布在铁路干线交会的重要地点，是路网重要支点。主要编组相邻编组站间的直通列车，年度日均改编车数在 4 000 辆以上，具有半自动或机械调车设备。

我国现有编组站 40 处，其类别及名称表见表 4-4-1。

表 4-4-1 编组站的类别及名称

性质	数量	名　　　　称
路网性	14	哈尔滨南、沈阳西、丰台西、郑州北、江岸西、新丰镇、济南西、南京东、阜阳北、徐州北、向塘西、株洲北、成都北、兰州北
区域性	26	三间房、通辽、山海关、四平、沈阳南、南仓、石家庄、大同、包头西、襄樊北、武昌南、安康东、宝鸡东、芜湖东、南翔、乔司、鹰潭、江村、衡阳北、怀化南、柳州南、重庆西、贵阳南、昆明东、迎水桥、乌鲁木齐西

若在一个铁路枢纽内设有两个及以上的编组站,则根据作业分工和作业量,将其分为以下两类:

① 主要编组站。主要承担路网上中转车流的改编任务,以解编直达、直通列车为主。

② 辅助编组站。协助主要编组站作业,以解编地区小运转车流为主,个别情况也编组少量直达列车。

(三) 地方性编组站

地方性编组站一般是位于铁路干支线交汇、铁路枢纽地区或大宗车流集散的港口、工业区,承担中转、地方车流改编作业的中小型编组站。它一般编组 2 个及以上去向的直通和技术直达列车;日均有调车达 2 500 辆;设有单向混合式、横列式布置的站场,其驼峰设有半自动或其他控制设备。

二、编组站的主要作业

编组站的主要工作是进行列车的解编作业,而列车的到达、解体、编组和出发等一系列作业过程又是在编组站的各个车场上完成的。因此,到达场、编组场(又名调车场)、出发场就成为列车改编作业的主要场地。

编组站的主要作业如下:

① 改编货物列车作业。这是编组站的主要作业,包括解体列车的到达作业、解体作业、编组作业及出发作业。这几项作业的数量多而且又复杂,是分别在相应不同地点和车场办理的。

② 无调中转列车作业。这项作业比较简单,其主要办理换挂机车和列车的技术检查,时间短,办理地点只限于到发场(或专门的通过车场)。

③ 货物作业车作业。货物作业车是指到达本站及工业企业线或段管线内进行货物装卸或倒装的车辆,其作业过程比改编中转列车增加了送车、装卸及取车三项作业。

④ 机车整备和检修作业。此项作业与区段站相同。

⑤ 车辆检修作业。包括:在到发线上进行的车列技术检查及不摘车维修;在列检或调车过程中发现车辆损坏,需摘车倒装后送往车辆段或站修所进行修理(即站修);根据任务扣车送段维修(即段修)。

⑥ 其他少量作业。编组站除了上述作业外,根据具体情况,有时还需办理以下少量作业:客运作业(包括旅客乘降或换乘)、货运作业(包括货物装卸、换装等)、军用列车供应作业。

为了减少对编组站解编作业的干扰,确保主要任务的完成,应尽量不在编组站上办理或少办理客、货运业务。

三、编组站的主要设备

(一) 调车设备

调车工作是铁路运输的重要组成部分,也是编组站日常运输生产的主要活动。

调车设备是编组站的核心设备,包括调车驼峰、调车场、牵出线、辅助调车场等几部分,用以办理列车的解体和编组作业。

1. 驼 峰

(1) 驼峰的分类

驼峰按每昼夜解体能力和技术装备可分为以下三类:

① 大能力驼峰:每昼夜解体能力在 4 000 辆以上,调车线不少于 30 条,设 2 条溜放线,

并设有车辆溜放速度、溜放进路自动控制系统及推峰机车遥控系统。

② 中能力驼峰：每昼夜解体能力为 2 000 ~ 4 000 辆，调车线 17 ~ 29 条，设 2 条溜放线，并设有溜放进路自动控制系统，宜设置机车推峰速度自动控制系统，钩车溜放速度自动或半自动控制系统及推峰机车遥控系统。

③ 小能力驼峰：每昼夜解体能力在 2 000 辆以下，调车线 16 条及以下，设 1 条溜放线，宜设置溜放进路自动控制系统、驼峰机车信号设备或机车遥控系统，也可用简易的现代化调速设备。

(2) 驼峰的组成

驼峰的范围是指峰前到达场（不设峰前到达场时为牵出线）与调车场头部之间的部分线段（见图 4-4-1）。它包括推送部分、溜放部分和峰顶平台。

① 推送部分：是指经由驼峰解体的车列，其第一钩位于峰顶平台始端时，车列全长所在的线路范围。其中，由到达场出口咽喉的最外警冲标到峰顶平台始端的线段叫推送线。设置这一部分的目的是为了使车辆得到必要的高度，并使车钩压紧，以便摘钩。

② 溜放部分：是指从峰顶至计算点的线路范围。由峰顶到计算点的线路长度称为驼峰的计算长度。其中由峰顶至第一分路道岔始端的这段线路称为溜放线。

计算点是指确定驼峰高度时，保证难行车在溜车不利条件下溜到调车场难行线某处停车或具有一定速度的地点。驼峰调车场的调速制式不同，计算点的位置也不同。

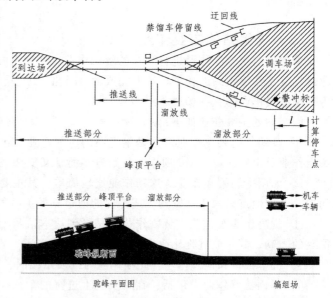

图 4-4-1　驼峰各组成部分示意图

③ 峰顶平台：是指驼峰推送部分与溜放部分的连接部分，设有一段平坡地段。峰顶平台包括压钩坡和加速坡两条竖曲线的切线长。不包括竖曲线的切线长时叫净平台。

2. 驼峰调速工具

调速工具用来调控溜放车辆的速度，按其在驼峰调车中的作用可分为间隔制动、目的制动和调速制动。

间隔制动是保证前后溜放钩车间有必要的间隔距离。该距离能确保道岔来得及转换，使减速器能及时转换制动或缓解的状态，以便车辆顺利通过溜放部分进入调车线。

目的制动是为调车场内的停车制动创造条件，使车辆能停在调车线内的预定地点，不与停留车辆发生冲撞或相距太远而造成过大的"天窗"。

调速制动是用以调整溜放钩车速度，使车辆溜入道岔和减速器时不超过容许速度。

驼峰调车场调速工具是为了提高驼峰的改编能力、保证作业安全所必需的设备。目前，我国铁路上常用的调速工具有人力制动机、制动铁鞋和车辆减速器、减速顶等。

在机械化驼峰上，除调车场内使用铁鞋制动外，在驼峰溜放部分均采用车辆减速器。而在自动化驼峰上，根据车辆的走行性能、重力、预定的停车地点以及溜放速度等条件，由自动化装置控制减速器的制动能力。

(1) 铁鞋

铁鞋对溜放车辆的制动原理，是使溜放车辆的车轮压上铁鞋，迫使铁鞋在钢轨上滑行产生制动力。

(2) 车辆减速器

目前，我国铁路采用的减速器主要有以下两种：

① 非重力式减速器。它是利用压缩空气作为动力，由钢轨两侧的制动夹板挤压车轮进行制动，其构造及工作原理简图如图 4-4-2 所示。当需要对车辆进行制动时，操纵制动按钮，使压缩空气进入气缸，活塞杆 5 和杠杆 4 的末端就被压向下方，而缸体 6 连同杠杆 3 的末端则上升。这样，由于两杠杆末端分开，使夹板 1 合拢而挤压车轮实现制动。

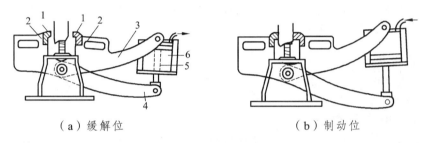

（a）缓解位　　　　　　　　　（b）制动位

图 4-4-2　压力式钳形减速器外形图

1—夹板；2—制动梁；3、4—杠杆；5—活塞杆；6—缸体

② 重力式减速器。主要借助于车辆自身的重力使制动夹板产生对车轮的压力而进行制动。这种减速器类型很多，我国铁路采用比较普遍的一种叫双轨条油压重力式减速器。

重力式减速器与非重力式减速器相比，其优点主要在于制动力的大小可由被制动车辆的自重大小而自动调节，不需再设置测重设备，也不需要空压和储风设备，成本较低。

(3) 减速顶

减速顶由吸能帽和壳体（外壳、活塞组合件、密封组合件和止冲装置）等部分组成。减速顶安装在钢轨一侧，吸能帽斜对轮缘部分，如图 4-4-3 所示。

减速顶是一种不需要外部能源的、可以自动控制车辆溜放速度的调速工具。当车辆的走行速度低于减速顶的临界速度（事先设定的速度）时，减速顶不起减速作用；当车辆走行速度高于减速顶的临界速度时，则减速顶对车辆产生减速作用。

减速顶的优点在于灵敏度高、性能良好、维修简便，是一种较好的调速工具。目前我国铁路已在众多编组站上采用。

（a）结构　　　　　（b）实物图

图 4-4-3　减速顶

(二) 行车设备

行车设备即接发货物列车的到发线，用以办理货物列车的到达和出发作业。根据其作业量的大小和不同的作业性质，可设置到发场、出发场（包括通过车场）。

(三) 机务设备

机务设备主要是指机务段。编组站的机务段规模比较大，供本务机车和调车机车办理检修和整备作业。

(四) 车辆设备

车辆设备主要包括列检所、站修所和车辆段。

(五) 客运设备

编组站客运业务很少，一般利用正线接发旅客列车。当客车对数较多时，也可设置 1～2 条到发线和 1～2 个旅客站台。

(六) 货运设备

编组站一般不设专门的货运设备，按照具体情况可设零担中转换装站台、冷藏车加冰设备以及牲畜车、鱼苗车的上水换水设备。

(七) 其他设备

编组站除上述设备外，还设有信号、联锁、闭塞、通信和照明等设备。

三、编组站布置图

调车设备是编组站的核心设备。调车设备的数量与规模以及各车场的相互位置就构成了编组站不同形式的布置图。

(一) 编组站布置图的分类

我国编组站布置图的基本类型归纳起来共有六类，其他类型都是在这个基础上派生的，并且数量很少。为了更清楚地表述编组站布置图的基本排列特征和车场个数，在我国铁路设计单位及现场对编组站布置图形有所谓"几级几场"的称呼。

 资料袋

常见术语

"级"：为车站中轴线上车场排列形式，即车场处于纵向不同的"台级"，因而横列式又称为一级式，混合式又称为二级式，纵列式又称为三级式。

"场"：是指车场个数。同样是双向纵列式，根据车场数量的不同，又可能会产生双向三级六场、双向三级八场等各种形式的布置图形。

我国编组站的常见布置图型及名称见表 4-4-2。

表 4-4-2　编组站布置图型及典型布置形式

类　　型		单向横列式	单向混合式	单向纵列式
单向编组站	典型布置形式	单向横列式一级三场	单向混合式二级四场 单向混合式二级五场	单向纵列式三级三场
双向编组站	典型布置形式	双向横列式	双向混合式	双向纵列式
		—	双向混合式二级四场 双向混合式二级五场	双向纵列式三级六场 双向纵列式三级八场

1. 按照调车设备的套数及调车驼峰方向分类

① 单向编组站：只有一个调车场，上、下行合用一套调车设备（包括驼峰、调车场、牵出线），其驼峰溜车方向一般朝向主要改编车流运行方向（也称顺向）。

② 双向编组站：有两个调车场，上、下行各有一套调车设备。两系统的调车驼峰应朝向各自的上行和下行调车方向。

2. 按照每一套系统内车场的相互位置和数目分类

① 横列式编组站：上、下行到发场与调车场并列配置。

② 纵列式编组站：到达场、调车场、出发场主要车场顺序纵向排列。

③ 混合式编组站：主要车场纵列、另一部分车场横列。

（二）典型编组站布置图及作业流程分析

以双向三级六场编组站为例进行说明，图 4-4-4 和图 4-4-5 所示为典型的双向三级六场编组站的基本布置图和基本流程图。由图中可以看出，其特点是上、下行方向各有一套到达场、调车场、出发场，每套三个车场均依次纵列布置，并组成两个相应并列的独立系统。双向均为"流水式"作业，避免了一级三场一个方向解体转线折返走行距离长的缺点，使车站具有较大的改编能力和通过能力。该图型由于车场多、线路容量大，对于调整运行秩序和适应运量波动有较大的潜力和机动性。采用机械化驼峰，其日均解编能力可达 12 000～14 000 辆；若采用自动化驼峰，其日均解编能力最大可达 20 000 辆。

但是，对位于 3 个以上衔接方向的编组站来说，产生了折角改编车辆的重复解体和转场作业，因而造成多余的走行和作业干扰，这是其运营上最突出的缺点。一般在两套调车系统间设置场间联络线处理交换车流。此外，由于这种编组站车场分散、股道数量多、工程费用和占地面积都很大，因此，只有当解编作业量很大时才考虑采用。

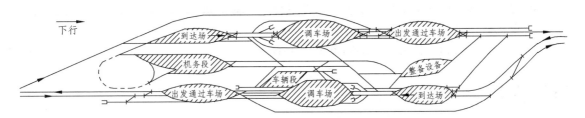

图 4-4-4　双向三级六场编组站布置图

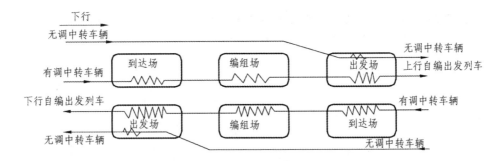

图 4-4-5　双向三级六场编组站作业流程图

四、编组站综合自动化

驼峰自动化是强化铁路编组站最有效的措施之一，也是编组站现代化的主要内容和重要标志。驼峰调车作业的自动化，不仅能提高驼峰作业效率和编组站的改编能力，而且能保证作业安全，改善劳动条件和减轻劳动强度。

驼峰自动化主要包括：车辆溜放速度的自动调节和自动控制；车辆溜放进路的自动选排和自动控制；驼峰机车推送速度的自动调节和自动控制；摘解制动软管和提钩作业的自动化等。其中，最关键的是车辆溜放速度的自动控制，它是驼峰自动化的核心内容。

随着电子计算机在铁路上的广泛应用，我国在几个主要的编组站上也采用电子计算机进行信息处理和控制，如丰台西、郑州北等。目前，在郑州北站初步实现了货物列车解体作业自动化（溜放速度控制、溜放进路控制和推峰机车遥控）、编组作业自动化（编组场尾部采用道岔、信号计算机集中）以及信息处理自动化（调车作业计划的编制、编组站现在车管理、列车确报的收集、转发以及统计报表和分析等）。

从国内外铁路运营的实践来看，编组站作业的综合自动化，能使编组站的工作条件、作业效率、作业安全和工作质量得到很大的改善，这对于加强编组站的生产能力、全面提高编组站的运营管理水平均有显著的效果。通过信息传输网将其与全路电子计算中心连接起来，将为实现整个铁路运输管理自动化创造条件。

【任务单】

请利用本任务所学知识完成下列题目：

1. 编组站的分类有哪些？其主要作业是什么？
2. 编组站的主要设备有哪些？
3. 常见的编组站布置图有哪些？其主要作业流程是什么？
4. 常见的调车设备有哪些？
5. 请总结中间站、区段站、编组站的主要作业、设备。

【课　业】

学生每5~6人一组，完成以下课业，并以作业形式每组提高一份任务报告，视频需分组展示。

1. 利用网络，查找常见的调车设备图片或视频资料。
2. 利用网络，查找并下载列车解编的视频资料。

项目五　认知铁路车辆

【知识目标】

1. 认知铁路车辆的类型和标记；
2. 认知铁路车辆的配属制；
3. 认知铁路车辆的基本结构；
4. 认知我国现行的计划预防检修制度。

【能力目标】

1. 能识别常见的铁路车辆；
2. 能识别车辆标记所表示的意义；
3. 能区分车钩的不同状态；
4. 能认识铁路车辆的主要组成部件。

【项目导入】

项目学习引导书

本项目中的主要学习任务是认知铁路车辆种类，并能识别铁路车辆标记，具备一定的专业知识；要求学员对铁路车辆的组成结构有基本了解，能正确识别各结构的名称和功能；对车辆运用与检修工作也要有一定的了解。

在理论学习与实践练习中，逐步掌握本项目所要求的所有技能，包括相关的背景知识。

为了达到更好的学习效果，并最终独立完成任务，必须在准备阶段多渠道、全方位地了解相关知识，更重要的是能够独立思考，而不是简单地看书、听讲、完成任务。

请始终独立处理信息并借助相应的工作技巧，给文本标记、记录，制作并展示你的学习卡片等，这是长期保存知识信息的有效方法。

任务一　认知铁路车辆的种类及配属

【任务描述】

铁路运输工作离不开铁路车辆，通过本任务的学习，要求学生对铁路车辆的种类、标识以及铁路车辆的配属制度有基本的认识，以便将来在生产岗位工作时，遇到与铁路车辆相关问题时能正确处理，保证铁路运输安全。

【知识准备】

一、铁路车辆的分类

铁路车辆按用途可分为货车和客车两大类。

（一）货车车辆的类型

货车是供运送货物的车辆，原则上编组在货物列车中使用。货车类型很多，按其用途可分为通用货车、专用货车和特种货车。

1. 通用货车

通用货车可装载多种货物，有下列 3 种：

（1）敞车

如图 5-1-1 所示，敞车车体两侧及端部均设有 0.8 m 以上的固定墙板，无车顶。敞车主要用于装运散粒货物，如煤、焦炭等；可装运木材、集装箱等无须严格防止湿损的货物；也可加盖篷布，运输怕湿损的货物。

（2）棚车

如图 5-1-2 所示，棚车车体设有车顶、侧墙、端墙和门窗。棚车主要用于装运各种需防止湿损、日晒或散失的货物。除运货外，大部分棚车还可以临时代替客车运送旅客。

图 5-1-1　敞车　　　　　　　　　　　　图 5-1-2　棚车

（3）平车

如图 5-1-3 所示，平车底架承载面为一平面，通常两侧设有柱插。平车主要用于装运钢材、机械设备、集装箱、汽车等。

2. 专用货车

专用货车专供运送某些种类的货物，主要有 13 种：

（1）罐车

如图 5-1-4 所示，罐车设有圆筒形罐体，是专用于装载液体、液化气体或粉状货物的车辆。罐车按货物品种可分为食油罐车、化工品罐车、机油罐车、沥青罐车、液化气罐车、黏油罐车等。

图 5-1-3　平车　　　　　　　　　　　　图 5-1-4　罐车

(2) 保温车

如图 5-1-5 所示，保温车车体设有隔热材料，车内设有降温和加温设备。保温车用于装运易腐货物，如鱼、肉、水果等，也可装运对温度有特殊要求的货物。根据保温设备的不同，保温车可分为加冰冷藏车、机械冷藏车和冷藏加温车等。

(3) 矿石车

如图 5-1-6 所示，矿石车车体有固定的侧、端墙和卸货用的特殊车门，车体的比容积小于 1 m^3/t。矿石车主要用于运送各种矿石、矿粉。有的整个车体能借液压或空气压力的作用向任一侧倾斜，并自动开启侧门，把货物倾泻出来。

图 5-1-5　保温车

图 5-1-6　矿石车

(4) 砂石车

砂石车又称低边车，有固定的高度不足 0.8 m 的侧端墙，以防止过载。砂石车主要用于运送砂土、碎石等货物。

(5) 长大货物车

如图 5-1-7 所示，该车车体长度在 19 m 以上，无墙板，载重 70 t 以上。长大货物车用于装运质量特大或长度特长的货物。有的车体中部凹下或设有落下孔，便于装载高大货物；有的将车辆分为两节，运货时将货物夹持和悬挂在两节之间或通过专门支架跨装于两节车上，称为钳夹车或双联平车，用于装运体积特别庞大的货物。

图 5-1-7　长大货物车

(6) 通风车

如图 5-1-8 所示，通风车车体与棚车相似，但侧端墙上设有百叶窗，顶棚设有通风口等通风设备，能从车外大量流入新鲜空气，而且能防止雨水侵入车内。通风车用于运送鲜果、蔬菜等货物，也可运送一般货物。

(7) 家畜车

如图 5-1-9 所示，家畜车车体与棚车相似，设有通风设备、给水设备、押运人员乘坐空间及饲料堆放，有的还装有饲料槽。家畜车用于运送牛、马、猪等活家畜。

图 5-1-8　通风车

图 5-1-9　家畜车

(8) 水泥车

水泥车车体为圆柱形罐体，上部有装入水泥的舱孔，下部有漏斗式底开门。水泥车专供运送散装水泥的车辆。

(9) 活鱼车

活鱼车是运送鱼苗及活鱼的车辆，车内设有水槽、注排水装置、水泵循环水流装置、通风口、百叶窗及加温装置等设备。

(10) 集装箱车

如图 5-1-10 所示，集装箱车的车体上设有固定集装箱的设备，它是用于装运集装箱的车辆。

图 5-1-10　集装箱车

(11) 漏斗车

如图 5-1-11 所示，漏斗车是车体上设有一个或数个带盖或不带盖的具有一定斜坡的装货斗的车辆。通常依靠货物的自重从漏斗口卸货。

(12) 毒品车

如图 5-1-12 所示，毒品车是专供运送有毒物品的车辆，如运输农药等。

(13) 煤车

煤车的车体与敞车相似，有固定的端墙、侧墙和供卸货用的特殊车门，如底开式、横开式或漏斗式车门等，煤车车体的比容积 $\geqslant 1 \text{ m}^3/\text{t}$。平底的煤车也可以作敞车用。

图 5-1-11　漏斗车

图 5-1-12　毒品车

3. 特种货车

特种货车是具有特殊用途的车辆，有下列 4 种：救援车、除雪车、发电车、检衡车等。如图 5-1-13 所示。

（a）救援车

（b）除雪车

（c）发电车

（d）检衡车

图 5-1-13　特种货车

（二）客车车辆的类型

铁路客车是指载运旅客的车辆、为旅客提供服务的车辆以及挂运在旅客列车中的其他用途的车辆。铁路客车分为旅客运送、旅客服务和特殊用途 3 种车辆。

1. 运送旅客用的车辆

该型车辆包括硬座车（YZ）、软座车（RZ）、硬卧车（YW）、软卧车（RW），如图 5-1-14 所示。

2. 为旅客服务的车辆

该型车辆包括餐车（CA）、行李车（XL），如图 5-1-15 所示。

（a）硬座车内部

（b）软座车内部

（c）硬卧车内部

（d）软卧车内部

（e）YZ25K 型空调客车

（f）青藏高原型 YW25T 客车

图 5-1-14　运送旅客用的车辆

（a）餐车

（b）行李车

图 5-1-15　为旅客服务的车辆

3. 特种用途的车辆

该型车辆包括邮政车（UZ）、公务车（GW）、卫生车（WS）、医疗车（YL）、实验车（SY）、维修车（WX）、文教车（WJ）等。

二、铁路车辆的标记

为便于对客、货车辆的运用和管理，在车辆指定部位涂打的用于标明车辆配属、车种、车型、用途、编号、主要参数、方向、位置等的文字、数字和符号称为车辆标记。为便于识别并合理使用车辆，凡是国铁集团所属车辆涂刷的标记，称为共同标记；因车辆设有特殊设备或有注意事项而涂刷的标记称为特殊标记。厂矿专用车的标记可由厂矿自定，其中有部分标记与铁路标记不同。

(一) 产权标记

1. 国徽

凡是参加国际联运的客车，车体两外侧中部须装有国徽，如图 5-1-16 所示。

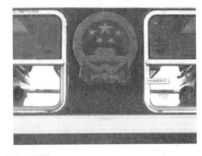

图 5-1-16　铁路车辆国徽

2. 路徽

凡是属于国铁集团的车辆，都应按规定涂刷表示"人民铁路"的路徽，如图 5-1-17 所示。在货车侧梁的端部还应装产权牌（路徽标志牌）以区别厂矿自备车。

（a）货车路徽及产权标记

（b）客车路徽

图 5-1-17　铁路车辆路徽

3. 自备车辆的产权标记

这种标记主要是指路外厂矿企业自备车辆的产权标记，标记：××企业自备车，并注明企业所在地的特殊到站（见图 5-1-18）。

图 5-1-18　自备车辆产权标记

（二）配属标记

配属标记是指表示车辆配属关系的标记。中国铁路规定，所有客车和部分货车分别配属给各铁路局及其所属车辆段负责管理、使用和维修，并在车上涂打所配属的铁路局、段的简称。如图 5-1-19 所示，"西局西段"表示西安铁路局西安客车车辆段。客车配属标记涂在车体两端墙外侧左下角，货车一般涂在侧墙外侧。

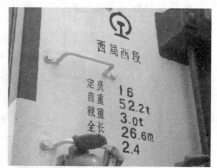

图 5-1-19　客车配属标记

（三）制造标记

新造客车、货车应安装金属的制造厂铭牌，其铭牌上包括制造厂厂名、制造年份、出厂日期、出厂序号以及出厂型号等内容，式样由各车辆制造单位自己确定，如图 5-1-20 所示。

图 5-1-20　车辆制造标记

（四）车辆检修标记

车辆检修标记是车辆根据运用年月或走行公里所进行的周期性检修的标记。车辆进行检修时，须在规定的位置涂打检修单位的简称和本次及下次检修的日期，以便明确其检修责任。

1. 厂、段修标记

如图 5-1-21 所示，标记中，第一栏为段修标记，第二栏为厂修标记；左侧为下次检修年月，右侧为本次检修年月及检修单位简称。

图 5-1-21　客车、货车厂段修标记

2. 辅修标记

货车辅修标记涂打在厂段修标记的下方或者右侧，并涂打"辅修"字样，且以表格的形式涂打，如图 5-1-22 所示。右上格及中间一格为本次检修月日以及承担该次检修的车辆段和列检所的简称；左上格为预定下次检修的月日，下面三格留待下次检修时填写。

3. 摘车临修标记

货车发生临时故障需要从列车中摘下送到修车线上修理，应在车辆的端墙上涂打摘车临修标记。例如：空车摘车修标记为 Z08.4.18 济；重车摘车修标记为 Ø08.5.18 济。表示摘车修的年、月、日及站修所。

（五）车辆运用标记

1. 性能标记

车辆性能标记是表示客货车辆性能和构造尺寸的标记，如图 5-1-23 所示。

图 5-1-22　辅修标记

（a）货车性能标记　　　　　　（b）客车性能标记

图 5-1-23　车辆性能标记

货车的性能标记包括自重、载重、全长、换长等，通常货车标在车体两侧；客车的性能标记包括自重、载重、全长、换长、定员、容积（用在行李车、邮政车）等，客车涂打在车体两端。

① 车辆载重：该车允许的最大载重量（t），又称标记载重。

② 车辆自重：车辆本身的全部质量（t）。

③ 车辆容积：车辆可装货物的体积，以 m^3 为单位，并在括号内注明"内长×内宽×内高"的尺寸，以 m 为单位。

④ 车辆定员：客车应在客室两内端墙上部和车体外端墙上，按客车设备标明可容纳的额定人数。

⑤ 车辆全长：是在无纵向外力作用的情况下，车辆两端车钩在闭锁位置时测量的两钩舌连接线间的水平距离，以 m 为单位。

⑥ 车辆换长：车辆长度除以标准长度所得之值，为车辆长度的换算标记。标准长度规定为 11 m，当初是以 30 t 棚车的平均长度为计算标准规定的。标明换算标记是为了便于计算列车的总长度。

2. 定位标记

车辆定位标记是表示车辆前后端位置并用以命名同名零部件的标记，便于对有关零部件的安装与检修等。

(1) 车辆方向的确定

车辆的方位一般以制动缸活塞杆推出的方向为第一位，称为 1 位端，相反方向为 2 位端，图 5-1-24 所示为车辆方位示意图。对于有多个制动缸的车辆，则按照手制动机的位置确定，即手制动机所在一端为车辆的第一位。

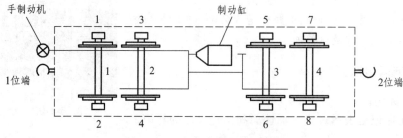

图 5-1-24   车辆方位示意图

(2) 零部件位置的确定

车辆的车轴、车轮、轴箱、车钩、转向架和其他零件的位置都是由第一位车端数起，顺次数到第二位车端，见图 5-1-24；或者人站立在车辆的一位端，面向二位端，从一位端数起到二位端，左手端为 1、3、5、7 等奇数，右手端为 2、4、6、8 等偶数。

3. 货车特殊标记

货车的特殊标记是指表示车辆的设备、用途及结构特点的各种标记，如表 5-1-1 所示。

表 5-1-1   货车特殊标记

标记名称	标记符号	说　明
人字标记	⟨人⟩	该棚车设有床托、烟筒口、车窗、便器等。必要时，该车可以代替客车运送人员
环形标记	⟨♀⟩	车内设有拴马环或拦马杆座的敞车或棚车
国际联运标记	⟨MC⟩	车辆各部分符合国际联运的技术要求，可以参加国际联运
禁止通过装有车辆减速器的驼峰标记	⟨◭⟩	该车辆下部尺寸与机械化驼峰的减速器尺寸相抵触；或受车内设备的限制等，禁止通过装有车辆减速器的驼峰
关字标记	⟨关⟩	部分有活动墙板的车辆，活动墙板放下时超过机车车辆限界，装卸货物后，必须关好活动墙板
卷字标记	⟨卷⟩	车辆（部分敞车、矿石车等）两侧梁端部设有挂卷扬机钢丝绳的挂钩（牵引钩），以便进行卷扬倒车（利用卷扬机钢丝绳牵引车辆移动位置）
集中载重标记		标记载重 > 60 t 的平车、长大货物车等，应在车底架两侧涂刷集中载重标记，标明车辆中部一定尺寸范围内的允许载重
特字标记	⟨特⟩	可以装运坦克及其他质量较大的特殊货物的车辆
救援列车标记		在车辆两侧中央涂刷 200 mm 宽的白色色带，表示救援列车

（六）车辆车型、车号标记

车辆的车型、车号标记简称车号，主要由基本型号、辅助型号和车辆制造顺序号码三部分构成。也就是说，一辆车有固定的一个车号。

1. 基本型号

车辆基本型号用车辆种类的一个或者两个大写拼音字母表示，如表 5-1-2 所示。

表 5-1-2　车辆种类代号

货　车			客　车		
序号	车种	代号	序号	车种	代号
1	敞车	C	1	硬座车	YZ
2	棚车	P	2	软座车	RZ
3	平车	N	3	硬卧车	YW
4	集装箱平车	X	4	软卧车	RW
5	平车-集装箱共用车	NX	5	双层硬座	SYZ
6	罐车	G	6	双层软座	SRZ
7	矿石车	K	7	软硬座车	RYZ
8	毒品车	W	8	行李邮政车	XU
9	粮食车	L	9	硬卧行李邮政车	YWXU
10	水泥车	U	10	简易座	DP
11	小汽车双层平车	SQ	11	代用座车	ZD
12	特种车	T	12	餐车	CA
13	长大货物车	D	13	行李车	XL
14	保温车	B	14	邮政车	UZ
15	家畜车	J	15	公务车	GW
16	守车	S	16	卫生车	WS
17	活鱼车	H	17	医疗车	YL
18	砂石车	A	18	试验车	SY
19	自翻车	KF	19	维修车	WX
20	通风车	F	20	文教车	WJ
21	煤车	M	21	发电车	KD

2. 辅助型号

辅助型号表示同一车种的车辆，在构造及设备方面的不同特点，用一位或者两位数字及汉语拼音字母表示，并标在基本型号的右下角。例如，C62B 表示敞车的重量系数和 B 类材质；YZ25G 表示硬座车的车长系列和与同类车的结构区别。例子中的 62B 和 25G 为辅助型号。

3. 制造顺序号码

车辆制造顺序号码表示按预先规定的规则而编排的某一车种的顺序号码（如表 5-1-3 所示），用以区分同一类型的不同车辆，用阿拉伯数字表示，记在基本型号和辅助型号的右侧。

表 5-1-3　车辆制造顺序号码

货车顺序号码表				
顺号	车种	车号容量	车号范围	预留号
1	棚车	500 000	3000000~3499999	3500000~3999999
2	敞车	900 000	4000000~4899999	4900000~4999999
3	平车	100 000	5000000~5099999	5100000~5199999
4	集装箱车	50 000	5200000~5249999	5250000~5499999
5	矿石车	32 000	5500000~5531999	5532000~5599999
6	长大货物车	100 000	5600000~5699999	5700000~5999999
7	罐车	310 000	6000000~6309999	6310000~6999999
8	冷藏车	232 000	7000000~7231999	7232000~7999999
9	毒品车	10 000	8000000~8009999	
10	家畜车	40 000	8010000~8039999	
11	水泥车	20 000	8040000~8059999	
12	粮食车	5 000	8060000~8064999	
13	特种车	10 000	8065000~8074999	8075000~8999999
14	守车	50 000	9000000~9049999	9050000~9099999
15	海南车	100 000	9100000~9199999	
16	自备车	999 999	0000001~0999999	
	备用	2 000 000	1000000~2999999	
客车顺序号码表				
顺号	车种		车号范围	车号容量
1	合造车		100000~109999	10000
2	行李车		200000~299999	100000
3	邮政车		7000~9999	3000
4	软座车		110000~199999	90000
5	硬座车		300000~499999	200000
6	软卧车		500000~599999	100000
7	硬卧车		600000~799999	200000
8	餐车		800000~899999	100000
9	其他车		900000~999999	100000

　　例如：车号为 C64T4871235 和 YZ25G484790 的两辆车，各车号中的字母和数字表示如下：

　　① C64T4871235：C 表示基本型号为敞车，64T 表示辅助型号为载重 61 t、装有提速转向架的货车，4871235 表示货车制造顺序号码。

　　② YZ25G484790：YZ 表示基本型号为硬座车，25G 表示辅助型号为集中供电空调车，484790 表示客车制造顺序号码。

三、铁路车辆配属制度

中国铁路对客车和一部分货车实行固定配属制度。所谓配属制度，就是国铁集团根据运输任务的需要和运输设备条件等因素将车辆配属给各铁路局使用和保管的制度。各铁路局又将车辆配属给所属的车辆段，以完成运输生产任务。

实行固定配属的货车包括：机械冷藏车，标记载重 90 t 和 90 t 以上的长大货车，固定装卸地点循环使用的专列罐车、矿石车或煤车以及少数专用货车。这些车辆由配属车辆段负责保管和检修。对旅客列车还实行包乘包修负责制。每次列车均由配属车辆段派出检车乘务员和车电乘务员随车值乘进行乘检，即对运行中的客车施行技术检查和日常保养，排除一般故障，以确保列车运行安全和车内设备状态良好。机械冷藏车组和有些固定地点循环使用的货物列车也实行包乘制。有检车乘务员的货物列车除沿途列车检修所按规定进行检修外，行车调度员根据列车运行情况和检车乘务员的要求安排途中检修。其他货车不实行配属制度，由各车辆段按区段负责对运行中以及在调车和装卸作业中发生的车辆故障进行检查和修理。

【任务单】

请利用本任务所学知识完成下列题目：

1. 举例说出五种不同类型的铁路车辆。
2. 请说出 C_{70} 表示什么意义。什么是配属制度？
3. 你能说出下列各个车号中的数字和字母的含义吗？

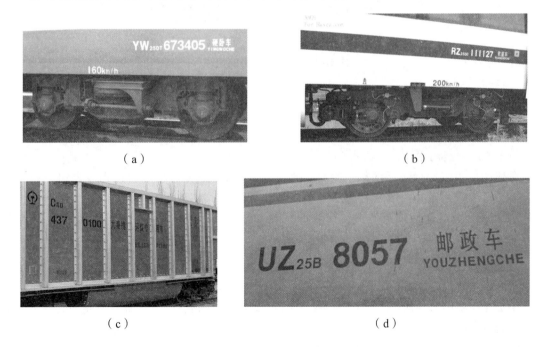

（a）　　　　　　　　　　　　　（b）

（c）　　　　　　　　　　　　　（d）

【课　业】

学生每 5～6 人一组，在网络上搜集资料（铁道论坛-专业技术交流-机车车辆），并用文字、图片、图表等方式表达出来。每组提交一份 PPT 并分组汇报。

任务二　认知铁路车辆的结构

【任务描述】

铁路车辆的种类非常多，但是各种铁路车辆的基本结构都是一样的，主要是由车体、转向架、车钩缓冲装置、车辆制动装置和车内设备这几部分组成。

通过本任务的学习，要求学生对铁路车辆的结构有基本的认知。

【知识准备】

铁路车辆的类型多样，构造各不相同，但从基本结构来看，都是由车体、转向架、车钩缓冲装置、制动装置及车内设备组成的，如图 5-2-1 所示。

图 5-2-1　铁路车辆的组成

1—车体；2—走行部（转向架）；3—车钩缓冲装置；4—制动装置；5—车辆内部设备

一、车　体

车体是车辆上供装载货物或乘客的部分，也是安装、连接车辆其他组成部分的基础。目前车辆的车体以钢结构或轻金属结构为主。

车体主要组成部分包括底架、侧墙、端墙、车顶等。车体的钢结构由许多纵向梁和横向梁（柱）组成，车体底架通过心盘或旁承支承在转向架上，如图 5-2-2 所示。车体钢结构承担自重、载重、整备重量及由于轮轨冲击和簧上振动而产生的垂直动载荷、纵向载荷和侧向载荷。

（一）底架

车底架一般由中梁、侧梁、枕梁、横梁、端梁及地板横梁等组成，如图 5-2-2 所示。

中梁在底架中部贯通全车，它是底架的主梁和其他各梁的支承，因此，它是底架各梁中最主要的受力构件。

侧梁又称边梁，位于底架两侧，与枕梁及各横梁连接。

枕梁承受垂直载荷，它将车底架承受的载荷通过心盘传给转向架的横向梁。

端梁为车底架两端的横向梁，它与中梁、侧梁连接，其上安装端墙。

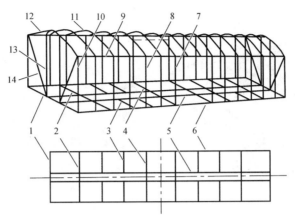

图 5-2-2　铁路车辆的车体结构

1—端梁（缓冲梁）；2—枕梁；3—小横梁；4—大横梁；5—中梁；6—侧梁；7—门柱；8—中间立柱；
9—上侧梁；10—角柱；11—车顶弯梁；12—顶端弯梁；13—端柱；14—端斜柱

（二）侧墙、端墙、车顶

如图 5-2-3 所示，侧墙为板柱式结构，由侧板、侧柱、门柱、上侧梁等组焊而成；端墙为板柱式结构，由端板、端柱、角柱、上端梁等组焊而成；车顶由车顶板、车顶弯梁、车顶侧梁、车顶端弯梁等组焊而成，车顶弯梁为圆弧形结构。

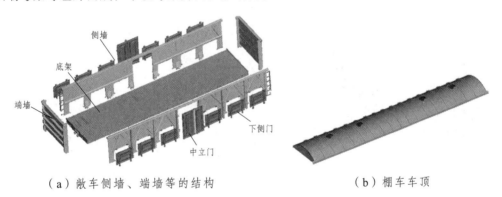

（a）敞车侧墙、端墙等的结构　　　　　　　　（b）棚车车顶

图 5-2-3　侧墙、端墙、车顶的结构

二、转向架

转向架是机车车辆走行部的零部件和装置组装而成的独立部件，起支承车体、转向和制动的作用，并保证机车车辆在轨道上安全平稳地运行。车辆转向架主要由轮对轴箱装置、构架或者侧架、弹性减振装置、基础制动装置及车体支撑装置所构成。货车转向架和客车转向架的结构差距很大。

目前，我国常见的货车转向架有转 8、转 8A、转 8G、转 6、转 9 等，主要用于时速 100 km/h 以下的货物列车；常见的客车转向架包括 202 型、206 型、209T 型、209 TK 型、209 PK 型等，主要用于时速 120～160 km/h 的普通客车。近年来，为了满足提速的要求，我国又使用了一些新型转向架，包括主要用于时速 120 km/h 以上货物列车的转 K2、转 K3、转 K4、转 K5 和转 K6 型等货车转向架，以及主要用于时速 200 km/h 以上高速客车的 PW-200 型、CW-200 型、SW-220K 型等客车转向架。图 5-2-4（a）所示为货车转 K6 型转向架结构图，图 5-2-4（b）所示为客车 SW-200K 型转向架结构图。

（a）转 K6 型转向架的组成

1—摇枕弹簧；2—侧架；3—轴箱；4—轮对；
5—基础制动装置；6—下心盘；
7—中心销；8—摇枕

（b）SW-220K 型转向架的组成

1—空气弹簧；2—构架；3—轴箱；4—轴箱弹簧；
5—油压减振器；6—轮对；7—基础制动装置

图 5-2-4　转向架的组成

（一）轮对

轮对是由两个车轮紧密地压装在一根车轴上组合而成的，其作用是承受车辆的全部重量，以较高的速度引导车辆在钢轨上行驶，并与钢轨相互作用产生各种作用力。客车轮对和货车轮对如图 5-2-5 所示，要求两车轮内侧面之间的距离必须保证在（1353 ± 3）mm 范围以内。

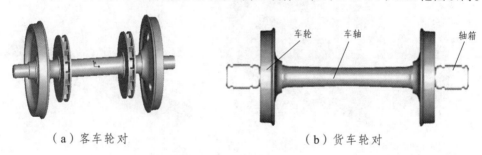

（a）客车轮对　　　　　　　　　　　（b）货车轮对

图 5-2-5　轮对的外形及组成

1. 车轮

目前我国车辆上使用的车轮绝大部分是整体辗钢轮，它包括踏面、轮缘、轮辋、腹板和轮毂等部分，如图 5-2-6 所示。车轮与钢轨的接触部分称为踏面。轮缘是一个突出的圆弧部分，是保持车辆沿着钢轨运行、防止脱轨的重要部分。轮辋是车轮上踏面下最外的一圈。轮毂是轮与轴之间相互配合的部分。

我国客车车轮的标准直径为 915 mm，货车车轮的标准直径为 840 mm。车轮踏面是和钢轨轨面接触的部分，具有一定的坡度，可以使车辆顺利通过曲线，减少车轮在钢轨上的滑动，同时在直线上运行时自动纠正两车轮的位置，使车轮容易恢复到线路中央位置。踏面按形状可分为锥型和磨耗型。

图 5-2-6　车轮的结构

2. 车轴

按使用轴承的不同，车轴分为滑动轴承车轴和滚动轴承车轴。目前我国铁路车辆大部分采用滚动轴承车轴。滚动轴承车轴的结构如图 5-2-7 所示。轴颈用来安装轴承，轮座用来安装车轮。防尘板座为车轴与防尘板配合的部位，直径比轴颈直径大、比轮座直径小。轴身是两轮座的连接部分。轴端螺栓孔是滚动轴承车轴安装轴端压板的孔。

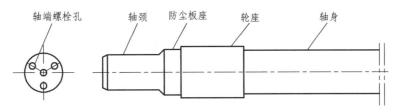

图 5-2-7　滚动轴承车轴的结构示意图

（二）轴箱装置

轴箱装置是铁路车辆的重要组成部分，它的作用是：① 将轮对和侧架（构架）连接在一起；② 承受车辆的重量，传递各方向的作用力；③ 保护轴颈，使轴承与轴颈间得到润滑，减少摩擦，防止在高速运行条件下发生热轴事故；④ 防止尘上、雨水等物质侵入轴承及轴颈等部分，保证车轮行车安全。图 5-2-8 所示为轴箱装置图示。

（a）圆柱滚动轴承轴箱装置实物图　　　　　（b）353130A 型滚动轴承结构组装图

图 5-2-8　轴箱装置

（三）构架（侧架）、摇枕及弹簧减振装置

1. 构架（侧架）和摇枕

构架（侧架）是转向架的基础，它把转向架各零部件组成一个整体。侧架（构架）既要承受和传递各种作用力及载荷，又要保证其结构形状满足制动装置、弹簧减振装置和轴箱定位装置等的安装要求。

货车转向架的构架是由左右两个独立的侧架和一个摇枕组成的。每一侧架联系前后两个轮对一侧的轴箱，两侧架间中央部位通过一根横向放置的摇枕连接。

如图 5-2-9（a）所示，侧架的两端有轴箱导框，导框插入承载鞍（轴箱）的导槽之内，连接轴承和转向架。侧架中部有一个方形孔，是安装摇枕和弹簧减振装置的地方。

如图 5-2-9（b）所示，摇枕把两侧架连成一个整体，将车体作用在下心盘上的力传递给支撑在它两端的枕簧上。摇枕中间安装下心盘，与车体上的上心盘配合，承受车体上的垂向力和水平力，上下心盘间可以相对转动，车辆通过曲线时，减小阻力；两旁有下旁承座，安装下旁承，当车辆通过曲线时，车体向内倾斜，一侧的上旁承和下旁承相接触，可以防止车体过分摇动和倾斜。

（a）转 K6 型转向架侧架   （b）转 K6 型转向架摇枕

图 5-2-9   货车转向架构架

客车转向架构架一般是一体式 H 形，如图 5-2-10 所示，它由两根侧梁和两根横梁组成。它把转向架各零件组合成一个整体。

2. 弹簧减振装置

弹簧减振装置是为了减少有害的车辆冲动，提高车辆运行的平稳性，在车辆转向架上安装的缓和冲击和衰减振动的装置。弹簧主要起缓和作用，减振器起减小振动的作用。

车辆上使用的弹簧按照材质可分为三类，即钢质弹簧、橡胶弹簧和空气弹簧。图 5-2-11 所示为弹簧减振装置。

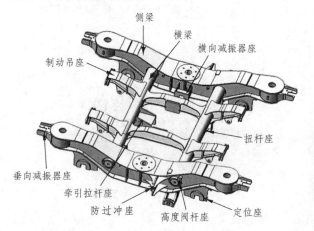

图 5-2-10   CW-200 型客车转向架构架

图 5-2-11   客车 PW-200 型转向架的弹簧减振装置

 资料袋：

常见术语

一系弹簧悬挂：从车体至轮对之间只经过一次弹簧减振装置实施减振。
二系弹簧悬挂：从车体至车轮之间经过两次弹簧减振装置实施减振。

（四）基础制动装置

基础制动装置是指从制动缸活塞推杆到闸瓦之间所使用的一系列杠杆、拉杆、制动梁、吊杆等各种零部件所组成的机械装置。它的作用原理是把制动缸活塞上的压缩空气推力增大适当倍数以后，平均地传递给各块闸瓦，使其变为压紧车轮的机械力，阻止车轮转动而产生制动作用。

基础制动装置的形式，按照设置在每个车轮上的闸瓦数及作用方式，可分为单侧闸瓦式、双侧闸瓦式、多闸瓦式和盘形制动等。其中多闸瓦式制动应用较少。

1. 单侧闸瓦式

单侧闸瓦式制动是指只在车轮一侧设有闸瓦的制动方式，目前我国铁路大部分货车车辆采用这种制动方式，简称单式闸瓦或单侧制动。单侧闸瓦式制动装置的制动原理如图 5-2-12 所示。

单侧闸瓦式制动装置的结构简单，材料节省，便于检查和维修。但制动时，车轮只受一侧闸瓦的压力作用，易使轴箱或滚动轴承的附属配件"承载鞍"偏斜，形成偏磨，引起热轴现象的产生；此外，由于制动力受闸瓦面积和闸瓦承受压力的限制，其制动力的提高也受到限制。若闸瓦单位面积承受的压力过大，会导致轮瓦摩擦系数下降，影响制动效果，这不仅会加剧闸瓦的磨耗，还会磨耗闸瓦托，进一步使制动力衰减，影响行车安全。总之，该方式制动效果较差，适用于速度不高、吨位不大的车辆或有其他制动形式的机车。

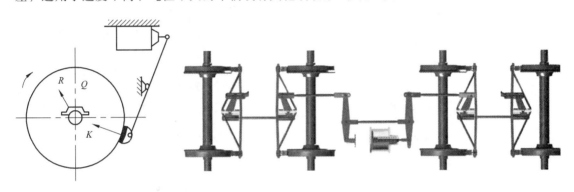

（a）原理示意图　　　　　　　　　　　（b）制动示意图

图 5-2-12　单侧闸瓦式制动装置

2. 双侧闸瓦式

双侧闸瓦式制动是指在车轮两侧均有闸瓦的制动方式，其制动原理及实物如图 5-2-13 所示。

我国铁路特种货车和部分客车的基础制动装置采用这种形式。由于双侧闸瓦式制动装置在车轮两侧都装有闸瓦，所以闸瓦的摩擦面积比单侧闸瓦式制动增加了一倍，闸瓦单位面积承受的压力较小，这不但能提高闸瓦的摩擦系数，而且散热面积较大，可降低闸瓦与车轮踏面的温度，延长车轮的使用寿命，减少闸瓦的磨耗量。

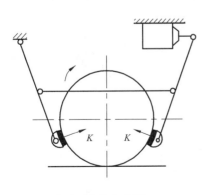 

（a）原理示意图　　　　　　　　　　　（b）实物图

图 5-2-13　双侧闸瓦式制动装置

3. 盘形制动

盘形制动装置是指制动时闸瓦压紧制动盘而产生制动作用的制动方式。如图 5-2-14 所示，盘形制动装置有两种类型：① 轴盘式制动，是制动盘安装在车轴上的制动形式；② 轮盘式制动，是制动盘安装在车轮上的制动形式。

盘形制动装置的基本原理是：制动缸产生的压力通过传动杠杆装置施加到闸片上，产生制动力从而制动。

目前我国快速客车（速度 120 km/h 以上）大都采用盘形制动装置。

（a）原理示意图　　　　　　　　　　（b）实物图

图 5-2-14　盘形制动装置

三、车钩缓冲装置

车钩缓冲装置是用来连接列车中各车辆并使彼此保持一定距离的装置。它能传递和缓和列车在运行中或在调车时所产生的纵向力和冲击力，即起到连挂、牵引、缓和冲击的作用。图 5-2-15 所示为车钩连挂实物图。

图 5-2-15　车钩连挂实物图

车钩缓冲装置由车钩和缓冲装置两部分组成，通过钩尾框、钩尾销与车体相连成一个整体。图 5-2-16 所示为车钩缓冲装置示意图。

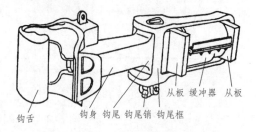

钩舌　　　钩身 钩尾 钩尾销 钩尾框　从板 缓冲器 从板

图 5-2-16　车钩缓冲装置示意图

(一) 车钩

1. 车钩的分类和组成

车钩是用来实现机车和车辆或车辆和车辆之间的连挂，传递牵引力及冲击力，并使车辆之间保持一定距离的车辆部件。

(1) 车钩的分类

车钩按开启方式分为上作用式和下作用式两种。上作用式车钩装置，其车钩提杆位于钩头上方；下作用式车钩装置，其车钩提杆位于钩头下方。车钩按其结构类型分为自动车钩、密接式自动车钩等。所谓自动车钩，就是先将一个车钩的提杆提起后，再用机车拉开车辆或与另一车辆车钩碰撞时，能自动完成摘钩或挂钩动作的车钩。密接式自动车钩多为高速列车车辆所用。

 资料袋

密接式车钩

动车组车辆之间的连接装置通常包括车钩及电气通路与风管连接器，车钩是其中最基本也是最重要的部件之一。由于动车组运行速度高，制动力大，调速频繁，动车组的车钩必须为密接式车钩，且应具有空气管路和电气通路的自动连接功能。密接式车钩属于刚性车钩，它要求两钩连接后，其间没有上下和左右的移动，而且纵向间隙也限制在很小的范围内。

我国货车采用的主型车钩有 13 号，包括 13A 型和 13B 型车钩。为了满足大秦线运煤万吨列车的特殊要求，我国还研制了 16 号、17 号车钩，16 号车钩为转动车钩，一般装在车辆的一位端，17 号车钩为固定车钩，一般装在车辆的二位端，两个车钩搭配使用。从 2005 年起，我国新制造的 70 t 及以上货车全部采用 17 号车钩。图 5-2-17 所示为 17 号车钩缓冲装置的三维图。

我国铁路客车采用的主型车钩为 15 号车钩，其中 25T 型客车上用的车钩为密接式车钩。

(2) 车钩的组成

车钩由钩头、钩身、钩尾三部分组成。车钩前端粗大的部分称为钩头，在钩头内装有钩舌、钩舌销、锁提销、钩舌推铁和钩锁铁，如图 5-2-18 所示。车钩后部称为钩尾，在钩尾上开有垂直扁锁孔，以便与钩尾框连接。

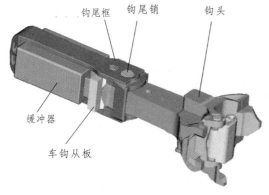

图 5-2-17　17 号车钩缓冲装置的三维图　　　　图 5-2-18　车钩钩头实物图

钩头与钩舌通过钩舌销相连接，钩舌可绕钩舌销转动，钩头内部装有钩锁销、钩舌推铁、钩推销等零部件。钩头是车辆摘挂的重要部分；钩身是传递牵引力和冲击力的部位；钩尾用来安装钩尾框；钩舌的开闭可连挂和摘解车辆，并起传递牵引力的作用。

2．车钩的三态作用

车钩的组成零部件在处于不同的作用位置时，车钩起着不同的作用，有闭锁、开锁、全开三种作用，称为车钩的三态作用。

① 闭锁位置：两个车钩处于互相连挂的位置。如图 5-2-19（a）所示，钩锁铁 1 挡住钩舌 2 的尾部，使钩舌不能绕钩舌销 3 向外自由转动，这时钩锁铁的后坐锁面 A 坐在钩舌推铁 4 的端部，称为锁闭位置。车钩处于锁闭状态时，连挂中的车辆不会自动分离。

② 开锁位置：即钩锁铁 1 已被提起，钩舌 2 可以向外转开的位置，如图 5-2-19（b）所示。车钩处于开锁状态时，连挂的车辆即可分离。

③ 全开位置：即钩舌 2 已经完全向外转开的位置。如图 5-2-19（c）所示，当钩锁铁 1 处于开锁位置后，继续提升钩锁销，钩舌推铁将钩舌推至全开的位置。车钩处于全开状态时，相邻车辆即可连挂。

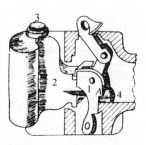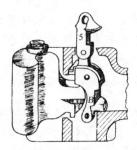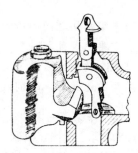

（a）闭锁位置　　　　　　　　（b）开锁位置　　　　　　　　（c）全开位置

图 5-2-19　车辆的三态作用

（二）缓冲器

1．缓冲器的作用

缓冲器用来缓和列车在运行中由于机车牵引力的变化或在起动、制动以及调车作业时车辆相互碰撞而引起的纵向冲击和振动。其工作原理是：借助压缩弹性元件来缓和冲击作用力，同时在弹性元件变形过程中利用摩擦和阻尼吸收冲击能量。

2．缓冲器的种类

目前我国铁路货车车辆上主要采用的缓冲器有：

① 摩擦式缓冲器，包括 2 号缓冲器、MT-2 型缓冲器［见图 5-2-20（a）］、MT-3 型缓冲器［见图 5-2-20（b）］、ST 型缓冲器［见图 5-2-20（c）］。

② 摩擦橡胶式缓冲器，包括 MX-1 型摩擦橡胶式缓冲器［见图 5-2-20（d）］、MX-2 型摩擦橡胶式缓冲器、HM-1 型摩擦胶泥组合式缓冲器［见图 5-2-20（e）］、HM-2 型摩擦弹性（橡胶）组合式缓冲器。

我国铁路客车使用 G1 型缓冲器、弹性胶泥缓冲器、橡胶缓冲器。其中 G1 型缓冲器如图 5-2-20（f）所示，新造车上使用 G1 型缓冲器，25T 提速客车上全部使用图 5-2-20（g）所示的弹性胶泥缓冲器。

（a）MT-2 型　　　　　（b）MT-3 型　　　　　（c）ST 型

（d）MX-1 型　　　　　（e）HM-1 型　　　　　（f）G1 型　　　　　（g）KC15 型

图 5-2-20　各类缓冲器

四、车辆制动装置

列车上能够实现制动作用和缓解作用的装置称为列车制动装置，包括机车制动装置和车辆制动装置。车辆制动装置是列车制动装置的基本单元，能够实现车辆的制动作用和缓解作用。车辆制动装置包括：空气制动机（快速旅客列车配装电空制动机）、手制动机、基础制动装置三部分。

（一）空气制动机

空气制动机是指车辆制动装置中利用压缩空气作为制动力来源，以制动主管的空气压力变化来控制分配阀（控制阀）产生动作，实现制动和缓解作用的装置。

1. 空气制动机的组成

空气制动机的部件，一部分装在机车上，另一部分装在车辆上，如图 5-2-21 所示。

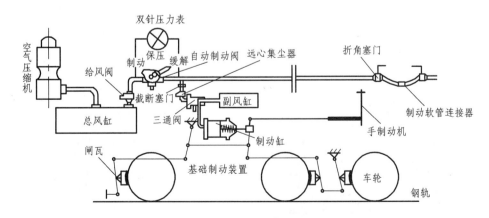

图 5-2-21　列车空气制动系统的组成

(1) 机车上的设备

机车上的设备包括空气压缩机、总风缸、制动阀等。空气压缩机产生的压缩空气储存在总风缸内。列车中车辆的制动与缓解作用由机车司机操纵制动阀来实现。

(2) 车辆上的设备

1）制动管

制动管包括制动主管、制动支管和制动软管。

制动主管安装在车底架下面，它贯通全车，是传递压缩空气的管路。司机通过机车上的自动制动阀（大阀）来操纵此管中的空气压力变化，从而控制全列车各制动机产生应有的动作。它的两端装有折角塞门，塞门上装有制动软管，并用软管连接器与邻车的软管相连，如图 5-2-22 所示。制动软管能在列车通过曲线或各车辆间距变化时保证压缩空气的畅通。制动支管用 T 形接头连接于制动主管。

图 5-2-22　制动软管实物图

 资料袋

制动软管的使用注意事项

1. 制动软管分解时，制动软管总成应完全分解，否则在车辆强行拉扯下，会损伤制动软管骨架层，最后会产生爆破。

2. 列车头部和列车尾部软管不允许大于等于 90° 折弯和自然垂直使用，必须对连接器端进行固定，否则会使软管发生脱层、内胶磨损或骨架层发生疲劳断裂。

2）折角塞门

折角塞门安装在制动主管的两端，用以开通或关闭主管与软管之间的通路，便于关闭空气通路和安全摘挂机车、车辆。折角塞门如图 5-2-23 所示。

图 5-2-23　折角塞门

3）截断塞门

截断塞门安装在制动支管上的远心集尘器的前方，当列车中的车辆因装载货物的特殊情况或者列车检修作业需要停止该车辆制动机的作用时，关闭该车的截断塞门，切断车辆制动机与制动主管的压缩空气通路，同时排出副风缸和制动缸的压缩空气，使制动机缓解，以便于检修人员的安全操作。截断塞门如图5-2-24所示。

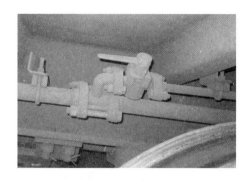

图5-2-24　截断塞门

4）远心集尘器

远心集尘器安装在制动支管上的截断塞门与三通阀之间，用于清除制动主管的压缩空气带来的沙土、水分、锈垢等不洁物质，以保证压缩空气的清洁。

5）三通阀（分配阀或控制阀）

三通阀是车辆制动机中最重要的部件。它连接制动支管、副风缸和制动缸，用来控制压缩空气的通路，使制动机起制动或缓解的作用。

6）副风缸

副风缸用于缓解位储存压力空气，作为制动时制动缸的动力源。

7）制动缸

制动缸的作用是将压缩空气的压力转化为机械部件的推力。通过分配阀或三通阀的作用，制动缸接收副风缸送来的压缩空气，将制动缸活塞向外推出，变空气压力为机械推力，从而使基础制动装置动作，最后使闸瓦压紧车轮或制动盘，产生制动作用。制动缸如图5-2-25所示。

图5-2-25　制动缸

8）空重车调整装置

在大型车辆上，如果不论空重状态都施加同样大小的制动力，对空车来说就太大，容易损坏车辆。用空重车调整装置来控制降压风缸与制动缸的通路，可以达到调整制动力的目的。空重车调整装置包括空重车转换手柄和空重车转换塞门。

2. 空气制动机的工作原理

空气制动机的工作原理如图5-2-26所示。

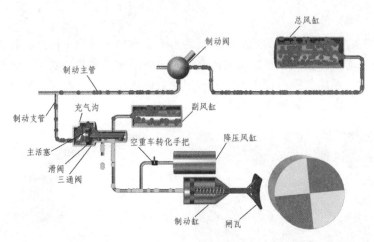

图 5-2-26 自动空气制动机的工作原理

(1) 增压（充气）缓解作用

当制动阀手柄置于缓解位时，总风缸的压缩空气经制动阀进入列车管（充风增压），并进入三通阀，将其中的（主）活塞推至右极端（缓解位）并经三通阀活塞套上部的"充气沟"进入副风缸，此时，制动缸经三通阀（缓解槽和排气孔）通入大气，如果制动缸原来在制动状态则可得到缓解。

(2)（减压）制动作用

当制动阀手柄置于制动位时，列车管经制动阀通入大气（排风减压），副风缸的气压将三通阀（主）活塞推向左极端（制动位），从而打开了三通阀上通往制动缸的孔路，使副风缸的压缩空气通往制动缸，产生制动作用。

3. 电空制动机

电空制动机是电控空气制动机的简称，是在空气制动机的基础上加装电磁阀等电气控制部件组成的。其特点是制动作用的操纵用"电"来控制，但制动作用原动力还是压力空气。而且，在制动机的电控因故失灵时，它仍可实行"气控"（压缩空气控制），临时变成空气制动机。

（二）人力制动机

在每节车辆的一位端，都装有一套人力制动机，可通过人力来使单节车辆或车组减速或停车。人力制动机具有以下功能：① 调车作业时，用于调速；② 列车在途中运行产生坡停时，用于制动；③ 当车辆停在站线上时，防止溜逸。

我国铁路货车的人力制动机大多是固定链条式手制动机，如图 5-2-27 所示。新型货车人力制动机主要有 FSW 型手制动机、NSW 型手制动机（如图 5-2-28 所示）和脚踏式制动机（如图 5-2-29 所示）。客车手制动机主要有螺旋拉杆式和蜗轮蜗杆式两种。

图 5-2-27 链条式手制动机

（三）基础制动装置

基础制动装置安装在转向架上，是利用杠杆原理，将空气制动机或手制动机产生的力量扩大适当倍数，再均衡地向各个闸瓦或闸片传力的装置。客车多为双瓦式，货车多为单瓦式。

图 5-2-28　NSW 型手制动机

图 5-2-29　脚踏式制动机

五、车辆内部设备

车辆内部设备是一些能良好地为运输对象服务而设于车体内的固定附属装置，如客车上的座席、卧铺、照明、给水、取暖、通风、空调、行李架等。货车由于类型不同，内部设备也千差万别，一般来说比客车简单。

【任务单】

请利用本任务所学知识完成下列题目：

1. 车体的主要作用是什么？

2. 转向架由哪几部分组成？

3. 怎么分辨车钩的三态？

4. 车辆制动装置由哪几部分组成？

5. 右图所示为铁路车辆结构组成中很重要的部分，图中像"杠铃"的结构在铁路车辆中叫什么呢？

【课　业】

学生每 5～6 人一组，在网络上（铁道论坛-专业技术交流-机车车辆）搜集铁路车辆的相关资料，扩充知识面，并用图片和视频表达出来。每组提交一份 PPT 并分组汇报。

任务三　认知铁路车辆的运用与检修

【任务描述】

铁路车辆的数量十分庞大，运用条件也很复杂，在运行中不可避免地会发生各种损伤，如磨耗、裂纹、折损、变形、松弛及腐蚀等损伤。因此，为了保证铁路客货运输工作安全、不间断地运行，就要定期开展对车辆的运用检修工作。

本任务主要介绍了车辆运用与检修的工作内容。通过本任务的学习，使学生能认识到车辆运用检修工作对铁路运输安全的重要性。

【知识准备】

铁路车辆在运用中不可避免地会发生磨耗、裂纹、折损、变形、松弛及腐蚀等损伤。随着损伤的发生和发展，会降低车辆的运用性能，直至不能继续使用。车辆运用检修工作的中心任务是：及时发现和消除车辆零部件在运用中产生的不良状态，以恢复其正常的运用性能，保证铁路客货运输工作不间断、安全地进行。

一、车辆运用

（一）车辆运用管理工作

车辆运用管理工作是铁路运输组织的重要组成部分。加强车辆运用管理，对提高车辆检修质量，降低运营成本，加速车辆周转，保证行车安全，优质、高效地完成铁路运输任务具有重要意义。

车辆运用维修工作实行"国铁集团—铁路局—车辆段"大三级和"车辆段—运用车间—班组（作业场）"小三级管理。

（二）车辆的主要运用技术指标

1. 现在货车

现在货车是指每日 18:00 时管内现有的全部货车。

运用货车：参加铁路运输生产的一切空、重货车，统称为运用货车。

非运用货车：不参加铁路运输生产的非生产性货车和企业自备车、租用的空货车，统称为非运用货车。

2. 现在客车

现在客车是指每日 18:00 时管内现有的全部客车。

运用客车：凡是办理旅客营运的客车，统称为运用客车。

非运用客车：凡是不办理旅客营运的客车以及技术状态不良、不能编挂于列车中运行的客车，均为非运用客车。

3. 车辆保有量

货车保有量：每个铁路局都需要保有一定数量的运用货车，才能完成所承担的运输任务。因此，国铁集团在每月编制运输计划时，分配给各铁路局一定的运用货车保有量。同样，各铁路局也分配给所属各车站一定的运用货车保有量。

客车保有量：由国铁集团分别配属给各铁路局的客车数量，称为客车保有量。

二、车辆检修

目前我国铁路车辆的检修制度是以计划预防修为主、状态修为辅的检修制度，即在计划预防修的前提下，逐步扩大实施状态修、换件修和主要零部件的专业化集中修。

计划预防性检修制度分为定期检修和日常维修两大类。

（一）车辆定期检修

1. 普通客货车定期检修

我国客车的定期检修修程分为厂修、段修和辅修三级修程，货车现采用的定期检修修程分为厂修、段修、辅修和轴检四级修程。

厂修一般在车辆工厂内施行。按规定应对车辆的各部分装置进行全面的分解检查、彻底修理，并进行必要的技术改造工作。经过厂修，车辆各部分装置得到全面恢复，使之与新造车基本上接近。修完后涂打厂修标记。

段修在车辆段施行。段修的主要任务是分解检查车辆的转向架、车钩缓冲装置及制动装置等部件，检查并修理车辆（包括车体及其附属装置）的故障。修完后涂打段修标记。

辅修主要是对制动装置和轴箱油润部分施行检修，并对其他部分做辅助性修理，做到螺栓紧固、配件齐全、作用良好。修完后涂打辅修标记。

货车滑动轴承轴检的主要目的是保持轴箱油润的良好状态，防止车辆燃轴。修完后涂打轴检标记。

2. 快速客车定期检修

从 2002 年 1 月 1 日开始，速度为 160 km/h 的 25K 型及其他速度为 160 km/h 的客车按走行公里检修，修程分为四级：A1、A2、A3、A4。

A1（安全检修）：运行里程达（20±2）万公里或运行不足 20 万公里，但距上次 A1 级以上修程时间超过 1 年者。

A2（40 万公里段修）：运行里程达（40±10）万公里或运行不足 40 万公里，但距上次 A2 级以上各修程时间超过 2 年者。

A3（80 万公里段修）：运行里程达（80±10）万公里或运行不足 80 万公里，但已做过一次 A2 级段修且距上次 A2 级修程超过 2 年者。

A4（大修）：运行里程达（240±40）万公里或运行不足 240 万公里，但距新造或上次 A4 级修程超过 10 年者。

新版铁路客车检修周期从 2014 年年底开始实施，取代了铁路客车四修程检修周期。

A1——辅修：运行（30±3）万公里或距上次 A1 级以上各修程时间超过 1 年。

A2——小段修：运行（60±6）万公里或距上次 A2 级以上各修程时间超过 2 年。

A3——大段修：运行（120±12）万公里或距上次 A2 级以上各修程时间超过 2 年（不常用客车为 2.5 年）。

A4——小厂修：运行（240±24）万公里或距上次新造及大厂修时间，常用客车为 8 年，不常用客车为 10 年。

A5——大厂修：运行（480±24）万公里或距上次 A4 级修程时间，常用客车为 8 年，不常用客车为 10 年。

（二）车辆日常维修

日常维修又称运用维修（日常保养），其基本任务是保证在运用中的车辆具有良好的技术状态，及时发现和处理车辆中发生的一切故障，以保证行车安全。

1. 货车日常维修

货车日常维修，包括技术检查和故障修理两个方面。技术检查是对货车的技术状态进行检查，以便发现故障。根据作业场地和列车性质的不同，列车技术检查又可分为到达检查、始发检查和直通中转检查。对所发现的故障，应及时进行摘车修理或不摘车修理。

货车的日常维修在铁路沿线的列车检修所（简称列检所）和站修所进行。

2. 客车日常维修

客车日常维修由客车整备所（简称库列检）或客车技术检查站（简称客技站）、乘务检车员和客车列检所（简称客列检）三方共同完成。

(1) 客车整备所

客车整备所（库列检）负责对返回客车整备所的列车进行技术检查、日常维修和定期检修，进行清扫、消毒、整备（上煤、上水）等作业，使之保持良好的技术状态，达到出库质量要求标准，然后交给乘务检车员。

(2) 乘务检车员

乘务检车员实行固定人员、固定车组的包乘制，任务是随车巡视，并对规定的检修范围实行包检、保修，保证旅客列车安全运行到终点站。如中途遇到不能完成的不摘车修故障时，应预报前方客车列检所。

(3) 客车列检所

客车列检所的任务是对旅客列车进行技术检查，并配合乘务检车员进行检修，保证列车安全、正点运行到下一个客车整备所。

三、铁路货车管理信息化和"5T"安全防范系统

我国铁路部门积极推进货车信息化建设，开发出了运用货车技术管理信息系统（HMIS）。从货车制造源头开始，到检修、运用的全过程，全面纳入信息化管理，并通过货车车号自动识别系统（AEI），实现全程实时追踪，形成了货车技术信息"网络传输、全面覆盖、信息共享、全程跟踪"的现代化管理体系，为货车管理现代化搭建了新的技术平台，同时为运输指挥现代化提供了技术支持，使我国成为世界上少数几个能够利用信息技术组织和管理货车运输的国家。

在铁路货车安全防范手段创新方面，我国自主研发了货车"5T"安全防范系统，即红外线轴温探测系统（THDS）、货车运行状态地面安全监测系统（TPDS）、货车运行故障动态检测系统（TFDS）、货车滚动轴承早期故障轨边声学诊断系统（TADS）和客车运行安全监控系统（TCDS）。近年来，又按照"分散检测、集中报警、网络监控、信息共享"的基本要求，整合"5T"系统监测信息，依靠红外线、声呐、摄像、传感等先进技术，对货车进行全天候不停车检查，实现了运行货车技术状态动态监测，全面提高了铁路运输安全保障能力。

"5T"检测系统包括THDS、TPDS、TFDS、TADS、TCDS。

"5T"检测系统利用计算机、数字摄像、声学、光学等先进的技术设备，使检车员从传统的室外体力检车劳作转为在室内观察检测系统计算机显示的车辆各部位技术状态，不仅免除了车辆检车员的体力劳作，更重要的是列车一旦停车，一切检测结果就会出来，大大提高了检车效率，并且无人为的因素，准确率高。

(一) 红外线轴温探测系统（THDS）

利用轨边红外线探头，对通过车辆的每个轴承温度实时检测，并将检测信息实时上传到路局车辆安全监控中心，通过配套故障智能跟踪装置，实现车次、车号跟踪及热轴货车车号的精确预报，对热轴车辆进行跟踪报警，重点防范热切轴事故。THDS实现了联网运行，每个探测站对过往车辆和轴温探测信息能直观显示，实现跟踪报警。

(二) 货车运行故障动态检测系统（TFDS）

利用轨边高速摄像头，对运行货车进行动态检测，及时发现货车运行故障，重点检测货车走行部、制动梁、悬吊件、枕簧、大部件、钩缓等关键部位，重点防范制动梁脱落事故，防范

摇枕、侧架、钩缓大部件裂损、折断以及枕簧丢失和窜出等危及行车安全的隐患。

（三）货车运行状态地面安全监测系统（TPDS）

利用轨道测试平台，对车辆安全指标进行动态检测，重点检测货车运行安全指标——脱轨系数、轮重减载率，并检测是否存在车轮踏面擦伤、剥离以及货物超载、偏载等危及行车安全的情况。重点防范货车脱轨事故，防范车轮踏面擦伤、剥离，防范货物超载、偏载等安全隐患。TPDS 加大了货车运行安全监控力度，实现了货车运行安全质量互控。

（四）货车滚动轴承早期故障轨边声学诊断系统（TADS）

采用声学技术及计算机技术，利用轨边噪声采集阵列，实时采集运行货车滚动轴承噪声，通过数据分析，及早发现轴承早期故障；重点检测货车滚动轴承内外圈滚道、滚子等故障；安全防范关口前移；在发生热轴故障之前，对轴承故障进行早期预报，与红外线轴温探测系统互补，防止切轴事故发生，确保行车安全。

（五）客车运行安全监控系统（TCDS）

通过车载系统对客车运行关键部件进行实时监测和诊断，通过无线、有线网络，将监控信息向地面传输、汇总，形成实时客车安全监控运行图，使各级车辆管理部门及时掌控客车运行及安全情况，重点检测速度 160 km/h 及以上客车的轴温及制动系统、转向架的安全指标，火灾报警系统、客车供电系统、电器及空调系统的运行安全状况，防范客车热轴事故，防范火灾事故，防范走行部、制动部、供电、电器及空调故障。

随着"5T"检测系统的大面积推广使用，只要每 500 km 左右建立一个大型的车辆检修基地，每 250 km 左右建立一个"5T"车辆运行安全监控站，从减少检车人员、提高检测准确率、缩短检测时间等方面来看，均大大有利于加速车辆周转时间、提高铁路运输能力，进而提高铁路运输经济效益。

【任务单】

请利用本任务所学知识完成下列题目：

1. 什么是现在客车？
2. 计划预防修有什么优缺点？
3. 货车有几个修程？
4. 货车"5T"安全防范系统由哪几个系统组成？

【课　业】

学生每 5~6 人一组，完成以下课业后，每组提交一份 PPT 并分组汇报。

1. 定期检修标志如何表达？在网络上搜集资料（铁道论坛-专业技术交流-机车车辆）并用图片表达出来。

2. 日常维修的过程是怎样的？在网络上搜集资料并用图片表达出来。

项目六　认知铁路机车

【知识目标】

1. 认知铁路机车的分类和型号；
2. 掌握铁路机车轴列式；
3. 掌握内燃机车和电力机车的工作原理；
4. 认知机车新技术；
5. 掌握机车检修制度和机车运转制度。

【能力目标】

1. 能识别常见的铁路机车；
2. 能正确区分机车类型以及各自特点；
3. 能识别电力机车电气部分的主要器件；
4. 能正确区分各种机车运转制度。

【项目导入】

项目学习引导书

本项目的学习任务是了解铁路机车的种类，并能正确识别；对常见的内燃机车和电力机车的工作原理有初步的了解；具备一定的专业知识，能认知电力机车的主要电气部件；对铁路机车的发展方向和机车新技术有所了解；能正确识别各种机车运转制度，对机车的检修工作有一定的了解。

在理论学习与实践练习中，逐步掌握本项目的所有技能，包括相关的背景知识。为了达到更好的学习效果，并最终独立完成任务，必须在准备阶段多渠道、全方位地了解相关知识，更重要的是能够独立思考，而不是简单地看书、听讲、完成任务。

请始终独立处理信息并借助相应的工作技巧，给文本标记、记录，制作并展示你的学习卡片等，这是长期保存知识信息的有效方法。

任务一　认知铁路机车的分类及型号

【任务描述】

铁路运输具有安全、迅速、经济、便利等优点，因此在运输市场上占有主体地位。而铁路机车是铁路运输的牵引动力。为了保证铁路各项运输工作的顺利进行，铁路部门必须保证拥有数量足够、牵引性能良好的机车，以完成运输生产任务。

通过本任务的学习，要求学员对机车有基本的了解。

【知识准备】

机车是铁路运输的牵引动力。由于铁路车辆不具备动力装置，需要把客车或货车连挂成车列，由机车牵引沿着钢轨运行。在车站上，车辆的转线以及货场取送车辆等各项调车作业也要由机车完成。因此，为了完成客、货列车的牵引和车站的调车工作，铁路必须保证有足够数量、牵引性能良好的机车；同时，还必须加强对机车的保养与检修工作，正确组织机车的合理运用等。

一、铁路机车的分类

(一) 按用途分类

1. 客运机车

客运机车是牵引客车车列的机车，需要有较高的运行速度和起动加速度，并能做长距离的运行，但牵引力不一定要很大。

2. 货运机车

货运机车是牵引货车车列的机车，必须有相当大的牵引力，并能做长距离的运行，但运行速度不必很高。

3. 客货通用机车（或通用机车）

客货通用机车的性能介于客运机车和货运机车之间。

4. 调车机车

调车机车是指车站内或编组站（场）内用于车列的解体和编组，如牵出、转线和车辆取送等作业的机车。这种机车起动和停车频繁，正向和反向行驶频繁，所以应有足够的黏着重力、牵引力、起动加速度，必要的功率和良好的换向性能，运行速度可更低些。

5. 工矿机车

工矿机车是担任采掘、冶金、石油、化工、森林等企业内部运输和工厂内部运输的机车。其功率一般比铁路干线用的机车小，速度要求也不高，但须有足够的牵引力。在某些特殊工厂运输用的机车还必须有防火、防爆等设施。

(二) 按动力装置分类

1. 热力机车

热力机车所装的原动机属于热机，如蒸汽机车、内燃机车等。这类机车都携带燃料，是自带能源的机车，能独立行驶。

蒸汽机车是通过蒸汽机把自带燃料的热能转换成机械能以牵引列车的一种机车，蒸汽机车的热效率太低，一般只有 9% 左右，而且煤、水消耗量很大，且对环境有较大的污染，因此在现代铁路运输中，蒸汽机车已被其他新型机车取代。

内燃机车是由柴油机、燃气轮机通过传动装置驱动的机车，也是自带能源的机车，是我国铁路机车的主要类型。

2. 电力机车

电力机车是以电能作为牵引动力的一种现代化交通运输工具。由于它的牵引动力是电能，所以又称电力牵引。它与蒸汽牵引和内燃牵引不同的地方，是电力机车本身不带能源，必须由外部供给电能。专门给电力机车供给电能的装置叫作牵引供电系统。电力机车就是通过车顶上装的受电弓从牵引供电系统上获得电能，由电动机通过传动装置驱动运行。

电力机车是我国铁路机车的重要类型，它具有功率大、短时过载能力强、运行速度高、加速快、牵引力大、没有排烟排气污染环境等优点，是未来机车发展的主要方向。

(三) 按走行装置形式分类

机车按走行部形式可分为车架式机车和转向架式机车两种。

1. 车架式机车

车架式机车采用连杆或万向轴成组驱动轮对，这种机车的走行部具有结构简单、造价低等优点，但由于曲线通过受限制，动轴数一般限于 3 根，所以这种形式的走行部仅用于小机车和调车机车。

2. 转向架式机车

转向架式机车的走行部与车辆的走行部相似，使用最为普遍。单节机车的转向架数一般为 2 台，也有 3 台甚至 4 台的，每台转向架的轴数为 2~4 根。其优点是固定轴距短，容易通过曲线，弹簧减振系统完善，利于高速运行且检修方便等。

此外，世界各国铁路在旅客运输，特别是在大城市郊区的旅客运输中，均大力发展动车组。动车组分为内燃车组和电动车组两种形式，可以采用两端为动力车、中间为拖车的方式，也可以是多辆动力车在动车组中分散布置的方式。由于动车组起动加速快、最高运行速度高，故头部需要较好地流线化，车辆连接采用密接式车钩。

(四) 按传动模式分类

铁路机车按传动模式可以分为直流传动、交流传动和液力传动式机车。目前我国机车的主流传动方式是交流传动方式。

二、机车的型号与轴列式

(一) 机车的型号表示

一般用汉字表示机车的类型，例如用"东风"表示电传动内燃机车，用"东方红"表示液力传动内燃机车；也可以用汉语拼音字母表示，如 DF 即为"东风"。进口内燃机车类型用汉语拼音字母"ND"和"NY"表示，其中 N 表示内燃机，D 表示电传动，Y 表示液力传动。在汉字或拼音字母右下角的数字，则表示该型机车投入运用的序号。

用汉字"韶山"表示国产电力机车，也可用汉语拼音字母表示，SS 即为"韶山"。在汉字或拼音字母右下角的数字，则表示该型机车投入运用的序号，如 SS_1、SS_4 等。

和谐型电力机车（HXD）是近年来引进国外技术在中国设计制造的交流传动重载货运电力机车。HXD 后面的数字代表该型机车的制造公司，数字不同表示制造公司不同，如 HXD1 为中车集团株洲电力机车公司制造，HXD2 为中车集团大同机车公司制造。

和谐型内燃机车（HXN）也是近年来引进国外技术在中国设计制造的交流传动重载货运内燃机车。HXN 后面的数字代表该型机车的制造公司，数字不同表示制造公司不同，如 HXN3 为中车集团大连车辆公司制造，HXN5 为中车集团戚墅堰机车公司制造。

和谐号高速动车组用 CRH（中国高速铁路的英语缩写）表示，CRH 右下角的数字代表该型动车组的制造公司，数字不同表示制造公司不同，如 CRH_2 为中车集团四方机车车辆公司制造的动车组，CRH_3 为中车集团唐山机车车辆公司制造的动车组。

(二) 机车的轴列式

轴列式是用数字或字母表示机车走行部结构特点的一种简单方式。

转向架式机车的轴列式表示规则为:以英文字母表示每台转向架的动轴数,如 A 即 1、B 即 2、C 即 3、D 即 4 等;注脚 "0" 表示每一动轴为单独驱动,无注脚表示动轴为成组驱动,之间的 "–" 表示转向架之间无直接机械连接。如果三轴转向架内中间轴为非动轴,两端轴为动轴,则该转向架的轴列式为 A1A,该机车的轴列式为 A1A-A1A,其中字母 A 表示一根动轴,数字 1 表示一根非动轴。例如,图 6-2-1 所示的 DF_{11} 型电传动内燃机车的轴列式为 C_0-C_0,表示该机车有两台三轴转向架,单独驱动。

【任务单】

请利用本任务所学知识完成下列题目:

1. 总结我国的机车型号有哪几类,并举例说出 5 种机车型号。
2. 铁路机车按动力装置可分成哪几类,各有什么特点?
3. 请说出轴列式 C_0-C_0 表示什么意义。

【课 业】

学生每 5~6 人一组,完成以下课业后,每组提交一份 PPT 并分组汇报。

1. 详细讲述轴列式 $2C_0$-C_0 所表示的含义,并用图文结构表达。
2. 登录铁道论坛网等相关网站查询资料,用图片形式总结我国的机车型号都有哪些?

任务二 认知内燃机车

【任务描述】

铁路机车按动力产生方式可以分为内燃机车和电力机车 (目前蒸汽机车基本上已经淘汰)。内燃机车主要从事调车作业和一些非电气化线路的干线牵引任务。

通过本任务的学习,要求学生对内燃机车有基本认知。

【知识准备】

1905 年,美国通用电气公司 (GE) 研制出了第一台内燃机车,采用一台英制 103 kW 的汽油机驱动直流发电机,供给车轴上的直流电动机。1910 年,第一台柴油机内燃机车问世,由美国 GE 公司制造。1923 年,德国人海尔曼·费廷格尔和克鲁肯贝格制造出了世界上第一台液力传动内燃机车。1924 年,第一台干线内燃机车在苏联问世,最高速度达 50 km/h。1925 年,美国制造出了第一台正式在铁路上使用的调车机车。1984 年,美国在 GM60 系列和 GEDaSh8x 系列机车上开始大量运用计算机控制,开启了内燃机车的计算机时代。

我国铁路经历了早期研制、定型生产、自主开发、采用先进技术开发新型内燃机车四个阶段。现在正在研发第四代内燃机车,第四代内燃机车采用计算机控制、交流传动、柴油机电子喷射等世界先进技术。

一、内燃机车的特点和种类

（一）内燃机车的特点

内燃机车有以下特点：

① 热效率高、能耗低。内燃机车的热效率可达到 30%～35.5%，它可以经济地利用石油资源。

② 水的消耗少。内燃机车用的冷却水是循环使用的，消耗很少。

③ 投资少。电力牵引必须组建牵引供电系统，这使得电力牵引比内燃牵引总投资高出 1.45～2.55 倍。

此外，内燃机车还具有乘务条件好、牵引性能好、起动加速快、具有可靠的电气制动等优点。

（二）内燃机车的种类

内燃机车按用途可分为干线内燃机车、调车内燃机车和内燃动车组；按传动方式可分为电力传动、液力传动两种类型。电力传动内燃机车如果采用直流发电机和直流牵引电动机，就称为直-直流电传动内燃机车；如果采用交流发电机和直流牵引电动机，则称为交-直流电传动内燃机车，后者在技术、经济指标上要比前者先进一些。此外，还有一种更为先进的电传动方式，即采用交流发电机和交流牵引电动机的交流电力传动，按可控硅变频方式，可分为交-直-交和交-交两种形式，这种传动方式可以提高单节机车的功率，防止机车动轮打滑，是内燃机车发展的方向。

我国内燃机车主要包括"东风"系列、"东方红"系列、"北京"型液力传动机车、"ND"和"NY"系列以及新型的"和谐"系列等类型。它们的主要性能参数见表 6-2-1。目前国产内燃机车的主要车型为东风系列（DF）内燃机车，如图 6-2-1 所示。

DF₁₁型内燃机车

DF₇型内燃机车

HXN3 型内燃机车

HXN5B 型内燃机车

图 6-2-1　我国部分型号的内燃机车

表 6-2-1　我国内燃机车的主要性能参数

机车型号	东风2	东风4	东风4B	东风4D	东风8	东风8B	东风11	东方红5	北京	ND2	ND5	NY5	HXN3	HXN5
制造厂名或国名	戚墅堰	大连、资阳	大连、资阳、大同	大连	戚墅堰	戚墅堰	戚墅堰	资阳	二七	罗马尼亚	美国	德国	大连	戚墅堰
用途	调车	客、货	客、货	客、货	货运	货运	客运	调车、小运转	客运	客运	货运	客、货	货运	客、货运
传动方式	电力(直-直)	电力(交-直)	电力(交-直)	电力(交-直)	电力(交-直)	电力(交-直)	电力(交-直)	液力	液力	电力(直-直)	电力(交-直)	液力	电力(交-直-交)	电力(交-直-交)
轴列式	Co-Co	Co-Co	Co-Co	Co-Co	Co-Co	Co-Co	Co-Co	C-C	B-B	Co-Co	Co-Co	C-C	Co-Co	Co-Co
柴油机 型号	6L207E	16V240ZJA	16V240ZJB	16V240ZJD	16V280ZJ	16V280ZJA	16V280ZJA	12V180ZJ	12V240ZJ	12LDS28B	7FDL-16	12V240ZJ-1	16V265H	GEVO-16
柴油机 数量	1	1	1	1	1	1	1	1	1	1	1	1	1	1
柴油机 标定功率/kW	795	2 650	2 650	3 240	3 680	3 860	3 680	920	1 990	1 690	2 940	1 620	4 660	4 660
柴油机 标定转速/(r/min)	850	1 100	1 000	1 000	1 000	1 000	1 000	1 500	1 100	750	1 000	1 000	1 000	1 050
柴油机 燃油消耗率 g/(kW·h)	238	217	217	≤214	218	208+7	208	≤238	211	228	201	211	194	200
最大速度/(km/h)	95	客120 货100	客120 货100	客145 货100	100	100	170	调车40 小运转80	120	120	118	客160 货120	120	120
通过最小曲线半径/m	80	145	145	145	145	145	145	90	125	100	85	125	145	145
机车全长/m	16.340	21.100	21.100	21.100	22.000	22.000	21.205	14.900	16.505	17.400	19.935	22.960	22.250	22.295
燃油装载量/L	4 000	9 000	9 000	9 000	8 500	9 000	6 000	2 750	5 500	4 690	9 900	7 700	9 000	9 000
机车运转整备重量/t	113	138	138	138	138	138(不加压线) 150(加压线)	138	92	92	118	138	130	150	150
司机室数/个	1	2	2	2	2	2	2	1	2	2	2(个)	2	2	2

二、内燃机车的基本构造及工作原理

内燃机车的工作原理是：内燃机车的原始动力来源于柴油机，燃料在气缸内燃烧，所产生的高温高压气体在气缸内膨胀，推动活塞往复运动，连杆带动曲轴旋转对外做功，使燃料的热能转化为机械能；柴油机发出的动力传输给传动装置，通过对柴油机、传动装置的控制和调节，将适应机车运行工况的输出转速和转矩送到每个车轴齿轮箱去驱动机车动轮，机车动轮产生的轮周牵引力传递到车架，由车架端部的车钩变为挽钩牵引力来拖动或推送车辆。

内燃机车一般由柴油机、传动装置、车体、转向架、车钩缓冲装置、制动装置和辅助装置等组成。图 6-2-2 所示为电传动内燃机车的结构示意图。

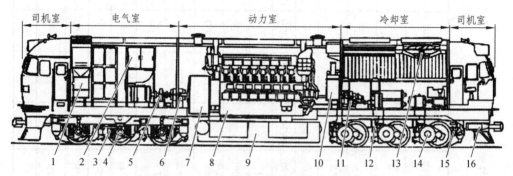

图 6-2-2　电传动机车的结构示意图

1—电阻制动装置；2—硅整流柜；3—牵引装置；4—走行部；5—起动变速箱；6—励磁机；
7—主发电机；8—柴油机；9—燃油箱；10—预热锅炉；11—静液压变速箱；
12—电机悬挂系统；13—冷却风扇；14—牵引电动机；
15—基础制动装置；16—车钩缓冲装置

（一）柴油机

柴油机是内燃机车的动力装置。柴油机将气缸内的柴油燃烧产生的热能转变为由柴油机曲轴输出的机械能。柴油机的每一次工作循环就是一次能量转换过程，包括进气、压缩、燃烧膨胀、排气四个过程，如图 6-2-3 所示。

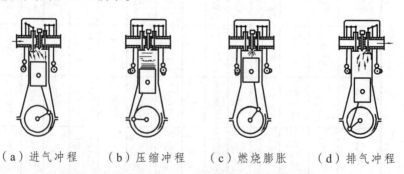

（a）进气冲程　　（b）压缩冲程　　（c）燃烧膨胀　　（d）排气冲程

图 6-2-3　单缸四冲程柴油机工作循环示意图

（二）传动装置

传动装置是为了将柴油机的功率传到动轴上去驱动车轮而设置的装置。柴油机的扭矩-转速特性和机车的牵引力-速度特性完全不同，不能用柴油机来直接驱动机车动轮，因此，内燃机车必须加装传动装置来满足机车的牵引要求。

常用的传动方式有机械传动、液力传动和电力传动。

1．机械传动

该方式的原理是：在柴油机与轮对之间设置离合器、变速箱，利用变速箱改变柴油机曲轴与轮对间的传动比来调节机车的牵引力和运行速度。因其功率受到限制，目前在铁路内燃机车中不再采用该方式。

2．液力传动

液力传动装置主要由液力传动箱、车轴齿轮箱、万向轴等组成。液力变扭器（又称变矩器）是液力传动机车最重要的传动元件，由泵轮、涡轮、导向轮组成。

液力传动的原理是：由柴油机驱动液力传动装置的变扭器泵轮，将机械能转变成液体的动能，再经变扭器的涡轮转换成机械能，然后经万向轴、车轴齿轮箱等部件传递至车轮，以满足机车的牵引要求。液力传动方式操纵简单、可靠，特别适用于多风沙和多雨的地带。这种机车可省大量钢材，但传动效率比电力传动低，因此液力传动内燃机车的牵引功率较小。目前，各国铁路机车已广泛采用电力传动。

3．电力传动

电力传动即柴油机带动发电机发电，再供给牵引电动机驱动轮对运转。电力传动可以分为三种：

① 直-直电力传动：牵引发电机和电动机均为直流电机，柴油机带动直流牵引发电机，将直流电直接供给各牵引直流电动机去驱动机车动轮。

② 交-直电力传动：柴油机带动三相交流同步发电机，发出的三相交流电经过大功率半导体整流装置变为直流电，供给直流牵引电动机去驱动机车动轮。

③ 交-交电力传动：分为交-直-交电力传动和交-交电力传动两种型式。

·交-直-交电力传动：发动机带动三相同步交流牵引发电机，发出的交流电通过整流器到达直流中间回路，直流中间回路中恒定的直流电压通过逆变器调节其振幅和频率，再将直流电逆变成三相变频调压交流电压，供给交流牵引电动机去驱动机车动轮。目前这种型式的电力传动机车应用最为广泛。

·交-交电力传动：发动机带动三相同步交流牵引发电机，发出的交流电送给变频装置直接变为三相变频交流电，供给交流牵引电动机去驱动机车动轮。

（三）车体

车体是车架上部的外壳，是内燃机车的骨架，是安装柴油机及其辅助设备的基础，起到保护机车上的人员和机器设备不受风、沙、雨雪的侵袭和防寒的作用。另外，车体还是传力的重要部件。对于高速内燃机车，其车体头部还需设计成流线型。

车体按其承受的载荷情况，分为整体承载式和非整体承载车体。现代大功率机车往往把车体侧壁、司机室、底架等组焊在一起，成为一个整体承载的结构。

（四）机车转向架

1．机车转向架的作用

机车转向架的作用是：① 承受车架以上各部分的重量，包括车体、车架、动力装置以及辅助装置等，在保证必要的黏着前提下，将轮轨接触处产生的轮轴牵引力传递给车架和车钩，牵引车列前进；② 产生必要的制动力，以便使机车在规定的制动距离内停车；③ 缓和来自线路不平顺的冲击和隔离振动，保证机车沿轨道运行并顺利通过曲线。

2．机车转向架的基本组成

机车转向架的基本构成如图 6-2-4 所示。

① 构架：转向架的骨架，承受和传递垂向力及水平力。

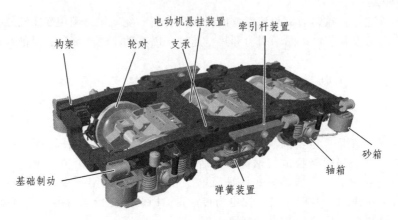

图 6-2-4   DF₄内燃机车转向架

② 弹簧装置：用来保证一定的轴重分配，缓和线路不平顺对机车的冲击并保证机车的运行平稳性。位于转向架构架与轴箱之间的弹簧悬挂装置称为一系弹簧悬挂装置。随着机车速度的提高，一系弹簧悬挂装置已经不能满足机车高速运行的要求，所以在转向架构架与车体之间又设置了二系弹簧悬挂装置。

③ 车体与转向架间的连接装置：用来连接车体与转向架，并承受和传递它们之间的垂向力及水平力［包括纵向力（如牵引力或制动力）、横向力（如通过曲线时的横向作用力等）］，使转向架在机车通过曲线时能相对于车体回转。

④ 轮对和轴箱：轮对直接向钢轨传递机车重力，通过轮轨间的黏着产生牵引力或制动力，并通过轮对的回转实现机车在钢轨上的运行；轴箱是联系构架和轮对的活动关节，它除了保证轮对进行回转运动外，还能使轮对适应线路等条件，相对于构架上下、左右和前后活动。

⑤ 驱动机构：将机车动力装置的功率最后传递给轮对。电力传动机车的驱动机构由减速齿轮箱等组成；液力传动内燃机车的驱动机构由万向轴、车轴齿轮箱等组成。

⑥ 基础制动装置：由制动缸传来的力，经杠杆系统增大若干倍后传给闸瓦或闸片，使其紧压车轮或制动盘，对机车进行制动。

（五）制动装置

为了提供必要的制动力，在内燃机车上设有主要的制动装置，如空气制动装置（制动机）和电阻制动装置。此外，还有作为一种辅助制动装置的手制动机，以及作为制动机最终执行机构的基础制动装置。

1. 空气制动装置

空气制动是机车上的主要制动方式，空气制动装置主要由空气压缩机、总风缸、分配阀、制动缸、单独制动阀（即小闸）和自动制动阀（即大闸）等部件组成。当司机操纵小闸时，通过分配阀的作用能单独控制机车，使机车产生制动或缓解作用。当操纵大闸时，通过控制列车管压力的变化，使全列车产生制动或缓解作用。

2. 电阻制动装置

电阻制动是利用直流电机的可逆原理，在机车需要减速时，将机车转换为制动工况，此时牵引电动机转换为发电工况，并通过轮对将列车的动能变成电能，再通过制动电阻把电能转换为热能消耗掉，使机车速度降低而起制动作用。

电阻制动的特点是速度低时制动力小，速度高时制动力大。因此电阻制动特别适合于在长大下坡道上进行恒功率制动，不但安全性比较高，可以缩短运转时分，提高区间通过能力，还可以大大减小车轮和闸瓦的磨耗。而当进站停车速度降低到 15 km/h 以下时，电阻制动的制动力就很小了，因此必须和空气制动装置配合使用。

3. 辅助制动装置

在内燃机车每端的司机室内装有手制动机。当需要使用手制动时，转动手制动轮，就能使这一端转向架上的基础制动装置起制动作用。它一般用来防止机车在停放时的移动。

4. 基础制动装置

基础制动装置的作用是将制动缸的力经杠杆系统增大后传给闸瓦。基础制动装置可由若干制动单元组成。每一制动单元包括一个制动缸、一套杆件系统和闸瓦。制动缸内作用于活塞的压缩空气推力（或手制动装置手轮上的力）经过一系列的杠杆增大一定倍数后传给各个闸瓦，使闸瓦压紧轮箍，最后通过轮轨的黏着产生制动作用。

（六）辅助装置

内燃机车辅助装置的作用是：保证机车柴油机、传动装置、走行部与电气控制设备等的正常工作和可靠运行，以及保证乘务人员的正常工作条件。辅助装置主要包括：冷却系统、机油系统、燃油系统、压缩空气系统、通风装置、空气滤清系统、预热系统、辅助驱动装置、撒砂装置以及改善乘务员工作条件的各种设备。

1. 燃油系统

根据柴油机的运转工况，适时、定量地向气缸供给具有一定压力、清洁的柴油，并使柴油在气缸内良好地雾化，能够充分燃烧，保证柴油机的正常工作。

燃油系统一般包括低压输油系统和高压供油喷射系统。低压输油系统包括：燃油箱、燃油粗滤器、燃油输送泵（燃油泵）、燃油精滤器、燃油预热器、低压输油管及回油管等。高压供油喷射系统包括喷油泵、喷油器、高压油管等。

2. 冷却系统

柴油机工作时，与燃气直接接触的气缸、活塞等零部件受热强烈，如不适当冷却，会造成柴油机过热，使零部件强度降低、机油的物理化学性质改变、润滑条件恶化、摩擦和磨损加剧。所以，机车柴油机通常采用强制循环冷却水系统，以保证柴油机的主要零部件在适当的温度状态下工作，并保持较高的新鲜空气密度和机油的黏度与品质，保证柴油机能够高效持久地工作。

冷却水系统分为高温水系统和低温水系统，由水泵、散热器、冷却风扇和膨胀水箱等组成。

3. 机油系统

柴油机工作时，曲轴相对于轴瓦、活塞及活塞环相对于气缸壁等都要产生相对运动，在其相互接触的表面会产生摩擦。由于摩擦力的存在，不仅增加了柴油机的功率消耗和机件的磨损，而且摩擦时产生的高温也会导致机件摩擦表面烧损，配合间隙破坏，甚至咬死，严重时可造成机破事故。机油系统的任务是把清洁且具有一定压力和适当温度的机油输送到各运动零件的摩擦表面，使之具有良好的润滑条件，以提高柴油机的使用可靠性和耐久性。

4. 预热系统

内燃机车柴油机启动或停机时，对柴油机的机油、燃油及冷却水的温度都有一定要求。润滑油、冷却水温度过低，不仅使柴油机启动困难，而且运动零件磨损严重，燃油雾化不良，影响燃烧质量。在严寒季节机车停留时，预热系统可在柴油机启动前对柴油机的油、水进行预热，以保证柴油机能在规定的油、水温度下启动，或者在机车停留时间较长时使柴油机保持一定的油、水温度。预热系统由预热锅炉及预热水泵、相关管路等组成。

5. 空气滤清系统

我国内燃机车一般都采用外吸气式，即空气来源于车体的外部。内燃机车在铺有碎石路基的线路上运行时，进入机车内部的空气中含有灰尘等杂质，如果这些杂质随着空气进入增压器和柴油机的气缸内，就会造成活塞、缸套、气门等的异常磨损，进而降低柴油机的功率和使用寿命。内燃机车的空气滤清系统包括电机、电器等设备冷却用空气的滤清系统和柴油机燃烧用空气的滤清系统，其作用是为柴油机正常工作提供充足干净的新鲜空气。

6. 辅助驱动装置

内燃机车辅助驱动装置，采用机械传动、液压传动和交流电动机驱动 3 种形式。机车在满足起动条件时，即可启动柴油机，由蓄电池向起动发电机供电，通过机械传动装置带动柴油机启动；柴油机启动后通过机械传动直接驱动起动发电机、励磁机、测速及电机、通风机及液压传动的液压泵工作。

【任务单】

请利用本任务所学知识完成下列题目：
1. 简述内燃机车的特点。
2. 简述内燃机车的基本工作原理。
3. 内燃机车有哪些基本构造？

【课　业】

学生每 5~6 人一组，登录铁道论坛网等相关网站，了解我国各铁路局的情况，查询目前哪些铁路局应用内燃机车及其配属内燃机车的原因。每组提交一份 PPT 并分组汇报。

任务三　认知电力机车

【任务描述】

我国电力机车的研制始于 1958 年，和电气化铁路的建设同步，经过 60 多年的不懈努力，已经形成了 4、6、8 轴韶山型系列电力机车型谱，目前运营的有 SS_1、SS_3、SS_4、SS_6、SS_7、SS_8、SS_9 等交-直传动系列干线客货运电力机车。交流传动电力机车的研制和生产也取得了重大进展，截止到 2005 年，我国已经有自主研发生产的九方、澳星、天梭号、SSJ$_3$ 等交流传动电力机车问世并运行。另外，我国引进了先进的动车组技术并转入国产化设计和生产，对我国铁路重载、高速运输的发展起到了积极的推动作用。目前，电力机车在我国铁路机车中所占的比例越来越大，尤其是在重载运输中，几乎全部都采用电力机车。

通过本任务的学习，要求学生对电力机车有基本认知并了解电力机车的发展方向。

【知识准备】

1942 年，苏格兰人 R. 戴维森制造出了第一台标准轨距电力机车。1895 年，美国在巴尔的摩与俄亥俄州之间的 5.6 km 长的隧道区段上修建了直流电气化铁路。1903 年，德国的三相交流电力机车创造了 210 km/h 的高速纪录。1979 年，德国制造出了第一台 E120 型大功率、采用异步电动机驱动的交-直-交电力机车，开创了电力机车发展的新纪元。

我国最早使用电力机车是在 1914 年，是抚顺煤矿使用的 1 500 V 直流电力机车。1958 年 12 月 28 日，中国第一台干线铁路电力机车试制成功，命名为 6Y1 型。1966 年，由株洲电力机车厂与株洲电力机车研究所共同试制成功了 SS$_2$ 型机车，并先后研制出 SS$_3$、SS$_4$、SS$_5$、SS$_6$、SS$_7$、SS$_8$、SS$_9$ 型电力机车以及它们的派生型 SS$_{4B}$、SS$_{4C}$、SS$_{6B}$、SS$_{7B}$、SS$_{7C}$ 等。

从 20 世纪 70 年代末开始，我国铁路一直在进行中小功率变流机组的地面试验研究和大功率交-直-交电力机车的研制。1996 年 6 月，我国首台交流传动电力机车 AC4000 型电力机车研制成功。

2003 年以来，为适应我国国民经济的高速发展，遵循"引进、消化、吸收、再创新"的技术路线，我国多家电力机车制造企业分别与德国、美国、法国、日本等国外公司进行技术合作，通过技术转让、联合设计等方式，先后研制成功了 HXD1、HXD2、HXD3、HXD1B、HXD2B、HXD3B、HXD1C、HXN3、HXN5 等和谐系列交流传动机车。通过技术引进，我国电力机车制造企业成功掌握了机车总成、车体、转向架、牵引变压器、牵引变流器、网络控制系统、牵引电机、驱动装置、制动系统 9 大关键技术，以及受电弓、真空主短路器、高压（电压/电流）互感器、司机控制器、辅助设备/牵引电机通风机、空压机、机车空调、复合冷却塔、车钩缓冲器、车载卫生装置 10 项主要配套技术。2006 年以来，和谐型大功率交流传动 HXN3、HXN5 型内燃机车和 HXD 系列电力机车批量投入运营，标志着我国铁路机车成功实现了由交-直流传动向交流传动的转化。同时，我国还成功引进了先进的动车组技术并转入国产化设计和生产，对我国铁路重载、高速运输的发展起到了积极的推动作用，实现了铁路技术装备现代化的跨越式发展。

一、电力机车的特点和种类

电力机车是从接触网获取电能，通过变压器降压，用牵引电动机驱动的机车。

(一) 电力机车的特点

1. 优点

① 可广泛利用多种一次能源。电力机车的能源可以由热力、水力、天然气甚至地热、原子能、太阳能等转换而来，只要有相应的发电站，便可以利用相应的能量。

② 功率大。由于在电力机车上没有产生能量的装置，也没有燃料储备，因而在同样的机车重量下，其功率要比自给式机车大。机车按单位重量所具有的功率称为机车的比功率，这是衡量机车技术水平的一个标志。目前电力机车的比功率一般达到 40～60 kW/t。

③ 速度快。由于电力机车功率大，因而可以获得较高的速度。目前，客运电力机车的运行速度已达到 160～200 km/h，货运电力机车也达到 120～140 km/h，电力牵引的高速动车组运行速度已达到 300～400 km/h。

④ 效率高。电力机车本身的效率为 80%～85%。但考虑到整个电力牵引系统，其平均效率则不是固定的，它与供电系统的电能来源有关，在由水力发电站供电的情况下，电力牵引的效率可达到 60%～70%。

⑤ 过载能力强。机车在起动、牵引重载列车和通过困难区段时，具有一定的过载能力是十分重要的。对于能量非自给的电力机车，其能量是来自于强大的供电系统，因此机车的过载能力仅受牵引电机的限制，而牵引电机的过载能力是较高的。

⑥ 运输成本低。电力机车检修工作量小，维修周期长，每两次大修之间的运行里程数为蒸汽机车和内燃机车的 2 倍。由于电力机车运输能力的增加足以补偿电气化的初期投资，所以铁路电气化的长远经济效益好。

⑦ 司机劳动条件好，无烟气排放污染。电力机车不冒烟，不排废气，通过长大隧道时，乘务人员和旅客可免受烟气之苦，从而也为广大旅客创造了清洁的旅行条件。此外，电力机车可以将接触网电能再供给列车使用而不影响牵引功率，不用装设车下柴油发电机组，也不用发电车，提高了列车的舒适度和经济性。

⑧ 不受外界条件限制。在山区和高寒地区，电力机车的功率发挥得更好。

2. 缺点

① 对通信干扰较大，且必须组建牵引供电系统，因此初期修建费用较高。

② 电力机车本身没有动力源，电能来自外部的电缆，如遇自然灾害、战争等不可抗力引发断电就无法运行，甚至可能引发事故。

（二）电力机车的种类

电力机车从接触网上获取电能，接触网供给电力机车的电流有直流和交流两种。由于电流制式不同，所用的电力机车也不一样，基本上可以分为直-直流电力机车、交-直流电力机车、交-直-交流电力机车三类。

目前，我国电力机车的主要车型是和谐（HX）系列电力机车，如图 6-3-1 所示，该系列电力机车的主要技术参数见表 6-3-1。

图 6-3-1　和谐（HX）型电力机车

表 6-3-1　我国和谐系列电力机车的主要技术参数

主要技术参数	HXD1	HXD2	HXD1B	HXD2B	HXD3B	HXD3	HXD1C
制造厂商	中车株机	中车同车	中车株机	中车同车	中车连车	中车连车	中车株机
轴重/t	23(25)	23(25)	25	23(25)	25	23(25)	23(25)
轴式	$2(B_0-B_0)$	$2(B_0-B_0)$	C_0-C_0	C_0-C_0	C_0-C_0	C_0-C_0	C_0-C_0

续表

主要技术参数	HXD1	HXD2	HXD1B	HXD2B	HXD3B	HXD3	HXD1C
最大速度/(km/h)	120	120	120	120	120	120	120
牵引功率/kW	9 600	9 600	9 600	9 600	9 600	7 200	7 200
电制动功率/kW	9 600	9 600	9 600	9 600	9 600	7 200	7 200
起动牵引力/kN	700(760)	700(760)	570	584	570	520(570)	520(570)
持续牵引力/kN	494(532)	510(554)	422	454.7	493.7	370(400)	370(400)
最大电制动力/kN	461	470(510)	346	400	480	370(400)	370(400)
牵引恒功率速度范围/(km/h)	70～120(65～120)	70～120(65～120)	76～120	76～120	70～120	70～120(65～120)	70～120(65～120)
主传动系统	采用3 300 V/1 200 A IGBT元件架控模式	采用3 300 V/1 200 A IGBT元件轴控模式	采用6 500 V/600 A IGBT元件轴控模式	轴控模式	采用4 500 V/900 A IGBT元件轴控模式	采用4 500 V/900 A IGBT元件轴控模式	采用3 300 V/1 200 A IGBT元件轴控模式
辅助供电系统	采用集成在牵引变流器中的静止逆变器供电	采用独立的辅助变流器供电	采用集成在牵引变流器中的静止逆变器供电	采用独立的辅助变流器供电	采用集成在牵引变流器中的静止逆变器供电	采用独立的辅助变流器供电	采用独立的辅助变流器供电
基础制动装置	轮盘制动	踏面制动	轮盘制动	踏面制动	轮盘制动	轮盘制动	轮盘制动

二、电力机车的总体组成

电力机车由机械部分、电气部分和空气管路系统三部分组成，如图 6-3-2 所示。

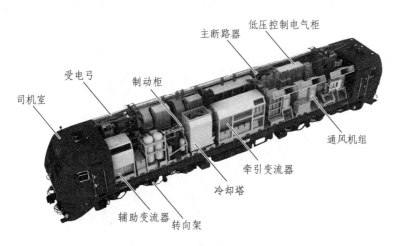

图 6-3-2　HXD1C 电力机车总体布置

(一) 机械部分

机械部分包括以下装置：

① 车体：用来安放各种设备，同时也是乘务人员的工作场所，它由底架、司机室、台架、侧墙和车顶等部分组成。

② 转向架：是承受车辆自重和载重、在钢轨上行走的部件，由构架、弹簧悬挂装置、基础制动装置、轮对和轴箱、齿轮传动装置和牵引电动机悬挂装置组成。

③ 车体与转向架连接装置：既是车体与转向架之间的连接装置，又是活动关节，同时又承担各个方向力的传递作用。

④ 车钩缓冲装置：其作用和结构与车辆的车钩缓冲装置相同。

(二) 电气部分

1. 电气部分的组成

电气部分是指机车上的各种电气设备及其连接导线，包括主电路、辅助电路、控制电路以及它们的保护系统。

① 主电路：是电力机车最重要的组成部分，它决定机车的基本性能，是电力机车上高电压大电流的动力回路。它由牵引电动机以及与之相连接的电气设备和导线共同组成。在主电路中流过全部的牵引负载电流，其电压为牵引电动机的工作电压或者接触网的电压。

② 控制电路：是由司机控制器和控制电器的传动线圈及联锁触头等组成的低压小功率电路。控制电路的作用是，使机车主电路和辅助电路中的各种电器按照一定的程序动作。

③ 辅助电路：是供电给电力机车上的各种辅助电机的电气回路。辅助电机驱动多种辅助机械设备，如冷却牵引电动机和制动电阻用的通风机、给各种气动器械提供所需压缩空气的压缩机等。

2. 电气部分的主要器件

(1) 受电弓

SS$_8$型电力机车在机车车顶外部安装有两台单臂受电弓。受电弓的弓头升起后与接触网导线接触，从接触网上受取电流，并将电流通过车顶母线传送到车内供电机使用。受电弓弓头与接触网导线接触受流的部分，其上装有粉末冶金滑板。机车运行时，弓头能随接触导线的高度和弛度变化而做前后、上下的动作，以便改善受流质量。受电弓的升降受控制机构及传动风缸中的压缩空气的控制。机车运行时，一般正常运行只升后弓，另一只受电弓备用。图 6-3-3 所示为受电弓实物图。

图 6-3-3 DSA350 型受电弓

(2) 主断路器

主断路器是电力机车的一个重要器件（如图 6-3-4 所示），它担负着断开和接通接触网、接入机车 25 kV 电路的任务，并对主电路的短路、过流、接地等故障状态起着最后一级保护作用。SS₈ 型电力机车采用 TDZIA-10/25 型空气断路器，它是一种带外隔离开关的断路器。分断时，主触头先行分开将电流切断，经过一段延时后，隔离开关再分开形成电路隔离，之后主触头自行恢复闭合状态；闭合时，只需将隔离开关的闸刀合上即可。另外，这种空气断路器是利用压缩空气来灭弧并利用压缩空气作为操作能源的电器。

图 6-3-4 主断路器

(3) 主变压器

主变压器是交-直流电力机车上的一个重要部件，如图 6-3-5 所示。它的任务是：将从接触网上取得的高压交流电转换为低压交流电。SS₈ 型电力机车上的主变压器中有 5 种线圈：高压网侧线圈、牵引线圈、辅助线圈、励磁线圈和列车供电线圈。

高压线圈通过受电弓接入 25 kV 高压电路。低压线圈中的牵引线圈用来向牵引电动机供电。辅助线圈用来给辅助电机等设备供电。励磁线圈在电阻制动时给电动机提供励磁电流。列车供电线圈向列车提供电源。

图 6-3-5 主变压器

(4) 牵引电动机

SS₈ 型电力机车共有 4 台直流串励牵引电动机，分别安装在前后两台转向架上，通过驱动齿轮与轮对车轴相连。和电力传动内燃机车一样，机车在牵引状态时，牵引电动机将电能转换为机械能，驱动机车运行；当机车在电阻制动状态时，牵引电动机将列车的机械能转换为电能，产生列车的制动力。牵引电动机如图 6-3-6 所示。

图 6-3-6 牵引电动机

(5) 变流装置

变流装置是 SS₈ 型电力机车的主要部件之一，它主要由大功率整流管、晶闸管和其他附件组成，如图 6-3-7 所示。

(6) 平波电抗器

经变流装置整流后的输出电压是脉动电压，由于脉动电压在牵引电动机电路中产生脉动电流，脉动电流会影响牵引电动机的换向，而牵引电动机自身的电感很小，不足以将电流滤平到允许的脉动范围内，所以要求在牵引电动机电路中串接平波电抗器。SS₈ 型电力机车在牵引电动机的四条支路中分别串有一个平波电抗器，用以抑制该支路中的谐波电流分量，改善牵引电动机的换向。

图 6-3-7 变流装置

(7) 司机控制器

司机控制器是司机用来操纵机车运行的控制电器，如图 6-3-8 所示。司机利用它来控制电路中的低压电器，从而控制主电路中的电气设备。SS$_8$型电力机车的每端司机室都装有一台主司机控制器、一台调车控制器（又称辅助司机控制器）和一台电空制动控制器。

图 6-3-8　司机控制器

(三) 空气管路系统

空气管路系统也称风力系统，按照功能可以划分为四大部分：
① 风源系统。负责生产、储备、调控压缩空气，提供洁净、干燥、稳定的压缩空气。
② 制动机管路系统。供给机车和车辆制动所需压缩空气。
③ 控制管路系统。供给机车电气设备（主断路器、受电弓等）所需压缩空气。
④ 辅助管路系统。供给机车撒砂装置、风喇叭和刮雨器等辅助装置所需压缩空气。

三、电力机车的工作原理

电力机车的工作原理是：电力机车通过受电弓从接触网上获取电能，经机车上的相关电路供给机车牵引电动机，从而使牵引电动机产生转矩，将电能转变为机械能，经过齿轮的传递，驱动机车动轮转动。

(一) 直-直流电力机车

直-直流电力机车采用直流制供电，牵引变电所内设有整流装置，它将三相交流电变成直流电后再送到接触网上。因此，电力机车可直接从接触网上取得直流电供给直流串励牵引电动机使用，简化了机车上的设备。

(二) 交-直流电力机车

交-直流电力机车采用交流制供电，目前世界上大多数国家都采用工频（50 Hz）交流制或 25 Hz 低频交流制。在这种供电制式下，牵引变电所将三相交流电改变成 25 kV 工业频率单相交流电后送到接触网上，电力机车靠其顶部升起的受电弓从接触网上取得单相工频交流电，通过主断路器，经牵引变压器降压，再经变流装置将交流电转换为直流电，供给直流串励牵引电动机，经齿轮传动装置实现列车的牵引运行，如图 6-3-9 所示。由于此供电方式的接触网电压比直流制时提高了很多，因此接触网导线的直径可以相对减小，从而减少了有色金属的消耗和初期建设投资。工频交流制在世界铁路上得到了广泛采用，世界上大多数电力机车都是交-直流电力机车。

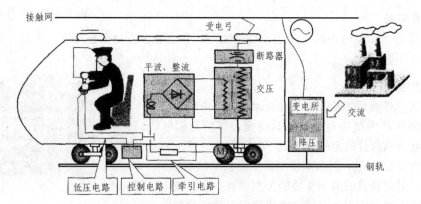

图 6-3-9　交-直流电力机车工作原理图

(三) 交-直-交流电力机车

如图 6-3-10 所示，交-直-交流电力机车的受电弓将交流网压引入机车变压器一次侧绕组，经变压器二次侧绕组降压后整流，将交流电转换为直流电，再通过逆变器将直流电变为电压和频率可调的三相交流电，供给电力机车的牵引电动机实现牵引运行。交-直-交流电力机车采用的是交流无整流子牵引电动机（即三相异步电动机），这种电动机在制造、性能、功能、体积、重量、成本、维护及可靠性等方面远比整流子电动机优越得多。因此，交-直-交流电力机车具有优良的牵引能力，是电力机车的发展方向。

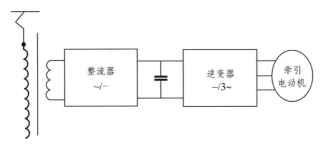

图 6-3-10　交-直-交流电力机车的工作原理示意图

【任务单】

请利用本任务所学知识完成下列题目：

1. 电力机车有哪些特点？
2. 电力机车机械部分有哪些组成？
3. 电力机车按照电流制式不同可分成哪几类？
4. 简述受电弓的功用。

【课　业】

学生每 5～6 人一组，完成以下课业后，每组提交一份 PPT 并分组汇报。

1. 简述电力机车的工作原理，并作出工作原理不同的机车类型比较图。
2. 登录铁道论坛网等相关网站查询资料，用图表达出电力机车的主要电气部件，并说明其功能。

任务四　认知机车新技术

【任务描述】

现代科技发展日新月异，国内外铁路牵引动力在技术上和运用上发展得很快，特别是为适应客运高速和货运重载的需要，我国不断引进和吸收国内外先进技术和工艺，新机型、新装备不断涌现。通过本任务的学习，要求学生对我国机车新技术、新机型和新装备要有一定的认知。

【知识准备】

2006 年以来，和谐型大功率交流传动 HXN3 型、HXN5 型内燃机车和 HXD 系列电力机车的研制成功及批量投入运用，标志着我国铁路机车成功实现了由交-直流传动向交流传动的转化。

一、内燃机车新技术

　　轴式为 C_0-C_0 的 HXN3 型和 HXN5 型内燃机车都是重载货运机车，最高运行速度提高至 120 km/h，牵引电机的输出功率为 4 410 kW（6 000 马力），牵引性能优越，黏着利用率高，起动加速度好，可靠性高。它们的柴油机节能好、排放低，是世界上最大功率等级的经济、环保型机车柴油机。

　　和谐型内燃机车采用大功率交-直-交传动方式，其牵引电机为交流异步电动机，具有功率大、重量轻、结构简单、可靠性高、维护工作量小等特点；牵引变流器采用先进的大功率 IGBT 器件，控制性能优良，可靠性高；控制部分采用先进的计算机网络控制系统，数据传输量大，牵引及制动控制性能优良，设备状态监测与系统自诊断功能完善；其车体、转向架、车钩与缓冲器、轮对驱动系统以及制动系统均能充分满足牵引重载列车的需要。HXN5 型内燃机车的整体技术已达到世界先进水平。

　　图 6-4-1 所示为 HXN5 型内燃机车各部件的布置示意图。

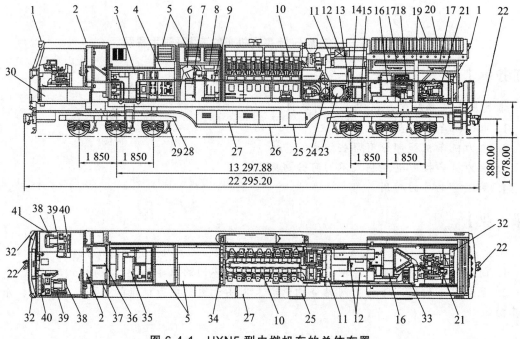

图 6-4-1　HXN5 型内燃机车的总体布置

1—头灯；2—控制设备柜；3—牵引逆变器；4—功率装置柜；5—电阻制动装置；6—发电机组通风道；7—辅助发电机；8—CTS 起机转换开关；9—牵引发电机；10—柴油机；11—空气滤清器箱；12—膨胀水箱；13—低压燃油泵；14—预润滑机油泵；15—润滑油冷却器；16—牵引电动机通风机；17—冷却风扇；18—通风机滤清器箱装配；19—散热器百叶窗；20—散热器；21—空气压缩机组；22—车钩；23—润滑油滤清器；24—燃油滤清器；25—污油箱；26—燃油箱；27—蓄电池箱；28—转向架；29—牵引电动机；30—空调；31—标志灯；32—砂箱；33—排尘风机；34—总风缸；35—逆变/发电机组通风机；36—卫生间；37—行车安全设备柜；38—座椅；39—取暖器；40—操作台；41—制动柜

　　从图中可以看出，机车上面部分为相对独立的五个室：司机室、辅助室、发电机室、柴油机室和冷却室。司机室位于机车前端，冷却室位于机车后端。在车体左右两侧，即在辅助室的前端部位和冷却室的后端部位均设有扶梯，供司乘人员上下用。司机室后端墙左右两侧设有通往机车外部走廊的门。

车架下面中部为承载式燃油箱,燃油箱右侧设有两个总风缸,两个总风缸之间装有高压安全阀;总风缸前端设有空气干燥器、辅助用风精滤器;后端设有制动用风精滤器;燃油箱左侧设有蓄电池箱。机车控制区是机车上的封闭区域,其中安放了由电子控制和电功率调节系统组成的若干设备。

HXN5 型内燃机车的结构特点如下:

① 车架采用双箱形梁结构,整体式燃油箱。燃油箱与车架做成一体,参与承载。这是我国内燃机车首次采用参与承载的整体式燃油箱,增加了车架的强度,减轻了机车的重量。

② 转向架构架为钢板焊接的箱形结构。由中心销传递牵引力,焊装在车体底架的中心销插入安装在转向架构架上的牵引座,由牵引座向中心销传递纵向力。利用橡胶堆支承的横向变形,车体相对于转向架可以弹性横动,这是速度达到 120 km/h 的转向架必备的功能。

③ 机车采用整体碾钢车轮、闸瓦制动、牵引电动机滚动抱轴承悬挂。

④ 设有 2 个独立的通风冷却系统:牵引电动机通风冷却系统和辅助室、逆变器、发电机组通风冷却系统。

⑤ 轴箱轴承为整体密封的圆锥滚子滚动轴承,轴箱用导框定位,三轴转向架中间轴 ± 15 mm 的自由横动量由轴箱与导框的横向间隙提供。

二、电力机车新技术

HXD1 型和 HXD2 型电力机车是八轴机车,轴式为 $2(B_0-B_0)$,轴功率为 1 200 kW,现已在运煤专线大秦线运行,单机牵引 1×10^4 t、双机牵引 2×10^4 t 重载列车。和谐型电力机车 HXD3 是轴功率为 1 200 kW 的六轴机车,轴式为 C_0-C_0,可在繁忙干线单机牵引 5 000 t 重载列车。

以上三种电力机车均为重载货运机车,最高运行速度为 120 km/h。机车采用交-直-交传动方式,牵引电机为异步电动机,具有功率大、质量轻、结构简单等一系列优点;采用先进的车载计算机网络控制系统,牵引及制动控制性能优良,设备状态监测与系统自诊断功能完善;采用再生制动,节能效果显著。随着和谐型大功率交流传动电力机车的批量生产并投入运行,将逐步取代 SS_4 型电力机车在重载牵引中的地位。

在设计制造 HXD1、HXD2、HXD3 型电力机车的基础上,2008—2009 年,我国又进一步研制成功了轴功率为 1 600 kW 的 HXD1B 型和 HXD3B 型电力机车。这两种电力机车都是六轴机车,轴式 C_0-C_0,轴重 25 t,单节机车功率达到 9 600 kW,是当今世界上单节功率最大的电力机车。

HXD3 型电力机车采用 IGBT 型水冷变流器,交流电机矢量控制,采用牵引电机轴控方式,机车采用网络控制技术,满足环境温度 $-40\ ℃ \sim +40\ ℃$、海拔高度在 2 500 m 以下的工作条件;考虑到不同的线路情况,可以 3 台机车重联控制运行。

HXD3 型机车全长约 21 m,机车轮周功率为 7 200 kW,最大起动牵引力为 570 kN,最高运行速度 120 km/h。

HXD3 型交流传动电力机车的主要特点如下:

① 机车总体设计采用高度集成化、模块化的设计思路。采用中间走廊,电气屏柜和各种辅助机组分功能对称布置在中间走廊的两侧;采用了规范化司机室,尽量考虑单司机值乘的要求。

② 机车装有 2 台结构相同的三轴转向架,牵引力传递系统采用中央低位平拉杆推挽式牵引装置,具有黏着利用率高的特点。

③ 机车车体采用整体承载的框架式车体结构，有利于提高车体的强度和刚度，车体整体能够承受 3 400 kN 的静压力和 2 700 kN 的拉力而不产生永久变形。

④ 转向架采用滚动抱轴承半悬挂结构，二系采用高圆螺旋弹簧。

⑤ 采用独立通风冷却技术。牵引电机采用由顶盖百叶窗进风的独立通风冷却方式；牵引变流器水冷和牵引变压器油冷采用水、油复合式铝板冷却器，由车顶直接进风冷却；辅助变流器采用车外进风冷却的方式；另外还考虑了司机室的换气和机械间的微正压通风。

⑥ 采用计算机控制集成化气路的空气制动系统，机械制动采用轮盘制动。

⑦ 采用了新型双塔空气干燥器，有利于压缩空气的干燥，减少了制动系统阀杆的故障率。

HXD3 型电力机车的结构特点和主要设备布置如图 6-4-2 所示。

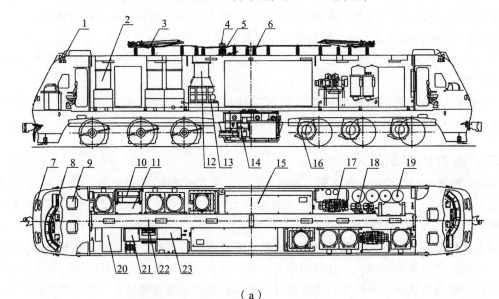

（a）

（b）

图 6-4-2　HXD3 型电力机车的主要设备布置和结构特点

1—前照灯；2—牵引电机通风机组；3—受电弓；4—主断路器；5—高压电压互感器；6—高压隔离开关；7—标志灯；
8—操作台；9—司机室座椅；10—滤波柜；11—蓄电池充电器；12—复合冷却通风机组；
13—复合冷却器；14—牵引变压器；15—变流器；16—牵引电机；17—空气压缩机；
18—空气干燥器；19—总风缸；20—卫生间；21—综合通信柜；
22—计算机及监控柜；23—控制电器柜

【任务单】

请利用本任务所学知识完成下列题目：
1. HXN5 型内燃机车有什么特点？
2. HXD3 型电力机车有什么特点？

【课　业】

以 PPT 形式进行汇报以下课业：
1. 搜集资料并结合所学内容，总结内燃机车的新技术和发展趋势。
2. 搜集资料并结合所学内容，总结电力机车的新技术和发展趋势。

任务五　认知机车的检修和运用

【任务描述】

机车的检修和运用是铁路运输工作的重要组成部分，也是铁路机务部门的基本任务。保质保量地进行机车检修，确保机车的完好状态，经济、合理地运用机车，对安全、高效地完成铁路运输任务具有十分重要的意义。

通过本任务的学习，要求学生了解机车检修和运用的工作内容，让学生明白机车检修、运用工作对铁路运输安全的重要性。

【知识准备】

一、机车的检修

机务段是铁路沿线负责机车检修和运用工作的基层生产单位，一般设在编组站或区段站上。此外，为了便于机车整备和乘务员换乘，在机车交路的折返点，还应设有机务折返段。所谓机车整备，是指在机车出段牵引列车或担任调车工作以前，给机车供应必需的物资和做好各项准备工作。机务段和机务折返段设置的基本原则是：满足牵引列车的最大需要，并能充分发挥各项设备的能力和机车运用效率。机务段之间距离的长短，应考虑机车乘务员的连续工作时间和机车类型，并结合编组站、区段站的位置，尽可能长距离地设置。

(一) 机务段的工作和设备

根据各机务段所承担任务的大小，国铁集团所有机车都分别配属于各个机务段，并由机务段来组织和计划本段所属机车的运用和检修工作，同时机务段也负责组织机车乘务人员的工作。

配属给机务段的机车，一般分配在若干个牵引区段里往返牵引列车或固定在某个车站上担任调车工作。机车类型不同，整备作业的内容也不一样。内燃机车和电力机车的整备作业项目如表 6-5-1 所列。

表 6-5-1　内燃机车、电力机车的整备作业

需要供应的物资			需要做的准备工作		
项目	内燃机车	电力机车	项目	内燃机车	电力机车
燃料	√	—	机车转向	一般　　　 单向　√	—
水	√	—	机车擦拭	√	√
砂	√	√	检查	√	√
润滑油	√	√	给油	√	√
擦拭材料	√	√	机车乘务组交接班	√	√

　　为了完成以上整备作业，机务段内必须修建相应的整备设备，如机车整备线、加油站、上水管、上砂管以及存储与发放油脂、化验、排水、照明设备等。

　　整备设备的布置，应保证各项整备作业能平行或流水线式地进行，并应具备足够的能力，以压缩整备作业时间，提高机车的运用效率。

（二）机车检修的周期和内容

　　机车经过一定时期的运用后，各部件都会发生磨耗、变形或损坏。为了保证机车的正常运行，延长使用期限，除了机车乘务员的日常检查和保养外，还必须进行各种定期检修工作。

　　除大修在机车工厂进行外，其余的机车定期检修一般都在机务段内进行。因此机务段必须具有机车的整备及检修设备，如各种检修库及辅助车间等。

　　机车类型不同，它们的检修周期和检修内容也各不一样，内燃机车和电力机车的检修周期一般根据机车的走行里程数确定，见表 6-5-2。

表 6-5-2　内燃机车、电力机车的检修周期表

检修机车周期 修程	内燃机车	电力机车	调车、小运转机车	
			内燃	电力
大修	（80±10）万公里	（160~200）万公里	8~10 年	不少于 15 年
中修	（23~30）万公里	（40~50）万公里	2.5~3 年	不少于 3 年
小修	（4~6）万公里	（8~10）万公里	4~6 个月	不少于 6 个月
辅修	不少于 2 万公里	（1~3）万公里	不少于 2 个月	不少于 2 个月

　　各种修程所包括的内容在有关的规程中都有具体的规定。大修是机车全面恢复性修理，大修后的机车基本上须达到新车的水平。中修的主要目的是修理走行部。小修主要是为了对有关设备进行测试和维修等。辅修是属于临时性的维修和养护。

　　为了进一步提高修理质量与效率，我国吸取国外经验，积极进行修制改革，目前，我国机车检测同车辆检测一样，也正在推广计划预防修理制度，并且在计划预防修的前提下，逐步实行状态修、换件修和主要零部件的集中修。建立和逐步完善现代化的机车运用和维修制度是我国未来一段时期内深化机务改革的重点工作。

二、机车的运用

机车只要离开机务段，就要受车站有关人员的调度和指挥。所以机务部门和行车部门关系特别密切，必须协调配合才能安全、优质地完成运输任务。

（一）机车交路

机车交路是机车固定担当运输任务的周转区段，也称机车牵引区段。机车交路按用途不同分为客运机车交路和货运机车交路；按区段长度不同分为一般机车交路和长交路；按机车运转制分为循环运转制、半循环运转制、肩回运转制和环形小运转制交路。图 6-5-1 所示为机车交路图例。

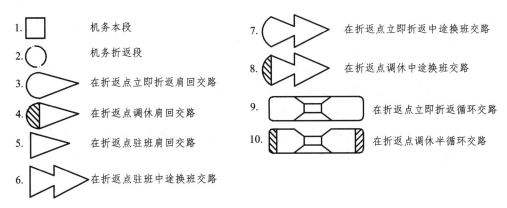

1. 机务本段
2. 机务折返段
3. 在折返点立即折返肩回交路
4. 在折返点调休肩回交路
5. 在折返点驻班肩回交路
6. 在折返点驻班中途换班交路
7. 在折返点立即折返中途换班交路
8. 在折返点调休中途换班交路
9. 在折返点立即折返循环交路
10. 在折返点调休半循环交路

图 6-5-1　机车交路图例

（二）机车运转制度

机车运转制度是指机车在交路上从事列车作业的方式。目前，我国铁路上采用的机车运转制主要有肩回运转制、循环运转制和半循环运转制。

机车牵引列车在一个交路区段内往返一次后即进入本段的运转方式，称为肩回运转制，在我国铁路区段上，担当牵引任务的机车多采用肩回运转制。肩回运转制又可分为单肩回、双肩回、多肩回等几种。图 6-5-2（a）所示为双肩回运转制示意图。机车的长短交路均可采用这种运转方式。

机车牵引列车在相邻两个交路区段内做往返连续运行，直到需要进行中检或定期检修时才进入本段的运转方式，称为循环运转制。图 6-5-2（b）所示为循环运转制示意图。

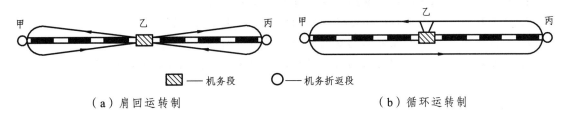

■／／■——机务段　　○——机务折返段

（a）肩回运转制　　　　　　　　　　　　（b）循环运转制

图 6-5-2　肩回运转制和循环运转制

机车牵引列车在相邻两个交路区段内往返运行一次后即进入本段的运转方式，称为半循环运转制。

此外还有一种机车运转方式是环形运转制，是指机车牵引列车在一个交路区段内连续运行几个往返后才进入本段进行整备作业。这种运转制适用于小运转列车、市郊列车或运量较大的短交路区段列车等。

(三) 机车乘务制度

机车乘务制度是指机车乘务员使用机车的制度，分包乘制、轮乘制和轮包结合制。

包乘制一般采用四班制，四个乘务组固定使用一台机车，轮流值乘，由一名较优秀的司机担任司机长，每 5 ~ 7 台机车设指导司机一名，指导司机对分管的各机车乘务机班进行技术指导和工作监督与检查。

轮乘制机车没有固定的乘务组，各乘务组轮流上车值乘，按一定的顺序轮流值乘不同的机车。一般每 15 ~ 20 个乘务组设一名指导司机，机车的日常保养与检查维修由地勤车间或地勤组承担。轮乘制提高了机车的利用率和乘务员的劳动效率，也提高了铁路运输效率；但机车的保养及检修条件较差，因此对机车本身的质量要求较高。

轮包结合制适用于机车长交路。机车由几个固定的乘务组包管，当机车出机务段或回机务段（出、入库）时，由该固定乘务组值乘，在交路上运行时由各乘务组按一定的顺序轮流上车值乘。该乘务制度是包乘与轮乘相结合的一种方式，既提高了机车的利用率和乘务员的劳动效率，也加强了机车的保养工作。

【任务单】

请利用本任务所学知识完成下列题目：
1. 电力机车的检修周期是如何规定的？
2. 调车、小运转机车的检修周期是如何规定的？
3. 什么是机车交路？
4. 机车运转制度有哪几种？

【课　业】

学生每 5 ~ 6 人一组，完成以下课业后，每组提交一份 PPT 并分组汇报。
1. 请总结电力机车检修周期的特点，并做出比较图表。
2. 请总结调车、小运转机车检修周期的特点，并做出比较图表。
3. 登录铁道论坛网等相关网站查询资料，用图举例说明机车交路的形式。
4. 登录铁道论坛网等相关网站查询资料，总结铁路乘务制度的发展历程。

项目七　认知铁路通信与信号设备

【知识目标】

1. 了解故障-安全原则的基本要求；
2. 掌握铁路信号的分类及显示意义；
3. 掌握铁路信号基础设备的种类及工作原理；
4. 理解联锁关系，了解联锁设备的功能及层次结构；
5. 掌握 CTCS 系统由哪些设备构成，了解 CTCS-2 级和 CTCS-3 级系统之间的区别；
6. 掌握 TDCS 的构成和功能，了解 CTC 和 TDCS 有何不同。

【能力目标】

1. 熟悉各类信号机类灯光显示的意义；
2. 能够绘制简单的轨道电路组成示意图，并能根据图解释轨道电路的工作原理；
3. 能够运用联锁设备进行基本操作；
4. 熟悉半自动闭塞的正常办理流程；
5. 能够利用控制中心下达一条列车计划。

【项目导入】

项目学习引导书

铁路运输是我国国民经济的大动脉，其主要任务就是安全、迅速、经济、合理地完成旅客和货物的运输任务，铁路通信信号设备是确保完成铁路运输任务的主要技术设备之一。

铁路运输的特点是列车必须沿着一定的轨道运行，而且运行速度高、载重量大、制动距离长，因此必须采取一定措施确保铁路运输的安全和效率。长期实践证明，铁路信号与通信系统对保证行车安全、提高运输效率、改善运输人员劳动条件等方面起着非常重要的作用。随着科学技术的发展，尤其是计算机技术、网络技术、现代通信技术的发展，铁路信号与通信系统在铁路运输中担负着越来越重要的作用，其发展水平已经成为铁路现代化的重要标志，是实现铁路行车向高速度、高密度和重载方向发展的重要保证。

本项目的学习任务主要包括以下内容：铁路信号设备的组成和基本原理；铁路信号车站联锁设备的性能与运用；铁路信号区间闭塞的性能与运用；列车运行控制系统；铁路列车调度指挥系统和分散自律调度集中系统；铁路专用通信设备。

在本项目的理论学习与实践练习中，要求学员逐步掌握本项目的所有技能，包括相关的背景知识；学会正确运用铁路通信信号设备，以适应铁路运输发展的要求。

任务一 认知铁路信号

【任务描述】

在车站内，一趟趟列车，有进有出，你来我往，铁路部门如何保证列车不会在进出口咽喉处发生冲突，不会在行驶中与前方列车发生追尾碰撞，其他进站列车不会闯入本列车所进入的股道呢？学习了本任务后，你就能回答以上问题。

通过本任务的学习，要求学员对铁路信号有基本的认识，并能理解铁路信号对保证铁路运输安全和高效的重要性。

【知识准备】

铁路信号，广义上是保证行车安全、提高区间和车站通过能力以及编组站编解能力的自动控制及远程控制技术的总称。它由铁路信号基础设备和铁路通信信号系统组成。铁路信号基础设备包括信号装置、轨道电路、转辙机、继电器等，它们是构成信号系统的基础；铁路通信信号系统包括车站联锁、区间闭塞、列车运行控制、行车调度指挥控制、驼峰调车控制、道口信号和信号集中监测等系统。

铁路信号的作用是：传递指挥行车的命令，保证列车运行与调车作业安全，有效提高铁路运输效率，降低运输成本，改善行车人员的劳动条件。

铁路信号是计算机技术、现代通信技术和控制技术在铁路运输生产过程中的具体应用，是实现列车有效控制、提高铁路通过能力、向运输人员提供实时信息的必备手段，是列车提速与发展高速铁路的关键技术之一。随着信息技术和网络技术的发展，铁路信号和通信已由过去铁路运输的"眼睛"和"耳朵"变成了铁路的"中枢神经"，发挥着越来越重要的作用。

一、铁路信号的分类

铁路信号在狭义上是指用于指示列车运行及调车工作的命令，是在行车和调车工作中对乘务人员及与行车有关的人员指示列车运行条件而规定的物理特征符号。铁路信号通过特定物体的颜色、形状、位置和声音等向铁路司机传达有关前方路况、机车车辆运行条件、行车设备状态以及行车命令等信息。行车和调车人员必须按信号显示的要求去执行，才能确保运输安全和提高生产效率。

根据铁路信号所借助载体的物理特征，铁路信号可分为视觉信号和听觉信号两种。

（一）视觉信号

视觉信号是以物体或灯光的颜色、形状、位置、数目或数码显示等特征表示的信号，如信号机、信号牌、信号灯、信号旗等设备显示的信号，都是视觉信号。

视觉信号分为固定信号、移动信号和手信号三大类。

在固定地点安装的铁路信号设备显示的信号叫固定信号，如图 7-1-1（a）所示。固定信号是铁路通信信号的重要组成部分，在我国铁路上，依据运营要求，固定信号采用下列基本信号：

① 要求停车的信号，一般叫作"禁止信号"或"停车信号"。

② 要求注意或减速运行的信号、准许按规定速度运行的信号，则称为"进行信号"或"允许信号"。

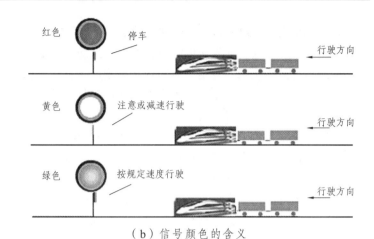

（a）固定信号机　　　　　　　　　　　（b）信号颜色的含义

图 7-1-1　固定信号

用手拿信号灯、信号旗或用手势显示的信号叫手信号，如图 7-1-2 所示；临时设置的信号牌、信号灯等叫移动信号。固定信号是铁路信号的主要信号，移动信号和手信号作为补充和辅助。

图 7-1-2　手信号

视觉信号的基本颜色及其基本意义是：红色即是停车；黄色即是注意或减速运行；绿色则是按规定速度运行，如图 7-1-1（b）所示。

在固定信号的显示中，除了采用红、黄、绿三种基本颜色以外，还采用月白色和蓝色。蓝色是"容许信号"或"禁止调车信号"；月白色则是"引导信号"或"准许调车信号"。

视觉信号根据其使用范围还可分为昼间信号、夜间信号及昼夜通用信号。在昼间遇降雾、暴风雨雪及其他情况，致使停车信号显示距离不足 1 000 m、注意信号或减速信号显示距离不足 400 m、调车信号及调车手信号显示距离不足 200 m 时，应使用夜间信号。隧道内只采用夜间信号或昼夜通用信号。

（二）听觉信号

听觉信号是不同声响设备发出的以声音的强度、频率、长短和数目等特征来表示的信号，如号角、口笛、响墩发出的信号及机车、轨道车鸣笛等发出的信号，都是听觉信号。听觉信号传递距离近、易于消逝、容易受到干扰，多用于站内调车等情况。

二、铁路信号的故障-安全原则

保证行车和车站作业安全的铁路信号系统，应具备必要的安全性和可靠性。

铁路信号故障是指在规定的时间内和规定的条件下，信号设备规定的功能（部分和全部）受到限制或丧失。安全性是指在规定的时间内和规定的条件下，有关设备不发生危险状态的概率。可靠性是指设备在规定的时间内和规定的条件下，完成规定功能的能力。

影响铁路运输安全的因素主要有两方面：① 路外因素，包括人为因素和自然因素；② 路内因素，包括设备不良和违章作业。铁路信号的重要作用之一是保证列车运行的安全，而这种安全的实现总是把"系统故障时让列车停止运行"作为首要方针。铁路规定，信号系统出故障时，信号显示变为让列车停止运行的红灯作为安全侧，这是传统的铁路信号安全技术的一个重要特点。也就是说，当铁路信号系统内部发生故障时，信号系统应以特殊的方式做反应并导向安全侧，即给出不危及行车安全的信号，如立即关闭信号，给出禁止信号，禁止列车驶入信号机防护的空间等，以确保行车安全。

在继电信号设备中，故障-安全的实现是以具有非对称性错误特性的信号继电器和闭路原理为基础，以实现信号设备整体性的故障-安全。这是铁路信号安全技术的第二个特点。

实现故障-安全原则的具体措施主要有：

① 为防止人为的错误操纵而开发的各种联锁及闭塞技术。
② 发生故障后使功能软化或降级使用的技术，如自动闭塞中绿灯坏而改亮黄灯的技术。
③ 应急顶替技术，如电源故障时利用蓄电池供电的技术。
④ 检测、报警和预防性养护的技术。
⑤ 冗余技术，如多重设备。
⑥ 器件的降额使用技术，如信号灯泡的降压使用等。

三、铁路信号的发展趋势

随着信息技术的发展和高速铁路信号技术的应用，当前铁路信号技术发展的总体趋势是：通信信号一体化、车站区间一体化、车上地面一体化；铁路信号日益呈现信息化、网络化、智能化、综合化、现代化；发展基于通信的列控系统；技术标准统一，系统化设计，模块化产品。

（一）多种先进技术集成的趋势日益明显

随着信息技术的不断快速发展，3C 技术（计算机、通信、控制）和 3G 技术（GPS、GIS、GSM）等新技术在铁路信号中大量应用。根据不同的运输需求，可将列车占用检查、列车精确定位、列控信息无线传输、列车运行控制、列车进路控制、调度集中等先进技术集成到列车运行控制系统中。

（二）控制模式发生重要转折

铁路信号的控制模式正在逐渐从传统的以地面信号设备作为控制对象、开环控制方式、信息单向传输向以列车为控制对象、闭环控制方式、信息双向传输转变。

（三）信息化、综合化的趋势日益明显

随着 TDCS、CTC、驼峰综合自动化、GSM-R 综合移动通信系统、列控系统、电务管理信息系统的应用，信号系统正在形成行车调度及列车运行控制实时数据网和管理信息网，综合实

现行车控制、调度指挥、运输管理、行车安全、客货服务等方面的信息共享。信息化是铁路运输行业现代化的标志。

(四) 高可靠性技术日趋成熟

随着铁路信号控制系统的日益计算机化、网络化、电子化，系统广泛采用高可靠性技术，如双机热备、2×2取2、3取2等冗余措施被普遍采用，智能诊断、自动判别、故障报警、自动转换实现了高可靠性，这是铁路信号广泛采用计算机技术、电子技术后带来的明显优势。目前，高可靠性技术在铁路信号中的应用日益成熟。

四、铁路电务部门的职能

铁路电务部门按照其职能可分为运营、科研、设计、工程、工业等部门。下面就各部门的组织机构及职能简要说明。

(一) 铁路电务运营部门

铁路电务运营部门负责保证铁路通信信号设备的正常运用及维护工作。铁路通信信号维护工作实行铁路局（集团公司）、电务段两级管理。国铁集团运输局基础部直接领导部内各业务处（通信处、信号处、技术处），并对各铁路局电务处进行业务指导。部内各业务处对各铁路局电务处及其下设各业务科（信号科、通信科、综合科、LKJ科、安全科）进行业务指导。各铁路局电务处除直接领导处内各业务科外，对各电务段进行业务指导。电务段长直接领导段内各业务科、车间（现场、检修、中修、电子设备、车载设备）、工区。电务段各业务科对各车间、工区进行业务指导。

电务处是铁路局（集团公司）实施电务专业管理的主管部门，主要承担更新改造工程、大中维修、安全管理、施工管理、生产调度、技术管理、质量管理、通信工作、设备动态检测、电务信息技术维护等管理职责。

铁路电务运营部门的基层单位是电务段，它负责信号设备的日常维修及中修。电务段的管辖范围，由铁路局集团公司根据信号设备的布局和维修生产的需要等条件确定。电务段是电务专业管理的责任主体。

目前，随着客运专线建设的全面启动，信号系统集成和运营维护工作将成为电务部门面临的重要战略任务，面向客专运营的维修体制、管理模式将提高到新的议事日程，逐步形成科学合理的客专维修体制。

(二) 铁路电务科研部门

铁路电务科研部门包括中国铁道科学研究院通信信号研究所、北京全路通信信号研究设计院、各铁路局的科研所以及铁路高等院校，它们从事开发和研究通信信号的新产品、新系列、新制式。

(三) 铁路电务设计部门

铁路电务设计部门主要包括北京全路通信信号研究设计院，第一、二、三、四、五勘察设计院的通号处，电化工程局设计院，各铁路局电务处的大修设计室，它们负责铁路新线建设和既有线改造、大修信号工程的设计。

（四）铁路电务工程部门

铁路电务工程部门包括中国通信信号集团公司所属各工程公司、各铁路工程局电务工程处等。主要职责是负责铁路新线建设或既有线改造的信号设备施工。

（五）铁路电务工业部门

铁路电务工业部门包括中国铁路通信信号总公司所属的各通信工厂、信号工厂、电缆厂，以及各铁路局的电务工厂等。它们负责生产通信信号器材。

【任务单】

请利用本任务所学知识完成下列题目：

1. 请总结什么是铁路信号。举例说明铁路信号的作用。
2. 总结铁路信号的分类，说出它们的显示意义。
3. 请总结铁路信号故障-安全原则的基本要求，举例说明信号设备是如何实现故障-安全原则的。
4. 请总结铁路信号的发展趋势。
5. 查询资料，总结铁路电务部门的职能。

【课　业】

学生每5～6人一组，总结铁路电务部门的职能，并说说你见过的铁路信号及设备。以作业的形式每组提交一份任务报告。

任务二　认知铁路信号基础设备

【任务描述】

在铁路通信与信号系统中，铁路信号基础设备是十分重要及关键的技术装备，是保证铁路运输安全、提高运输能力和效率的基础。

本任务着重学习继电器、轨道电路、信号机以及转辙机等信号基础设备，要求学员掌握继电器在控制电路中的作用、轨道电路的工作原理、各种信号机的作用和显示、转辙机的作用和基本结构。

【知识准备】

铁路信号是由信号设备，如信号机、表示器和标志所发出的信息。

铁路信号基础设备包括信号装置、轨道电路、转辙机、继电器等，它们是构成信号系统的基础。

一、信号装置

信号装置按照发出信号的机具能否移动分为：固定信号装置和移动信号装置。

在固定地点安装的信号设备就是固定信号装置，固定信号装置是铁路信号基础设备的重要组成部分。而临时设置的信号牌、信号灯以及用于手信号的信号旗等则属于移动信号装置。

固定信号装置包括信号机和信号表示器。为了指示列车运行和调车作业，铁路必须根据需要设置各种信号机和信号表示器，它们是各种信号系统中不可缺少的组成部分。信号机用来形成信号显示、防护进路、指示列车和调车车列的运行条件，具有严格的防护意义。信号表示器用来对信号机的显示进行某些补充说明，对行车人员传达行车或调车意图，没有防护意义。

（一）信号机

信号机用来防护站内进路、防护区间、防护危险地点，具有严格的防护意义。

1. 信号机的设置及状态

地面固定信号机一般设于线路左侧。如果两线路之间距离不足以装设信号机时，在特殊情况下，如线路左侧没有装设信号机的条件或因曲线、隧道、桥梁等影响，装在右侧比装在左侧显示的距离更远，在保证不会使司机误认的条件下，经铁路局批准，也可设于右侧。

任何信号机不得侵入铁路建筑限界。

信号机有关闭和开放两种状态。将信号机经常保持显示状态作为信号机的定位。信号机定位的确定应考虑保证行车安全、提高运输效率或信号显示自动化等因素。例如，进站、出站信号机对行车安全起着极其重要的作用，规定以显示停车信号——红灯为定位。

2. 信号机的分类

（1）按信号机的构造分类

按照信号机的构造，地面信号机可分为色灯信号机和臂板信号机。目前臂板信号机已淘汰。

色灯信号机是用灯光的颜色、数目及亮灯状态表示信号含义的信号机，具有昼夜显示一致、占用空间小等特点，但需要可靠的交流电源。

色灯信号机按构造又分为透镜式、组合式和 LED 式信号机。

透镜式色灯信号机采用透镜组将光源发出的光线聚成平行光束，故称为透镜式。其结构简单、安装方便、控制电路所需电缆芯线少，所以得到广泛采用。透镜式色灯信号机按机构的结构又分为二显示和三显示两种，另外也有单显示的信号机构。

组合式信号机是为了提高在曲线上的显示距离而研制的新型信号机。其灯泡发出的光通过滤色片变成色光，经非球面透镜聚成平行光束，再由偏光镜折射偏散，能保证信号在曲线线段上显示的连续性。其机构采用组合形式，一个灯位为一个独立单元，配一种颜色，使用时根据需要进行组合，故称为组合式信号机。

LED 信号机的机构大小同透镜式色灯信号机，其机构由铝合金材料构成，重量大大减轻，便于施工安装，密封条件好，信号点灯单元由 LED 发光二极管构成，使用寿命长，可以做到免维护。

（2）按信号机的安装方式分类

按照信号机的安装方式，信号机可分为高柱信号机、矮型信号机、信号托架和信号桥。

高柱信号机的信号机构安装在信号机柱上，一般用于显示距离要求较远的场合，如图 7-2-1 所示。高柱信号机具有显示距离远、观察位置明确等优点。因此，为了保证安全，提高效率，进站、正线出站、接车进路、通过、预告、驼峰等信号机必须采用高柱信号机。

矮型信号机一般设于位于建筑接近限界下部外侧的线路基础上，一般用于显示距离要求不远的场合，如图 7-2-2 所示。

因受限界限制，不能安装信号机柱时，则以信号托架和信号桥代替。信号托架为托臂形结构建筑物，信号桥为桥形结构建筑物，分别如图 7-2-3（a）、（b）所示。

图 7-2-1 高柱信号机

图 7-2-2 矮型信号机

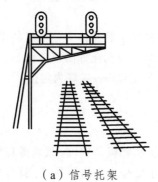

（a）信号托架   （b）信号桥

图 7-2-3 信号托架和信号桥

(3) 按信号机的用途分类

信号机按用途可分为进站、出站、通过、进路、预告、接近、遮断、驼峰、驼峰辅助、复示、调车信号机。其中进站、出站、进路、通过、驼峰、调车等信号机都能独立构成信号显示。预告和复示信号机不能独立存在，而是附属于主体信号机，所以又叫从属信号机。预告信号机从属于进站信号机、所间区间的通过信号机和遮断信号机。复示信号机从属于进站、进路、出站、驼峰、调车等信号机。另外还有设于铁路平交道口的道口信号机。

1）进站信号机

进站信号机用来防护车站，指示列车能否由区间进入车站以及进入车站的有关条件，保证接车进路的正确和安全可靠。进站信号机设于车站入口最外方、距进站道岔尖轨尖端（或警冲标）不少于 50 m 的地点，如图 7-2-4 所示。

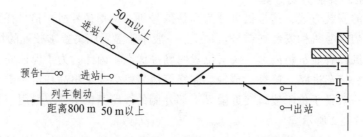

图 7-2-4 进站、出站、预告信号机的设置位置

　　进站信号机采用黄、绿、红、黄、月白五个灯位的色灯信号机，如图 7-2-5 所示。一个绿色灯光表示准许列车按规定速度经正线通过车站；一个黄色灯光表示准许列车经道岔直向位置进入站内正线准备停车；两个黄色灯光表示准许列车进入站内到发线停车；一个红色灯光表示不准列车越过该信号机；一个绿色灯光和一个黄色灯光表示进路信号机在开放状态，出站信号机在关闭状态，准许列车进入站内停车；一个红色灯光和一个月白色灯光表示引导信号，准许引导接车。

　　2）出站信号机

　　出站信号机用来防护区间，指示列车可否由车站进入区间，如图 7-2-6 所示。出站信号机设于发车线警冲标内方，见图 7-2-4。出站信号机一般兼作调车信号机。出站信号机的灯光配列有不同的情况：在半自动闭塞区段，为红、绿、月白三种基本灯位；在自动闭塞区段，增设一个黄灯灯位。

图 7-2-5 　进站信号机　　　　　　　　　　图 7-2-6 　出站信号机

　　一个红灯表示停车，不准越过信号机。一个月白色灯光表示准许调车。

　　绿灯和黄灯显示与区间闭塞方式有关：

　　① 在非自动闭塞区段，一个绿灯表示准许列车由车站出发；双绿灯表示准许列车由车站开往次要线路。

　　② 三显示自动闭塞区段，单向运行时，绿灯点亮，表示运行前方至少有两个闭塞分区空闲；黄灯点亮，表示运行前方只有一个闭塞分区空闲。

　　③ 四显示自动闭塞区段，绿灯点亮，表示运行前方至少有三个闭塞分区空闲；绿灯和黄灯同时点亮，表示运行前方有两个闭塞分区空闲；黄灯点亮，表示运行前方只有一个闭塞分区空闲。

　　3）通过信号机

　　通过信号机的作用是指示列车能否进入该信号机所防护的闭塞分区或所间区间。通过信号机设在自动闭塞区段的闭塞分区分界处（见图 7-2-7），以及非自动闭塞区段的所间区间的分界处（见图 7-2-8）。

图 7-2-7 　自动闭塞区段的通过信号机设置位置示意图

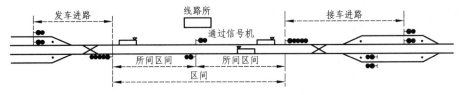

图 7-2-8 　非自动闭塞区段的所间区间信号机设置位置示意图

三显示自动闭塞，通过信号机灯光配列为黄、绿、红三个灯位，三种显示，两列列车间以间隔三架通过信号机运行；四显示自动闭塞，通过信号机灯光配列为绿、红、黄三个灯位，增加绿黄显示共四种显示，两列列车间以间隔四架通过信号机运行。

4）调车信号机

调车信号机用于指示调车机车能否越过该信号机进行调车作业。车站根据调车作业的实际需要设置调车信号机。调车信号机为两种显示：① 点亮月白灯，准许调车车列超过该信号机；② 点亮蓝灯，禁止调车，调车车列不得越过该信号机。调车信号机如图 7-2-9 所示。

5）遮断信号机

为防护平交道口（铁路与公路的平面交叉点）、桥梁、隧道以及塌方落石等危险地点而设置的信号机，叫作遮断信号机，如图 7-2-10 所示。遮断信号机的设置位置距其防护地点不得少于 50 m。

遮断信号机为单显示信号机：点亮红灯不准列车越过该信号；遮断信号机不着灯时，不起信号作用。

6）预告信号机

预告信号机的作用是预告主体信号机的显示，预先告诉司机主体信号机的状态，以防止冒进绝对信号。预告信号机如图 7-2-11 所示。

图 7-2-9　调车信号机　　　　图 7-2-10　遮断信号机　　　　图 7-2-11　预告信号机

（二）信号表示器

信号表示器是对行车人员传达行车或调车意图，或对铁路信号进行补充说明的器具，没有防护意义。信号表示器分为道岔表示器、脱轨表示器、进路表示器、发车表示器、发车线路表示器、调车及车挡表示器。发车线路表示器如图 7-2-12 所示。

 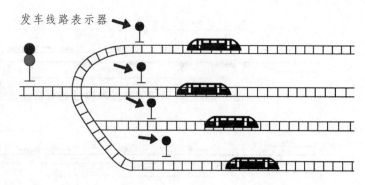

发车线路表示器

图 7-2-12　发车线路表示器

二、轨道电路

轨道电路是以铁路线路的两根钢轨作为导体，两端加以机械绝缘（或电气绝缘），接上送电和受电设备所构成的电气回路。它用来监督铁路线路是否有车占用、线路是否完整以及将列车运行与信号显示等联系起来，即通过轨道电路向列车传递行车信息。轨道电路是铁路信号的重要基础设备，它的性能直接影响行车安全和运输效率。

（一）轨道电路的组成及基本原理

最简单的轨道电路如图 7-2-13 所示。轨道电路的送电设备设在送电端，由轨道电源和限流电阻 R_X 组成。轨道电路的受电设备设在受电端，一般采用继电器，称为轨道继电器。送、受电设备一般放在轨道旁的变压器箱或电缆盒内，轨道继电器设在信号楼内。送、受电设备由引接线（钢丝绳）直接接向钢轨或通过电缆过轨后由引接线接向钢轨。

当轨道电路内钢轨完整，且没有列车占用时，轨道继电器吸起，表示轨道电路空闲；轨道电路被列车占用时，它被列车轮对分路，由于轮对电阻远小于轨道继电器的线圈电阻，因此流经轨道继电器的电流大大减小，轨道继电器落下，表示轨道电路被占用。

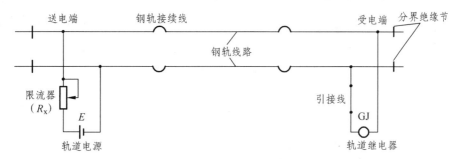

图 7-2-13　直线段直流轨道电路示意图

（二）轨道电路的作用

1. 监督列车的占用，反映线路空闲状况

利用轨道电路监督列车在区间或列车和调车车列在站内的占用，是最常用的方法。由轨道电路反映该段线路是否空闲，为开放信号、建立进路或构成闭塞提供依据。

2. 传递行车信息

例如，移频自动闭塞利用轨道电路传递不同的频率来反映前行列车的位置，决定各信号机的显示，为列车运行提供行车命令。轨道电路传送的行车信息，还为列车运行自动控制系统直接提供了控制列车运行所需要的前行列车位置、运行前方信号机状态和线路条件等有关信息，用来决定列车运行的目标速度，控制列车在当前运行速度下是否停车或减速。

（三）轨道电路的基本工作状态

1. 调整状态

轨道电路的调整状态，是指轨道电路完整和空闲、接收设备（如轨道继电器）正常工作时的状态。在调整状态，对轨道继电器来说，它从钢轨上接收到的电流越大，它的工作就越可靠。

2. 分路状态

轨道电路的分路状态，是指轨道电路被列车占用的状态。在分路状态，应使轨道电路的接收设备处于不工作状态。

3．断轨状态

轨道电路的断轨状态，是指轨道电路的钢轨在某处折断时的情况。此时，虽然钢轨已经断开，但轨道电路仍旧可以通过大地而构成回路，轨道电路的接收设备中还会有一定数量的电流流过。为了确保安全，当钢轨折断时，其接收设备应停止工作。

(四) 常用轨道电路简介

1．交流连续式轨道电路

交流连续式轨道电路如图 7-2-14 所示。它是闭路式轨道电路，采用交流连续供电方式，钢轨中传送的是 50 Hz 交流电，接收端接整流式轨道继电器，送电端设轨道变压器，将交流 220 V 电压降压后，经限流电阻送至钢轨，受电端从钢轨接收到电压经中继变压器升压，使轨道继电器吸起。这种轨道电路仅适用于非电力牵引区段。

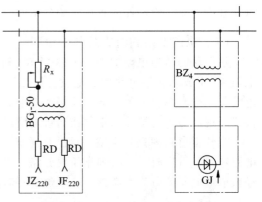

图 7-2-14　交流连续式轨道电路

2．25 Hz 相敏轨道电路

25 Hz 相敏轨道电路采用 25 Hz 交流电供电，两根钢轨既是牵引电流的回流通道，又是轨道电路信号电流的传输通道。25 Hz 相敏轨道电路能防护牵引电流的基波、谐波干扰，以保证轨道电路设备安全可靠地工作。

25 Hz 相敏轨道电路的接收设备可采用交流二元二位感应继电器或微电子相敏轨道电路接收器。由于微电子相敏轨道电路接收器的性能优于交流二元二位感应继电器的性能，因此，目前现场大量推广使用 25 Hz 微电子相敏轨道电路。

在电气化区段，25 Hz 相敏轨道电路必须采用扼流变压器，它安装于轨道电路机械绝缘节两侧的轨道电路送电端和受电端。扼流变压器既要保证牵引电流顺利通过钢轨绝缘，又不能让轨道电路电流流入相邻区段。25 Hz 相敏轨道电路也可应用于非电气化区段，与应用于电气化区段不同的是不需要安装扼流变压器。

三、转辙机

如图 7-2-15 所示，转辙机是道岔转辙装置的核心和主体，它与外锁闭装置和各类杆件等其他装置共同完成道岔的转换和锁闭，改变道岔的开通方向，锁闭道岔尖轨（和可动心轨），反映道岔位置。转辙机对于保证行车安全、提高运输效率、改善行车人员的劳动强度起到了非常重要的作用。

图 7-2-15　转辙机

(一) 转辙机的作用

① 转换道岔的位置,根据需要转换至定位或反位。

② 道岔转至所需位置而且密贴后,实现锁闭,防止外力转换道岔。

③ 正确反映道岔的实际位置,道岔的尖轨密贴于基本轨后,给出相应的表示。

④ 道岔被挤或因故处于"四开"(两侧尖轨均不密贴)位置时,及时给出报警及表示。

(二) 对转辙机的基本要求

① 作为转换装置,应具有足够大的拉力,以带动尖轨做直线往返运动;当尖轨受阻不能运动到底时,应随时通过操纵使尖轨回复原位。

② 作为锁闭装置,当尖轨和基本轨不密贴时,不应进行锁闭;一旦锁闭,应保证不致因车通过道岔时的震动而错误解锁。

③ 作为监督装置,应能正确反映道岔的状态。

④ 道岔被挤后,在未修复前不应再使道岔转换。

(三) 转辙机的分类

转辙机的分类方式有多种,下面介绍主要的三种分类。

1. 按动作能源和传动方式分类

转辙机按动作能源和传动方式可分为电动转辙机、电动液压转辙机和电空转辙机。

电动转辙机由电动机提供动力,采用机械传动的方式,如图 7-2-16 所示。我国铁路的多数转辙机都是电动转辙机,包括我国铁路大量使用的 ZD6 系列转辙机、S700K 型电动转辙机和 ZD(J)9 型电动转辙机。

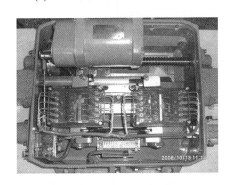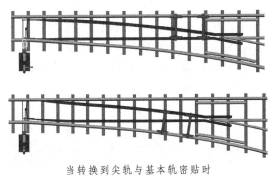

当转换到尖轨与基本轨密贴时

图 7-2-16　电动转辙机

电动液压转辙机简称电液转辙机,由电动机提供动力,采用液力传动的方式。ZY(J)系列转辙机即为电液转辙机,如图 7-2-17 所示。

电空转辙机由压缩空气作为动力,由电磁换向阀控制。ZK 系列转辙机即为电空转辙机。

2. 按供电电源不同分类

转辙机按供电电源不同可分为直流转辙机和交流转辙机。

直流转辙机采用直流电动机,工作电源是直流电,如图 7-2-18 所示。ZD6 系列电动转辙机、ZY 系列电液转辙机、电空转辙机都是直流转辙机。

交流转辙机采用三相交流电源或单相交流电源,由三

图 7-2-17　电液转辙机

相异步电动机或单相异步电动机（现大多采用三相异步电动机）作为动力，如图7-2-19所示。目前推广的提速道岔用的 S700K 型电动转辙机和 ZYJ7 型电液转辙机均为交流转辙机。

图 7-2-18　直流转辙机　　　　　　　　图 7-2-19　交流转辙机

3. 按锁闭道岔的方式分类

转辙机按锁闭道岔的方式可分为内锁闭转辙机和外锁闭转辙机。

内锁闭转辙机依靠转辙机内部的锁闭装置锁闭道岔尖轨，属于间接锁闭方式。如 ZD6 系列等大多数转辙机均采用内锁闭方式。内锁闭方式的锁闭可靠程度较差，列车对转辙机的冲击大。

外锁闭转辙机虽然内部也有锁闭装置，但主要依靠转辙机外部的外锁闭装置锁闭道岔，将密贴尖轨直接锁于基本轨，斥离尖轨锁于固定位置，属于直接锁闭方式。用于提速道岔的 S700K 型电动转辙机和 ZYJ7 型电液转辙机均采用外锁闭方式。外锁闭方式锁闭可靠，列车对转辙机几乎无冲击。

(四) 主要转辙机简介

1. ZD6 系列电动转辙机

ZD6 系列电动转辙机主要由电动机、减速器、摩擦连接器、转换锁闭装置、自动开闭器、挤切销和移位接触器等部件组成，由动作杆和表示杆连接道岔尖轨，如图7-2-20所示。ZD6 系列电动转辙机实物图如图7-2-21所示。

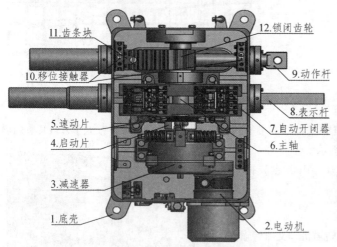 

图 7-2-20　ZD6 系列电动转辙机结构图　　　图 7-2-21　ZD6 系列电动转辙机实物图

电动机为电动转辙机提供动力。减速器降低转速，以变换为较大转矩。摩擦连接器防止道岔转换过程中尖轨被阻后电机烧坏和机件受损。转换锁闭装置将旋转运动改变为直线运动以带动道岔尖轨位移，并完成最后的内部锁闭。自动开闭器反映道岔的位置，在转换过程中自动接通和断开电动机电路。挤切销和移位接触器用来在挤岔时保护转辙机内部部件不受损害，同时向车站值班员报警。安全接点（又称遮断器）的作用是确保维修人员的安全，只有当插入手摇把、断开电动机电路时才能进行检修或人工变换道岔位置。

2. S700K 型电动转辙机

S700K 型电动转辙机主要由外壳、动力传动机构、检测和锁闭机构、安全装置、配线接口五大部分组成，其结构先进，工艺精良，不但解决了长期困扰信号维修人员的电机断线、故障电流变化、接点接触不良、移位接触器跳起和挤切销折断等惯性故障，而且可以做到"少维护，无维修"，符合中国铁路运营的特点和发展方向。S700K 型电动转辙机实物图如图 7-2-22 所示。

为了满足列车提速后的行车安全和提高运输效率的要求，道岔转换装置必须做到高安全、高可靠、长寿命、少维护。ZD6 型电动转辙机不能满足这样的要求，它的直向过岔速度只允许为 120 km/h。因此，必须采用 S700K 型电动转辙机、ZYJ7 型电动液压转辙机或 ZD(J)9 型电动转辙机。它们的共同特点是：① 采用外锁闭，尖轨及心轨的动态安全由外锁闭保证；② 两根尖轨由联动改为分动；③ 尖轨、心轨均采用两点牵引，可实现全程密贴以及全程夹异物检查，确保了列车运行安全；④ 采用三相异步电动机，故障少、寿命长。

图 7-2-22　S700K 型电动转辙机实物图

四、继电器

继电器是一种电磁开关，用来构成逻辑关系。用继电器接点可构成各种信号控制电路，完成严密的联锁关系，控制信号机和转辙机等的动作。继电器在铁路信号系统中使用广泛。

如图 7-2-23 所示，继电器能以较小的电信号控制执行电路中的大功率设备，能够控制数个对象和数个回路，也能控制远距离的对象，以完成复杂的逻辑关系。因此，继电器已经成为自动控制与远程控制必不可少的器件。在采用计算机之前，铁路信号控制曾大量使用继电器。

继电器有着良好的开关性能，这是因为继电器具有闭合阻抗小、断开阻抗大，有故障-安全性能，抗雷击性能强，无噪声，温度影响小，能控制多回路等特点。

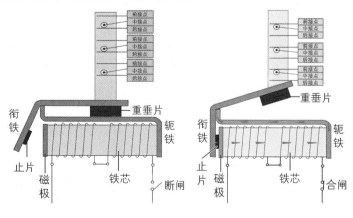

（a）实物图　　　　　　　　　（b）原理示意图

图 7-2-23　安全型继电器

五、其他设备

(一) 计轴器

计轴器是对列车通过铁路线路某一点（计轴点）的车轴数量进行计数的检测设备。在一个区段的两端设置计轴点，其目的有两个：一是通过核对两计轴点的车轴数是否相等，可以检查计轴点之间线路是否空闲；二是通过记录列车通过计轴点的时间，可以判定列车的运行速度。计轴器实物图如图 7-2-24 所示。

图 7-2-24 计轴器实物图

1. 计轴器的组成

计轴器由传感器、计数比较器等部分组成。当车辆轴数的信息需要远距离传输时，计轴器还需采用传输设备。

① 传感器：是计轴器的基础设备，其作用是将机车、车辆通过的车轴数转换成电脉冲信号。早期使用的传感器一般是机械式，目前一般采用电磁式。电磁式传感器由磁头、发送器、接收器三部分组成。磁头有一个发送线圈和一个接收线圈，分别装在钢轨的两侧。发送器向磁头的发送线圈馈送较高频率的电流，使其周围产生交变磁场，并通过空气、钢轨、扣件等不同介质环链到磁头的接收线圈，感应出交流电压。车轴通过磁头时，车轮的屏蔽作用和轮缘的扩散作用，使环链到磁头的接收线圈的磁通量发生变化，并使感应电压显著降低。接收器将这个变化的感应电压转换成车轴电脉冲信号。

② 计数比较器：主要由计数器、鉴别器、比较器组成。它将进出两个计轴点之间的车轴电脉冲信号进行计数和比较，以判断区间（或轨道区段）是否空闲。

③ 传输设备：主要由电信号发送器和电信号接收器组成。多采用频率数码传输方式。

2. 计轴器的基本工作原理

计轴设备利用轨道传感器、计数器来记录和比较驶入和驶出轨道区段的轴数，以此确定轨道区段的占用或空闲。其工作原理是：当列车出发，车轮进入轨道传感器作用区时，计算机开始计轴，轮对经过传感器磁头时，向计算机传送轴脉冲，计算机开始计数，判定运行方向，确定对轴数是累加计数还是递减计数。规定：凡是进入防护区段的轮轴数进行加轴运算，凡是离去防护区段的轮轴数进行递减运算。计轴器的工作原理如图 7-2-25 所示。

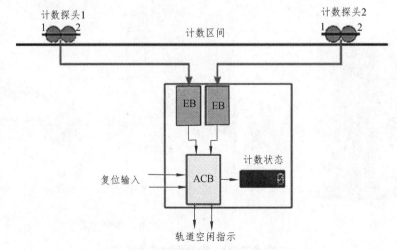

图 7-2-25 计轴器的工作原理示意图

(二) 应答器

应答器是一种用于地面向列控车载设备传输信息的传输设备，分为固定（无源）应答器和可变（有源）应答器。应答器能向车载子系统发送"报文"信息，既可以传送固定信息，也可连接轨旁单元传送可变信息。应答器实物图如图 7-2-26 所示。

应答器设备向列控车载设备传送以下信息：

① 线路基本参数，如线路坡度、轨道区段等参数。

② 线路速度信息，如线路最大允许速度、列车最大允许速度等。

③ 临时限速信息：当由于施工等原因需要对列车运行速度进行限制时，向列车提供临时限速信息。

④ 车站进路信息：根据车站接发车进路，向列车提供"线路坡度""线路速度""轨道区段"等参数。

图 7-2-26　应答器实物图

⑤ 道岔信息：给出前方道岔侧向允许列车运行的速度。

⑥ 特殊定位信息，如升降弓、进出隧道、鸣笛、列车定位等。

⑦ 其他信息，如固定障碍物信息、列车运行目标数据、链接数据等。

【任务单】

请利用本任务所学知识完成下列题目：

1. 利用继电器、电源、灯泡、开关、导线等设备，制作继电电路，实现控制灯泡状态。

2. 绘制最简单的轨道电路组成示意图，并根据示意图解释轨道电路的工作原理。

3. 根据提供的站场平面布置图，掌握轨道电路的划分及命名。

4. 根据提供的信号机实物图片，讲解图中设备的有关知识。

5. 根据提供的站场平面布置图，分析车站内信号机的布置及作用。

6. 利用 ZD6 型和 S700K 型转辙机设备，讲解转辙机的内部组成及各部件的作用。

7. 利用 6502 控制台或计算机联锁控显机操纵道岔转换，并观察道岔的转换过程及控制台（显示器）上道岔的定位和反位表示。

【课　业】

1. 学生以 5～6 人一组，每组分发一组继电器，根据要求制作继电电路，以作业的形式提交任务报告。

2. 利用 6502 控制台或计算机联锁控显机操纵道岔转换，并观察道岔的转换过程及控制台（显示器）上道岔的定位和反位表示。每组学生分为两部分，一部分在室内控制台或者控显机上操纵道岔转换，另一部分在室外观察转换过程，10 分钟后进行交换。以视频录制的形式提交任务报告，每个小组提交一份室内操作视频和一份室外转辙机动作视频。

任务三　认知车站信号联锁设备

【任务描述】

车站信号联锁设备是重要的铁路信号基础设备，用于完成车站内建立进路、转换道岔、开放信号以及解锁进路等作业，实现道岔、信号、进路之间的联锁关系，以保证行车安全，提高作业效率。车站联锁控制系统早期采用继电集中联锁，目前多采用计算机联锁。

通过本任务的学习，要求学生能够按照现场作业程序，完成信号联锁设备的操作。

【知识准备】

车站信号联锁系统是核对和检查铁路车站进路、道岔和信号机之间相互联系、相互制约联锁关系的自动控制系统，也称车站联锁控制系统或车站联锁设备，简称联锁设备。联锁设备的任务就是安全可靠地控制车站联锁区域内的信号、道岔和进路，并实现它们之间的相互制约。

联锁设备由各种车站信号设备组成，其主要功能是通过技术手段来对车站内信号机、道岔、轨道电路等基本信号设备按照规定的要求进行实时控制，以保证列车或调车车列在站内的作业安全。联锁系统分为非集中联锁和集中联锁两大类，非集中联锁设备已逐渐被淘汰，集中联锁又分为继电集中联锁和计算机联锁。随着信号技术的不断发展，计算机联锁正逐步取代继电集中联锁。

一、联锁概述

（一）联锁的基本概念

1. 联锁的定义

车站内有许多线路，它们用道岔连接着。列车和调车车列在站内运行所经过的径路，称为进路。按各道岔的不同开通方向可以构成不同的进路，如图 7-3-1 所示。

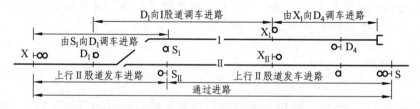

图 7-3-1　进路示意图

只有进路处于安全状态时，列车或调车车列才能进入进路。因此，每条进路的始端必须设置信号机来防护，列车和调车车列必须依据信号的开放来通过进路。

两条进路有相互重叠或交叉的部分，不能以道岔位置来区分时，这两条进路互为敌对进路；防护这两条进路的信号机，互为敌对信号机。

上述信号、道岔、进路之间的这种相互制约关系，称为联锁关系，简称联锁。

2. 联锁的基本内容

联锁的基本内容包括：① 防止建立会导致机车车辆冲突的进路；② 必须使列车或调车车

列经过的所有道岔均锁闭在与进路开通方向相符合的位置；③ 必须使信号机的显示与所建立的进路相符。

进路上各区段空闲时才能开放信号。如果进路上有车占用却能开放信号，则会引起列车、调车车列与原停留车冲突。

进路上有关道岔在规定位置时才能开放信号。如果进路上有关道岔开通位置不对却能开放信号，则会引起列车、调车车列进入异线或挤坏道岔。信号开放后，其防护的进路上的有关道岔必须被锁闭在规定位置，而不能转换。

敌对信号未关闭时，防护该进路的信号机不能开放；否则列车或调车车列可能造成正面冲突。信号开放后，与其敌对的信号也必须被锁闭在关闭状态，不能开放。

(二) 联锁设备

要实现上述联锁关系的核对和检查，必须有一套安全可靠的自动控制系统，即车站联锁控制系统，简称联锁设备。联锁设备的任务就是安全可靠地控制车站联锁区域内的信号、道岔和进路，并实现它们之间的相互制约。

目前，铁路现场广泛应用的联锁设备主要有两种，一是应用多年的以继电器为核心的继电集中联锁设备，二是以计算机为核心的计算机联锁设备。这两种设备实际上都属于电气集中联锁设备，但习惯上人们把继电集中联锁称之为电气集中，我国铁路车站的继电集中联锁设备大多为 6502 电气集中联锁设备。随着计算机联锁技术的发展，继电联锁设备正逐步被计算机联锁设备取代，尤其是新建和改造车站已经全部采用计算机联锁设备。

二、6502 电气集中联锁设备

(一) 设备组成

6502 电气集中联锁设备由室外和室内两部分组成，如图 7-3-2 所示。

室内设备（在车站信号楼内）主要有控制台、区段人工解锁按钮盘、继电器组合架、电源屏和分线盘。室外设备主要有信号机、转辙机、轨道电路和电缆线路。

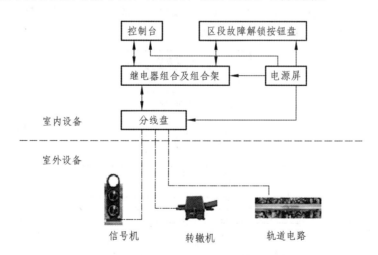

图 7-3-2 6502 电气集中联锁设备的组成

（二）设备功能

6502 电气集中联锁设备主要完成联锁控制功能和显示、报警功能。

1．联锁控制功能

① 进路控制：操作人员通过按压相关的进路按钮可以自动选排出符合操作意图的进路，并实现对进路的自动锁闭，车列经过进路时，随着车列的占用出清能够实现逐段自动解锁。

② 道岔控制：排列进路的过程中与该进路相关的道岔在顺序启动后可以同时自动转换，前一条进路选出即可排列下一条进路。进路建立的过程中道岔一直锁闭，直到进路解锁。此外，对任一集中控制的道岔均可进行单独操作、单独锁闭、单独解锁。

③ 信号控制：排列进路时，随着进路的自动锁闭，防护该进路的信号自动开放，而且受车列运行的控制，信号会自动关闭。信号一旦关闭后，不经人为操纵不会自动重复开放。

2．显示及报警功能

通过控制台可以提供各种操作提示、车列运行位置显示、信号设备动作及状态的表示。此外，当发生挤岔、灯丝断丝、保险熔断、电源切换等故障及列车接近时，设备会自动提供报警信号，以便及时处理。

三、计算机联锁设备

随着计算机技术的不断发展，世界各国已采用计算机设备来实现对车站联锁的控制，即计算机联锁。目前铁路新线建成和既有线改造中，计算机联锁系统成为主要的车站联锁设备，它已成为铁路信号技术设备自动化、信息化的标志，是保证铁路运输安全、高效的关键设备。

（一）计算机联锁的基本原理

图 7-3-3 所示是计算机联锁控制的原理框图，实现计算机联锁控制主要经过信息输入、联锁运算和信息输出三个环节。计算机一方面通过操作输入通道和接口接收由操作设备（控制台）产生的操作信息，另一方面通过状态输入通道和接口采集室外信号设备的状态信息，上述两种开关量的动作变为二进制代码后送入计算机；信息代码进入计算机，计算机按照联锁程序的要求对输入的信息进行分析处理和复杂的逻辑运算（即联锁运算），结果形成了对信号设备的控制信息和各种表示信息，控制信息通过输出通道和接口控制道岔转换和信号变换显示，表示信息则通过表示输出通道和接口控制显示器的显示。

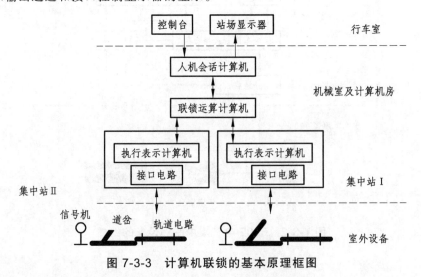

图 7-3-3　计算机联锁的基本原理框图

（二）计算机联锁系统的硬件组成

计算机联锁系统主要由联锁控制计算机系统、人-机对话设备、输入/输出通道与接口、继电器结合电路及其监控对象（信号机、道岔、轨道电路）等部分组成。

1. 联锁控制计算机系统（简称主机）

主机是计算机联锁系统的核心，它要完成所有信息的处理、接口管理及与外部设备的信息交换。由于计算机联锁系统接收和处理的信息多而且复杂，为了保证运算的质量和速度，目前应用的各种型号的计算机联锁设备均采用多机系统，即将人-机对话、联锁运算、系统监测等功能分别用不同的计算机来处理。所以，计算机系统（主机）是由几个子系统组成的，一般包括上位机（也称操作表示机或控制显示机或监视控制机）、下位机（也称联锁处理机）、电务维修机（也称监测机）等。

2. 人-机对话设备

计算机联锁系统大多采用操作、表示合一的界面，显示器显示状态，鼠标输入命令，音箱提供语音报警。维修机上还有供电务维修人员维护监测用的键盘、鼠标、显示器及打印机等。

3. 输入/输出通道与接口

输入/输出通道与接口是连接主机与外部设备的纽带。在计算机联锁系统中，主机一方面通过人-机接口接收值班员的操作命令，同时为显示设备提供各种表示信息；另一方面通过与监控对象之间的输入通道和接口采集现场设备的状态信息，经过逻辑运算后，形成控制命令，通过与监控对象之间的输出通道和接口控制现场的信号设备。

由于在现有的计算机联锁系统中，监控对象的执行部件仍然是继电器，因此，与主机相连时，需要通过输入通道将继电器接点的开关状态变换成计算机能够接收的数字信号（数据）后，才能经由接口送入计算机；同样，计算机输出的控制命令也需要通过输出通道的变换和传送才能驱动继电器。

4. 继电器结合电路

由于铁路信号对系统的安全性要求非常高，目前国内的计算机联锁系统受到软、硬件技术水平的限制，还不能完全取代继电器，控制、监督室外信号设备的最后一级执行部件仍然采用继电器。一般的计算机联锁系统所用继电器的数量为 6502 电气集中联锁系统的 1/3 左右。

（三）计算机联锁设备的基本功能

随着现代计算机控制技术的发展，计算机联锁设备的功能已远远超过继电器联锁设备，许多功能是继电器联锁无法实现的。

1. 联锁控制功能

计算机联锁设备具有 6502 电气集中联锁设备的所有功能。

2. 显示功能

由于采用大屏幕显示器，计算机联锁系统能够提供非常直观、清晰、形象的各种显示，包括站形显示、现场信号设备状态显示、按钮操作提示、系统工作状态显示、故障报警显示等。

3. 记录储存和故障诊断功能

计算机联锁系统最突出的优点是储存容量大，具有较强的记忆功能，系统不但能够及时提供当前的信息显示，而且还能提供历史信息。此外，计算机联锁系统不但能够自动监测系统自身的运行状况，而且在室外信号机、道岔或轨道电路灯信号设备发生故障或参数异常时，能够及时给出报警提示，以便及时处理。

4. 结合功能

由于计算机联锁系统可以与调度集中、计算机监测、列车运行控制等远程自动化系统直接进行数据交换和信息传送，因此可以灵活地与其他系统结合，以实现多网合一，节省了设备。

【任务单】

请利用本任务所学知识完成下列题目：

1. 观察 6502 电气集中联锁设备，回答各组成部分之间的关系。
2. 观察计算机联锁设备，回答各组成部分的作用和各设备之间的关系。
3. 简述 6502 电气集中联锁和计算机联锁的基本原理、作用及操作特点。

【课　业】

1. 学生每 5～6 人一组，认真观察 6502 电气集中联锁设备和计算机联锁设备的操作特点，完成下列课业后，每位同学提交一份书面操作报告，每个小组提交一份小组成员办理作业的 VCR。

① 运用 6502 电气集中联锁设备进行基本操作：办理进路、解锁进路、操作道岔等。
② 运用计算机联锁设备进行基本操作：办理进路、解锁进路、操作道岔等。
③ 运用 6502 电气集中联锁设备，按照《行车组织规定》办理列车作业、调车作业。
④ 运用计算机联锁设备，按照《行车组织规定》办理列车作业、调车作业。

2. 认真观察 6502 电气集中联锁设备和计算机联锁设备，每位学生提交一份 Word 文档，文档中包括 6502 电气集中联锁设备和计算机联锁设备各部分的图片及作用。

任务四　认知区间闭塞设备

【任务描述】

通过任务三的学习我们已经知道，在站内实现列车或车列运行制约的设备是联锁设备，那么，在区间的列车或车列运行是如何实现制约的呢？

通过本任务的学习，同学们将了解到两个车站之间是如何保证行车安全以及防止发生同向追尾和对向冲突事故的。

【知识准备】

区间闭塞设备是为了保证区间行车安全、按照一定的方法组织列车在区间运行、提高运输效率的系统。区间闭塞的基本原则是：在同一区间（闭塞分区）只准许一列列车运行，一旦列车占用区间（闭塞分区），则不准许其他列车驶入。

闭塞区间指的是两个车站（或线路所）之间的铁路线。根据区间线路的数目，区间分为单线区间、双线区间和多线区间（如三线区间）。车站向区间发车时，必须确认区间无车，在单线区间还必须防止两站同时向一个区间发车。为此要求按照一定的方法组织列车在区间的运行，一般称为行车闭塞法，简称闭塞。用来完成闭塞作用的设备称为闭塞设备。

空间间隔法用来控制两列运行列车之间保持一定的距离，一个区间（或闭塞分区）同时只允许一列列车运行。列车驶入固定区间的条件是：验证区间空闲，有进入区间的凭证，实行区间闭塞，保证列车安全。

行车闭塞制式大致经历了：电报或电话闭塞→路签或路牌闭塞（人工闭塞）→半自动闭塞→自动闭塞的发展过程。目前我国铁路，双线多采用自动闭塞，单线多为半自动闭塞。

一、半自动闭塞

半自动闭塞是以出站信号机或线路所的通过信号机显示的进行信号作为列车占用区的凭证，发车站的出站信号机或线路所的通过信号机必须经两站同意，办理闭塞手续后才能开放，列车进入区间后自动关闭；在没有检测区间中是否留有车辆的设备时，还必须由接车站值班员确认列车的完全到达，办理解除闭塞手续；而且在列车未到达接车站以前，向该区间发车用的所有信号都不得开放，这就保证了两站间的区间内同时只有一列列车运行。这种方法既需要人的操纵，又需要依靠列车的自动动作，所以叫半自动闭塞。

半自动闭塞的基本要求如下：

① 甲站要求向乙站发车，乙站同意后，甲站出站信号机才能开放。

② 列车由甲站出发进入区间后，出站信号机自动关闭，实现区间闭塞，两站再不能向区间发车。

③ 列车到达乙站后，方可解除闭塞，闭塞解除前两站出站信号机都不能开放。

④ 设备故障后，不能正常解除闭塞，在确认列车已全部到达车站，经双方同意后方可用故障复原方式解除闭塞。

目前我国铁路使用最多的半自动闭塞是用于单线的64D型继电半自动闭塞，由半自动闭塞机、轨道电路、操纵和表示设备以及闭塞电源、闭塞外线等部分组成。此外，由于车站的出站信号机和进站信号机要配合半自动闭塞设备，它们之间用电路相连，共同完成接发车任务。

二、站间自动闭塞

在半自动闭塞区段增加区间空闲检查设备，和继电半自动闭塞设备配套，自动检查区间占用或空闲，实现列车到达后的自动复原，就构成了站间自动闭塞。这是半自动闭塞的现代化方向。站间自动闭塞不同于半自动闭塞，其不必通过人工办理闭塞和到达复原；也不同于自动闭塞，其区间不划分闭塞分区，不通过信号机。

站间自动闭塞的区间检查设备有两类：计轴器和长轨道电路。采用计轴技术的优越性在于：① 能对长区间进行检查；② 具有较高的可靠性、安全性及适用性；③ 在国外铁路应用较为普遍，并积累了很好的运用经验。因此我国铁路目前多采用计轴技术。

在现有 64D 型继电半自动闭塞设备的基础上增加计轴器等核心设备，则构成了计轴自动站间闭塞。当计轴设备发生故障时，仍可以使用半自动闭塞。

三、自动闭塞

国内广泛应用的固定自动闭塞系统 FAS（Fixed Autoblock System）是基于轨道电路和固定闭塞分区，通常简称为自动闭塞。

自动闭塞的原理是：将站间铁路线路划分为若干个闭塞分区，在每个闭塞分区入口处设立通过信号机，在整个自动闭塞区段，各闭塞分区都设有轨道电路（或计轴器），通过轨道电路（或计轴器）将列车运行和通过信号机的显示联系起来，根据列车运行自动变换通过信号机的显示，将闭塞分区占用情况自动通知给追踪列车，在列车运行过程中自动完成闭塞作用，无须人工参与，故称为自动闭塞。

（一）自动闭塞的优点

自动闭塞和半自动闭塞相比，有以下优点：

① 由于两站间的区间允许续行列车追踪运行，就大幅度提高了行车密度，显著提高了区间通过能力。

② 由于不需要办理闭塞手续，简化了办理接发列车的程序，因此既提高了通过能力，又大大减轻了车站值班员的劳动强度。

③ 由于通过信号机的显示能直接反映运行列车所在位置以及线路状态，因而确保了列车在区间运行的安全。

（二）自动闭塞的分类

1. 双向自动闭塞和单向自动闭塞

自动闭塞按行车组织方法可分为单线双向自动闭塞、双线单向自动闭塞和双线双向自动闭塞。

在单线区段，既要运行上行列车又要运行下行列车。为了调整双方向列车的运行，在线路两侧都要装设通过信号机，这种自动闭塞称为单线双向自动闭塞。

在双线区段，以前多采用单方向运行的方式，即一条铁路线只允许上行列车运行，而另一条铁路线只允许下行列车运行。为此，对于每条铁路线仅在一侧设立通过信号机，这样的自动闭塞称为双线单向自动闭塞。

为了充分发挥铁路线路的运输能力，在双线区段的每条线路上都能双向运行列车，这样的自动闭塞称为双线双向自动闭塞。反方向一般按站间闭塞行车。

双线单向自动闭塞只防护列车的尾部，而单线和双线的双向自动闭塞必须对列车的尾部和头部两个方向进行防护。为了防止双向的列车正面冲突，平时规定：正方向通过信号机亮灯，反方向通过信号机灭灯。只有在需要改变运行方向而且区间空闲的条件下，由车站值班员办理一定的手续后才能允许反方向的列车运行。所以单线自动闭塞和双线双向自动闭塞必须设置改变运行方向的电路。

2. 三显示自动闭塞和四显示自动闭塞

自动闭塞按通过信号机的显示制式可分为三显示自动闭塞和四显示自动闭塞。

三显示自动闭塞区段的通过信号机采用三显示机构，自上而下是黄、绿、红灯，如图 7-4-1 所示，它能预告列车运行前方两个闭塞分区的状态。

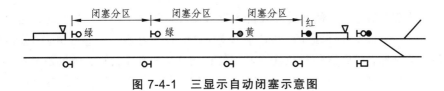

图 7-4-1　三显示自动闭塞示意图

然而，在列车速度和行车密度不断提高的情况下，在一些繁忙的客货混运区段，各种列车的运行速度和制动距离相差很大，三显示自动闭塞难以满足运营要求，于是出现了四显示自动闭塞。四显示自动闭塞是在三显示自动闭塞的基础上增加绿黄显示，如图 7-4-2 所示，它能预告列车运行前方三个闭塞分区的状态。信号机构仍采用三显示，自上而下依次是绿、红、黄。绿灯和黄灯同时点亮时，表示运行前方有两个闭塞分区空闲；绿灯点亮时，表示运行前方有三个及以上闭塞分区空闲；黄灯、红灯的显示意义同三显示。

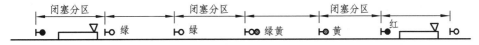

图 7-4-2　四显示自动闭塞示意图

（三）移频自动闭塞

移频自动闭塞是目前我国应用最为广泛的自动闭塞，也是今后自动闭塞的发展方向。

1. 移频自动闭塞的概念

移频自动闭塞以钢轨作为通道，采用移频信号的形式传输低频控制信号，自动控制区间通过信号机的显示，以指示列车运行。它以移频轨道电路为基础，选用频率参数作为控制信息，采用频率调制的办法，把低频信号搬移到较高频率的载频上去，形成振幅不变、频率随低频信号作周期性变化的移频信号。应用移频信息的自动闭塞称为移频自动闭塞。

2. 移频自动闭塞的工作原理

在移频自动闭塞区段，移频信息的传输是按照运行列车占用闭塞分区的状态，迎着列车的运行方向，自动地向前方闭塞分区传递的。下面以图 7-4-3 所示为例，说明四显示移频自动闭塞的工作原理。

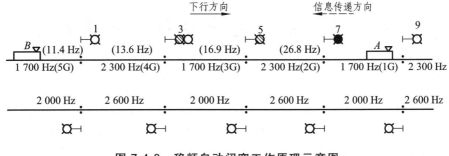

图 7-4-3　移频自动闭塞工作原理示意图

图中，下行线有两列列车 A、B 运行，A 列车运行在 1G 分区，B 列车运行在 5G 分区。由于 1G 有列车占用，防护该闭塞分区的通过信号机 7 显示红灯，这时 7 信号点的发送设备自动向前方闭塞分区 2G 发送 26.8 Hz 调制的、中心载频为 2 300 Hz 的移频信号，当 5 信号点的接收设备接收到该移频信号后，使通过信号机 5 显示黄灯，此时 5 信号点的发送设备自动向前方闭塞分区 3G 发送以 16.9 Hz 调制的、中心载频为 1700 Hz 的移频信号，当 3 信号点的接收设备接收到该移频信号后，使通过信号机 3 显示绿灯；同样，3 信号点的发送设备又自动向前方闭塞分区 4G 发送 13.6 Hz 调制的、中心载频为 2 300 Hz 的移频信号，当 1 信号点的接收设备接收到此移频信号后，使通过信号机 1 显示绿灯，1 信号点的发送设备又自动向前方闭塞分区 5G 发送 11.4 Hz 调制的、中心载频为 1700 Hz 的移频信号。

这样，就可根据列车占用闭塞分区的状态，自动改变地面信号机的显示，准确地指挥列车运行，实现自动闭塞，后续列车 B 可根据前方通过信号机的显示安全行车。

【任务单】

请利用本任务所学知识完成下列题目：
1. 简述什么情况下办理取消复原，举例说明如何办理。
2. 简述什么情况下办理事故复原，举例说明如何办理。
3. 画图说明四显示自动闭塞接近、离去区段的划分。

【课　业】

学生每 5~6 人一组，分组进行以下模拟练习，完成后每组提交一份实训报告。
1. 以 6 人小组为例，正常办理闭塞手续、接发列车。发车站、接车站控制台各设 1 人，负责办理列车接发手续；轨道模拟盘处设 1 人，负责模拟列车运行；继电器架发车站、接车站闭塞机各设 1 人，负责观察继电器的状态变化；另外 1 人为总指挥，指挥小组成员按步骤完成操作练习，并记录表示灯和继电器的变化情况。
2. 以 6 人小组为例，发车站、接车站控制台各设 1 人，负责办理控制台操作手续；故障设置设 1 人，负责模拟列车运行和模拟故障状态；继电器架发车站、接车站闭塞机各设 1 人，负责观察继电器的状态变化；另外 1 人为总指挥，指挥小组成员按步骤完成操作练习，并记录表示灯和继电器的变化情况。

任务五　认知列车运行控制系统

【任务描述】

随着铁路运输的任务越来越重，列车运行速度越来越快，保证运输安全的问题也越来越突出。完全靠人工瞭望、人工驾驶列车已经不能保证行车安全了，即使装备了机车信号和自动停车装置，也只能在一般运行速度条件下保证列车安全，无法实现高速列车的安全保障，因为只靠机车信号和自动停车装置不能完全防止超速行车和冒进信号的现象。

为了适应铁路跨越式的发展战略，实现对列车间隔和速度的自动控制，进一步提高运输效率，保证行车安全，2003 年 10 月，我国原铁道部参照欧洲列车运行控制系统（简称 ETCS）制定了《中国列车运行控制系统（简称 CTCS）技术规范总则（暂行）》和相应的 CTCS 技术条件。

通过本任务的学习，要求学生了解我国列车运行控制系统（CTCS）的基本组成和运用。

【知识准备】

列车运行控制系统（CTCS，简称列控系统）能自动控制列车运行，即以技术手段对列车运行方向、运行间隔和运行速度进行控制，在保证列车运行安全的前提下，以最佳运行速度驾驶列车。列车运行控制系统的地面设备和车站联锁设备主要实现联锁控制功能，并生成列车控制所需的基础数据，通过车-地信息传输通道将地面控制信息传送给列车，经列车运行控制系统的车载设备进行处理后，生成列车速度控制曲线，监督控制列车安全、高速运行。

一、CTCS 概述

中国列车运行控制系统简称 CTCS，是 Chinese Train Control System 的缩写。列车运行控制系统用于控制列车运行速度、保证行车安全和提高运输能力，是计算机、通信、控制等信息技术与信号技术高度集成与融合的产物。《CTCS 技术规范》以分级的形式满足不同线路的运输需求，在不干扰机车乘务员正常驾驶的前提下有效地保证了列车运行的安全。

(一) CTCS 的基本功能

1. 安全防护：在任何情况下防止列车无行车许可运行

防止列车超速运行；防止列车超过进路允许速度；防止列车超过线路结构规定的速度；防止列车超过机车车辆构造速度；防止列车超过临时限速及紧急限速；防止列车超过铁路有关运行设备的限速；防止列车溜逸。

2. 人-机界面

以字符、数字及图形等方式显示列车运行速度、允许速度、目标速度和目标距离。实时给出列车超速、制动、允许缓解等表示以及设备故障状态的报警；具有标准的列车数据输入界面，可以根据运营和安全控制要求对输入数据进行有效性检查。

3. 检测功能

具有开机自检功能和运行中动态检查功能，能够记录设备的关键数据以及关键动作，并提供监测接口。

(二) CTCS 的应用等级

针对我国铁路的不同线路、不同传输信息方式和闭塞技术，CTCS 划分为 5 个等级，依次为 CTCS-0 级、CTCS-1 级、CTCS-2 级、CTCS-3 级和 CTCS4 级，以满足不同线路、不同速度的需求。

CTCS-0 级是面向既有线的现状，由目前使用的通用式机车信号和运行监控记录装置构成的列车运行控制系统。

CTCS-1 级是面向 160 km/h 以下的区段，由主体机车信号和加强型运行监控记录装置组成的列车运行控制系统。它需在既有设备的基础上强化改造，达到机车信号主体化的要求，增加点式设备，实现列车运行安全监控。

CTCS-2 级是面向提速干线和高速新线，采用车-地一体化设计、基于轨道电路传输信息的列车运行控制系统。它适用于各种限速区段，地面可不设通过信号机，机车乘务员凭车载信号行车。

CTCS-3 级是面向提速干线、高速新线或特殊线路，基于无线传输信息并采用轨道电路等方式检查列车占用的列车运行控制系统。

CTCS-4 级是面向高速新线或特殊线路，完全基于无线传输信息的列车运行控制系统。地面可取消轨道电路,不设通过信号机,由 RBC 和车载验证系统共同完成列车定位和完整性检查,实现虚拟闭塞或移动闭塞。

二、CTCS-0 级和 CTCS-1 级列车运行控制系统

160 km/h 以下线路可采用 CTCS-0 级或 CTCS-1 级列控系统。我国铁路大部分既有线路为 160 km/h 以下线路,均以地面信号机作为指挥列车的行车凭证,利用联锁和自动闭塞设备,配合车载"机车信号 + 监控装置"构成 CTCS-0 级列控系统,加上司机的人工介入,CTCS-0 级列控系统可以满足当前的使用要求。通过增加应答器替代司机人工介入的操作,基本形成 CTCS-1 级列控系统的框架模式:"主体机车信号 + 监控装置 + 应答器"。

(一) 机车信号

机车信号自 20 世纪 80 年代开始在我国铁路迅速普及,对行车安全起到了显著作用。机车信号的技术水平也不断得到提高,并出现了高可靠的通用机车信号和主体化机车信号。

1. 机车信号概述

机车信号又称机车自动信号,是用设在机车司机室的机车信号机自动反映运行条件,指示司机运行的信号显示。机车上应安装机车信号机,在地面线路上也应安装相关装置,使机车上能接收到反映地面信号的信息。

机车信号能复示地面信号机的显示,改善司机的瞭望条件。由于气候条件不良或地形条件不良时,司机往往不能在规定距离内确认信号显示,存在冒进信号的危险。采用机车信号后,大大提高了司机接收信号的可靠性,其效果十分显著。目前,随着机车信号可靠性的提高,机车信号已开始从辅助信号转为主体信号。

2. 通用机车信号

通用机车信号是指利用计算机和数字信号处理技术自动识别和接收各种自动闭塞信息,译码后使机车信号机显示,并提供给列车自动停车装置和列车运行超速防护系统的信息。由于通用机车信号可靠性不高,未按主体化进行设计,故不能作为主体信号使用。目前已开发了 JZ-C 系列机车信号,其车载设备按主体化信号设计,符合故障-安全要求。

(二) LKJ2000 型列车运行监控记录装置

LKJ2000 型列车运行监控记录装置主要由主机箱、显示器、速度传感器、压力传感器等组成。列车行车命令通过轨道传送给机车,地面线路数据存储在监控主机中。

LKJ2000 型列车运行监控装置的主要功能如下:

① 速度控制功能。主要是防止列车越过关闭的地面信号机,防止列车以高于道岔允许的最高运行速度通过岔区,防止列车以高于运行区段线路允许的最高速度运行,防止机车以高于规定的限制速度进行调车作业;在列车停车的情况下,防止列车溜逸;可按列车运行提示要求控制列车不超过临时限速等。

② 显示和警告提示功能。显示运行前方地面信号机的种类和编号、显示列车距前方地面信号机的距离、显示控制速度值和列车实际运行速度值、显示运行线路状况、显示机车优化操纵曲线以及其他运行参数和设备状态的显示等。当实际运行速度接近控制速度、机车信号显示状态变化、列车运行前方有分相绝缘、接近联控呼唤地点时,进行语音提示。

③ 运行记录功能。包括日期、时间、机车型号、车次、列车编组、运行公里标、运行实

际速度、模式控制速度、列车管压力、机车信号显示状态等。

④ 地面分析处理功能。将车载记录的运行数据经过翻译、整理，以直观的全程记录、运行曲线、各种报表等形式再现列车运行全过程，为机务的现代化管理及事故分析提供强有力的工具。

LKJ2000 型列车运行监控记录装置的硬、软件达不到故障-安全要求，所需地面数据不是由地面实时传递，而是储存在机车上，按列车坐标提取，一旦发生差错将危及行车安全，所以它只能作为一种过渡设备使用。

三、CTCS-2 级列车运行控制系统

在我国既有线第六次大提速中，主要采用了 CTCS-2 级列控系统。目前我国铁路的动车组列车上都装备了 CTCS-2 级列控车载设备，在 200～250 km/h 的客运专线上也采用了 CTCS-2 级列控系统。

CTCS-2 级列控系统是基于轨道电路和点式信息设备传输列车运行许可信息，并采用目标距离模式监控列车安全运行的列车运行控制系统，它由地面系统与车载设备组成，其运行示意图如图 7-5-1 所示。

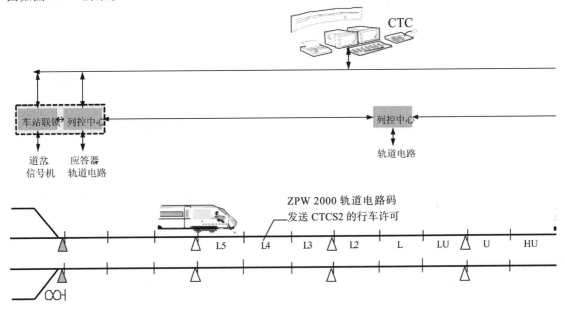

图 7-5-1　CTCS-2 级列控系统运行示意图

（一）地面系统

在 CTCS-2 级列控系统中，轨道电路实现列车占用检查及完整性检查，并连续向车载设备传送空闲闭塞分区数量等信息。应答器向车载设备传输定位信息、线路参数、进路参数、临时限速和停车等信息。列控中心具有轨道电路编码、应答器报文储存和调用、区间信号机点灯控制、站间安全信息（区间轨道电路状态、中继站临时限速信息、区间闭塞和方向条件等信息）传输等功能，根据轨道电路、进路状态及临时限速等信息产生行车许可，通过轨道电路及有源应答器将行车许可传给列控车载设备。

（二）车载设备

车载设备根据地面设备提供的信号动态信息、线路参数、临时限速等信息和动车组参数，按照目标-距离模式生成控制速度，监控列车安全运行。

车载设备的主要功能是：列控数据采集，静态列车速度曲线的计算，动态列车速度曲线的

计算，缓解速度的计算，列车定位、速度的计算和表示，运行权限和限速在 DMI 上的表示；运行权限和限速的监控；在任何情况下防止列车无行车许可运行，防止列车超速运行，防止列车溜逸；列车超速时，车载设备的超速防护具备声光报警、切除牵引力、动力制动、空气常用制动、紧急制动等措施；车载设备发生故障时，及时报警提醒机车乘务员并对故障设备进行必要的隔离；司机行为的监控、反向运行防护、CTCS-2 信息的记录。

四、CTCS-3 级列车运行控制系统

CTCS-3 级列控系统是基于无线传输信息并采用传统方式检查列车占用的列车运行控制系统。它面向提速干线、高速新线或特殊线路，基于无线通信的自动闭塞或虚拟自动闭塞，它可以叠加在既有干线信号系统上。CTCS-3 级列控系统适用于各种限速区段，地面可不设通过信号机，司机凭车载信号行车，可满足客运专线和高速运输的需求；采取目标距离控制模式和准移动闭塞方式，同时具有 CTCS-2 级列控系统的功能。

CTCS-3 级列控系统的运行示意图如图 7-5-2 所示，它包括地面设备和车载设备。

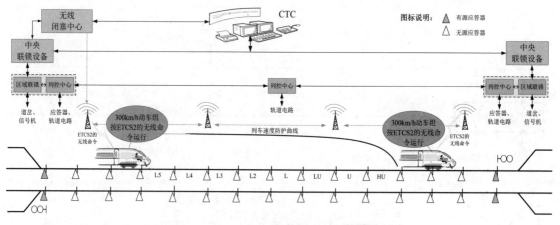

图 7-5-2　CTCS-3 级列控系统运行示意图

（一）地面设备

地面设备由移动闭塞中心（RBC）、列控中心（TCC）、ZPW-2000（UM）系列轨道电路、应答器（含 LEU）、GSM-R 通信接口设备等组成。

RBC 根据轨道电路、联锁进路等信息生成行车许可，并通过 GSM-R 无线通信系统将行车许可、线路参数、临时限速传输给 CTCS-3 级车载设备，同时通过 GSM-R 无线通信系统接收车载设备发送的位置和列车数据等信息。

TCC 接收轨道电路的信息，并通过联锁系统传送给 RBC；同时，TCC 还具有轨道电路编码、应答器报文储存和调用、站间安全信息传输、临时限速等功能，满足后备系统的需要。

应答器向车载设备传输定位和等级转换信息以及传送线路参数和临时限速等信息，满足后备系统的需要。应答器传输的信息与无线传输的信息的相关内容含义保持一致。

（二）车载设备

车载设备由车载安全计算机（VC）、GSM-R 无线通信单元（RTU）、轨道电路信息接收单元（TCR）、应答器信息接收模块（BTM）、记录单元（JRU/DRU）、人-机界面（DMI）、列车接口单元（TIU）等组成。

车载安全计算机根据地面设备提供的行车许可、线路参数、临时限速等信息和动车组参数，按照目标距离连续速度控制模式生成动态速度曲线，监控列车安全运行。

【任务单】

请利用本任务所学知识完成下列题目：

1. 探讨 CTCS 的发展过程。
2. 简述目标距离模式曲线是如何形成的。
3. 简述各级列控系统如何实现对列车的控制。
4. 简述 CTCS-2 级和 CTCS-3 级列控系统之间的区别。
5. 简述各级 CTCS 系统的设备组成及功能。

【课　业】

完成【任务单】中的题目后，每位学员提交一份任务报告。

任务六　认知列车调度指挥系统和分散自律调度集中系统

【任务描述】

铁路列车调度指挥系统（简称 TDCS）是实现铁路各级运输调度对列车运行透明指挥、实时调整、集中控制的现代化信息系统。分散自律调度集中系统（简称 CTC）是以 TDCS 为平台，实现分散自律、智能化、高安全、高可靠的新一代调度集中控制系统。

通过本任务的学习，要求学员对这两个系统有基本的认识和理解。

【知识准备】

行车调度指挥控制包括列车调度指挥系统（TDCS）和调度集中系统（CTC）。列车调度指挥系统能为调度人员提供先进的调度指挥和处理手段，及时提供丰富、可靠的信息和决定依据，提高其应变能力。调度集中系统除了 TDCS 的功能外，主要是完成遥控功能，即自动或由行车调度员在调度所远距离集中控制本区段内各站的信号机和道岔，办理接、发车进路。

一、铁路列车调度指挥系统 TDCS

铁路列车调度指挥系统 TDCS（Train Operation Dispatching Command System）是覆盖全路的调度指挥管理系统，是以现代计算机技术、计算机网络技术、通信技术、多媒体技术、数据库技术为基本技术手段，改造传统落后的铁路调度方式，实现铁路各级运输调度对列车运行实行透明指挥、实时调整、集中控制的现代化信息系统。

TDCS 的应用，实现了铁路运输组织的科学化、现代化，增加了运能，提高了效率，减轻了调度人员的劳动强度，改善了调度指挥的工作环境。以 TDCS 为平台，组建的分散自律、智能化、高安全、高可靠的新一代调度集中系统，是实现铁路高速以及减员增效的跨越式发展的根本保证。

（一）TDCS 的主要优点

调度指挥现代化是铁路运输管理现代化的重要标志，也是铁路运输信息化建设和应用的重点。TDCS 的应用是对传统调度指挥模式的革命性突破，可以大大减轻行车调度员和车站值班员的劳动强度，极大地提高调度管理水平和运输生产效率。

1. 无纸化的调度办公

长期以来，行车指挥依靠的是一张图、一支笔、一把尺、一块橡皮、一部电话的工作模式，使用 TDCS 系统后，调度员通过点击鼠标即可实现运行线路的自动铺画、调整，下达阶段计划和调度命令等操作，列车运行的到发点由系统自动采集生成实际运行图，每班的运行图可以打印输出。

2. 网络化的信息交换

在 TDCS 中，调度员和车站值班员的信息交换全部采用网络传输，包括计划的下达、到发点的上报、调度命令的下达等信息。通过 TDCS 的应用，以信息和网络技术替代既有的信息交换方式，提高了信息交换的效率和质量，同时也实现了调度指挥的无声化，改善了调度人员的工作环境。

3. 自动化的计划调整

由计算机的自动调整替代调度员人工调整，特别是单线调度区段，极大地减轻了调度员的工作强度，调度员只要把握住几个重点会让策略，进行人工干预，其他工作由计算机完成。通过系统自动调整列车会让计划、智能判别列车运行必须满足的逻辑关系，以一定的方式与车站的信、联设备连接，实现对车站设备的直接自动控制，满足了调度集中的需要。

4. 集中化的调度控制

在调度集中（CTC）区段，TDCS/CTC 系统可以做到几百公里之外的车站全部由调度所来集中控制，调度员在调度台上便可直接控制车站的联锁设备，进行远程作业，甚至有些车站可以实现无人值守，通过调度集中系统的自律机逻辑判断与决策，实现列车进路的自动控制，使整个运输调度工作跨上一个新台阶。

（二）TDCS 的网络体系结构及系统构成

1. TDCS 的网络结构

TDCS 由国铁集团调度指挥中心的 TDCS、铁路局的 TDCS、车站调度子系统三层机构有机地组成，实现全路调度指挥自动化和现代化。

① 核心层：由国铁集团调度指挥中心的 TDCS 和国铁集团调度指挥中心至各铁路局的广域网构成，是整个 TDCS 广域网的中枢，各节点关键部分和功能采用合理的冗余配置以保证其安全、可靠。国铁集团调度指挥中心至各路局中心之间均采用双专线连接。两条专线分别连接两套设备，选用两条物理路由，最大限度地保证 TDCS 核心层不中断。

② 区域层：由铁路局 TDCS 组成的网络构成，主要负责汇聚接入层各信源点采集的信息上传至铁路局、国铁集团，并把国铁集团、铁路局下达的阶段计划、调度命令等信息传至相关接入层的受信点。

③ 接入层：由铁路沿线信源点（各站、场、段）组成的网络构成，包括区段、枢纽和分界口 TDCS。三层结构中，主要系统间的接口包括：基层网与路局中心的接口，路局中心与国铁集团中心的接口，相邻路局中心之间的接口，TDCS 与 TMIS 的接口，TDCS 与现有其他系统的接口。

2. TDCS 的系统构成

我国铁路调度指挥是以行车调度为核心，以站段为基础，实行铁路局和国铁集团两级调度管理的体制。TDCS 由调度指挥中心和车站子系统组成，如图 7-6-1 所示。

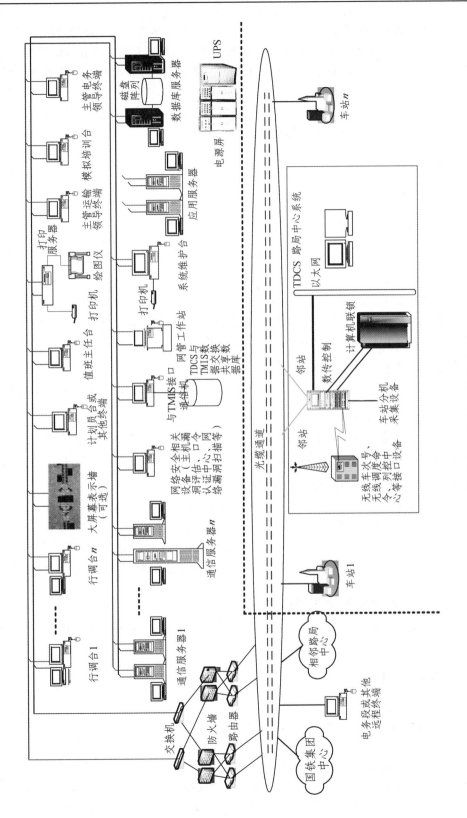

图 7-6-1　TDCS 的组成

　　调度指挥中心包括国铁集团调度指挥中心和铁路局调度指挥中心。设置数据库服务器、应用服务器、通信前置服务器、GSM-R 通信服务器、大屏幕投影系统（或表示墙系统）、网络设备、电源设备、防雷设备、网管工作站、系统维护工作站、调度员工作站、值班主任工作站、计划员工作站、综合维修工作站等。

　　车站子系统即基层信息采集系统，主要设备包括车站分机、车务终端、网络设备、电源设备、防雷设备、联锁系统接口设备和无线系统接口设备等。

（三）TDCS 的功能

　　TDCS 提供多功能调度监督、大屏幕宏观监视、调度管理信息系统、运输技术资料库等一系列辅助调度作业的功能。

1. 调度监督

　　调度监督设备的基本功能是：列车跟踪显示，调度监督历史回放，列车计划/实迹运行图绘制。

2. 实时宏观监视

　　国铁集团调度指挥中心可显示全路各局间分界口的宏观显示及展开、主要干线运输状况的宏观显示及展开、线路列车密度显示、全路枢纽运输状况的宏观显示及展开、全路港口口岸作业状况显示、全路煤炭装卸点作业情况显示，其他视图、图像显示。

3. 技术资料检索、显示、打印

　　通过技术资料检索、显示、打印系统，可方便、快捷地查询到所需的各种技术资料。

4. 调度信息管理和统计

　　调度信息管理是指铁路局调度中心的行车调度信息管理、机车调度信息管理、车辆调度信息管理、客运调度信息管理、货运调度信息管理和运输统计报表。

5. 三小时列车运行计划的生成和执行

　　系统根据基本图生成日班计划，再根据日班计划生成阶段计划。阶段计划中的车次及到发时刻与实际运行信息进行比较，如果实际运行与计划一致，按照计划继续执行，如果实际运行与计划产生了差异，例如出现晚点，则对计划进行调整。调整后的计划下达车站，按新计划排列进路，开放信号，接、发列车，通过 TDCS 自动采集列车到发时刻以及车次跟踪信息，并通过网络传送到中心。

二、分散自律调度集中系统

　　分散自律调度集中系统（简称 CTC 系统）是采用智能化分散自律设计原则，以列车运行阶段计划控制为中心，兼顾列车和调车作业的高度自动化调度指挥系统。

（一）调度集中概述

1. 调度集中的概念

　　调度集中（Centralized Traffic Control，简称 CTC）的全称是调度集中控制，是控制中心对某一调度区段的信号设备进行集中控制，对列车进行直接指挥、管理的技术设备。

　　调度集中的主要功能是集中控制列车进路，实现行车管理的自动化和遥控化。如图 7-6-2 所示，遥信是指车站被控

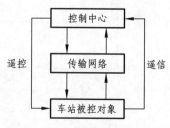

图 7-6-2　调度集中的基本结构

对象的各种表示信息通过网络传送至控制中心，实现列车运行信息传送自动化；遥控指的是调度员在控制中心直接掌握所辖区段的列车运行情况，以确定列车的行动，并利用技术手段通过传输网络直接控制所辖区段的各个车站的接发车进路，实现列车传达指令的遥控化。

2. 采用调度集中的优点

① 提高运输效率，改善指挥行车方法。调度集中系统使调度员能够及时了解整个区段内列车的运行情况和设备状态，不用浪费大量的收点、记录和电话联系时间，有更多的时间来思考、调整和优化列车运行调整计划，利用列车运行调整计划自动控制列车的运行，提高了运输效率并能充分发挥区间通过能力，明显减轻了行车指挥人员的劳动强度。

② 减员增效，降低成本。由于控制中心集中遥控办理进路以及列车运行情况在控制中心自动地表示出来。因此可以把车站行车人员从办理行车有关的业务中解放出来，减少了行车及信号操作人员。

③ 便于灵活处理重大事件。在控制中心可以迅速、准确地指挥行车。由于列车运行情况能够实时表示，所以当发生事故时能迅速、妥善地处理。

(二) 分散自律调度集中系统的原理、结构及功能

分散自律调度集中系统（简称 CTC 系统），就是以分散自律控制模式为基本特征的调度集中系统。系统遵守的基本原则是列车作业优于调车作业，调车作业不得干扰列车作业。采用智能化分散自律设计原则，以列车运行调整计划为中心，兼顾了列车作业与调车作业，解决了列车与调车相互干扰的问题，实现了在不影响列车运行的原则下，允许中心和车站通过调度集中系统自主进行调车作业。

1. CTC 系统的基本原理

采用分散自律调度集中系统的车站设立了自律机，按照列车运行调整计划和《站细》正常接发车以及协调列车与调车作业的冲突，实现列车与调车作业的统一控制，这一原则叫作"分散自律"控制原则。

如图 7-6-3 所示，调度中心根据运输实际情况，编制列车运行调整计划，并适时地将调整计划下达给各个车站的自律机，由车站自律机根据列车运行调整计划自动生成列车进路操作指令，并根据车次号追踪结果，适时地将进路操作命令传送给联锁系统执行，实现了车站作业和远程调度指挥。有人值守车站还能接收车站调车作业计划，无

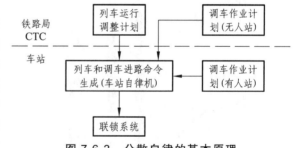

图 7-6-3　分散自律的基本原理

人值守车站接收 CTC 中心调车作业计划，在不影响列车的前提下自动生成调车进路操作命令并下达给联锁系统执行，以实现调车作业和列车作业协调进行，解决了列车作业和调车作业的矛盾。车站自律机体现了既受 CTC 中心集中控制又按各站调车作业情况自行处理的机理。

2. CTC 系统的结构与功能

我国铁路分散自律调度集中系统由铁路局 CTC 中心子系统、车站子系统两级构成。系统采用通用的互联网体系结构，调度中心通过交换机将中心各种设备连接成一个局域网，各站交换机将车站设备连接成一个局域网。通信网络将中心局域网和各车站局域网连成一个广域网。如图 7-6-4 所示，分散自律调度集中系统由调度中心、车站、网络通信三部分构成。

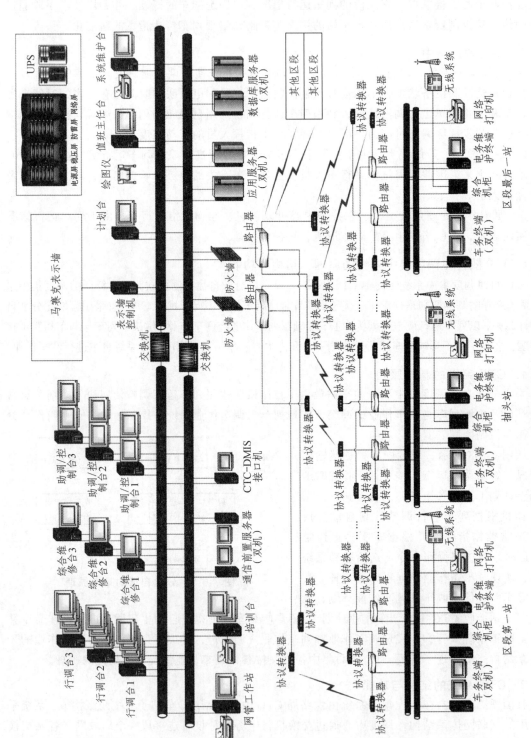

图 7-6-4　分散自律系统 CTC 的结构组成

铁路局调度中心由调度中心应用系统和调度中心服务系统两部分组成。

(1) 调度中心服务系统

调度中心服务系统主要由调度中心总机房设备构成，它提供应用系统后台服务，主要包括数据库服务器、应用服务器、通信服务器、GSM-R 通信接口服务器、CTC/TDCS 接口服务器、系统维护工作站、网络管理工作站、电源设备及防雷设备。

数据库服务器存储分散自律调度集中系统的运行图数据、车站信息、区段信息等基础静态数据表，以及计划数据、调度命令、站场表示信息、实际运行图等动态数据。

应用服务器是后台服务系统的核心，负责整个系统的数据收发、数据处理以及数据存储等工作，完成运行图的自动调整，向 CTC 所有工作站提供行车表示信息、列车编组信息、车次号跟踪信息、列车报点信息等。

(2) 调度中心应用系统

调度中心应用系统主要提供局调度中心各相关工种的操作界面和培训功能。主要设备包括：调度员台、助理调度/操作员合一台、综合维修调度台、值班主任台、计划员台、培训台、打印机、绘图仪等。

列车调度员工作站是列车调度员的工作平台，主要实现监控管辖区段范围内列车运行位置、指挥列车运行的功能。例如，调整和下达列车阶段计划，维护实迹运行图，下达调度命令以及与相邻区段列车调度员交换信息。

助理调度/操作员合一工作站，主要实现 CTC 中心人工进路操作控制、闭塞办理、非正常处理等功能，同时还实现无人值守车站调车作业计划的编制、调整和指挥以及在自律约束条件下调车进路的人工办理等相关功能。

综合维修工作站，主要用于设备日常维护、天窗修、施工以及故障处理方面的登、销记手续办理，并具有设置临时限速，区间、股道封锁等功能。完成维修调度命令的编制、下达以及审批等功能。实际运用中应根据调度台作业的繁忙情况来决定是否设置综合维修调度工作站，对于不繁忙的调度工作，可将其功能合并在列调工作站上。

3. 车站子系统的结构与功能

采用分散自律调度集中系统的车站完成进路选排、冲突检测、控制输出等核心功能。车站子系统采用局域网结构，与调度中心和邻站通过广域网连接，包括车站运转室设备和车站机械室设备。

(1) 车站值班员工作站

车站值班员工作站设置于车站运转室内，一般采用双显示器及双机热备模式。其功能主要包括：① 用户登录和权限管理；② 日计划、班计划、车站调车计划、阶段计划、调度命令的调阅与签收；③ 本站的站场显示和相邻车站的站场显示，区间的运行状态显示；④ 本站车次号的输入修改确认；⑤ 行车日志的自动记录、存储、打印；⑥ 列车编组和站存车的输入上报；⑦ 调车计划的编制和打印；⑧ 监视和控制本站自律机的计划执行和进路办理；⑨ 本站非正常情况的报警。

(2) 车站信号员工作站

车站信号员工作站一般在较大车站设置。车站信号员工作站设置于车站运转室内，一般采用双显示器及双机热备配置。当车站较小时，信号员工作站可以不设，其功能合并至值班员工作站。

信号员工作站的功能主要包括：① 用户登录和权限管理；② 本站的站场显示和相邻车站

的站场显示，区间的运行状态显示；③ 调车作业单的查询；④ 进路控制、道岔控制、人工解锁、设备封锁等按钮直接控制。

(3) 车站站调工作站

车站站调工作站设于车站站调楼内，供车站调度员使用，设备为单套。其功能包括：① 提供本站及相关车站的站场显示和车次显示；② 调阅相关车站的行车日志，编写调车作业通知单并发送给车场值班员。

【任务单】

请利用本任务所学知识完成下列题目：
1. 简述 TDCS 的构成和功能。
2. 简述 CTC 和 TDCS 有何不同。
3. 简述 TDCS 如何实现列车实时追踪。

【课　业】

1. 由中心下达一条列车计划，观察车站的接收及执行过程。以 VCR 的形式提交任务报告。
2. 学员每 5~6 人一组，分组讨论在 CTC 区段，调车进路如何排列。以实训报告的形式提交任务报告。

任务七　认知铁路专用通信系统

【任务描述】

铁路专用通信系统是直接为运输生产服务的，它将铁路有效地联系为一个整体，在保证铁路运行畅通、安全正点方面起到了至关重要的作用。目前，随着通信事业的飞速发展，我国铁路专用通信系统也正朝着移动化、数字化、多功能化的方向发展。

通过本任务的学习，要求学员对我国铁路专用通信系统的现状和发展方向有清楚的认识。

【知识准备】

铁路运输生产必须实行高度集中，为了可靠地指挥列车运行、组织运输生产及实现各部门工作的互相联系，必须设置性能完善的铁路通信系统，构成完整的通信网。铁路通信系统能够传输电话、电报、数据、传真、图像等话音和非话音业务信息等，它是铁路实现统一指挥、组织、管理运输生产的重要工具。

铁路通信系统主要由传输系统、电话系统和铁路专用通信系统组成。

传输系统主要以光纤数字通信为主，为信息的传递提供大容量的长途通路；电话系统以程控交换机为主要模式，利用交换设备和长途话路，把全路各级部门联系在一起。

铁路专用通信系统一般是指专用于组织及指挥铁路运输及生产的专用通信设备，这些设备专用于某一目的，接通一些指定的用户，一般不与公务通信的电报、电话网连接。铁路专用通信系统主要包括调度电话、专用电话、公用电话以及区间电话和站间电话等，此外还为铁路调度集中系统（CTC）、牵引供电远动系统、车辆故障检测系统、自动闭塞、电力远动系统和低速数传系统提供传输通道。铁路专用通信系统的另一重要功用是铁路站场通信。铁路站场通信主要服务于铁路站场，用户线以站场值班室为中心向外辐射，用户集中在几十平方米到几平方千米的范围内。

一、铁路专用通信系统

铁路专用通信系统是铁路通信系统的重要组成部分，是铁路内部最主要的业务通信网。它直接用于指挥列车运行，为铁路运输生产第一线服务。

铁路专用通信系统由区段通信、站场通信及电话会议通信三部分组成。

区段通信主要包括调度电话和其他专用电话。

由于铁路运输生产需要高度集中统一指挥，因此必须设置一套完备的调度电话网，它将铁路局、国铁集团两级运输指挥机构密切联系起来。调度电话是专门用于指挥运输生产的，不得在与行车无关的部门设置，也不得介入地区电话网、长途电话网。

铁路基层单位分布在铁路沿线，为了满足系统内部车站、工区、领工区等各基层单位之间的业务联系需要，设置了各种专用电话。

各车站电话分机设在车站值班员室、货运室、通信工区、信号工区、给水所、公安派出所等处所。各车站电话已通过接入网接入自动电话网。

站场通信是指铁路某一站场内部各行车部门之间的通信联系。站场通信包括站场专用电话、扳道电话、车站扩音对讲设备、站场扩音设备、站场无线电话等。

(一) 铁路数字专用通信系统

铁路数字专用通信系统是采用某种接入设备，利用数字信道把沿线各站的各种专用通信业务综合起来，提供全面的数据、文字、语音等服务，简化了专用通信系统的结构，改善了专用通信系统的话音质量，提高了数字信道的利用率，从根本上解决了沿线小站的通信问题，形成了以自控为主的、智能化的、全程全网的、网络化的综合调度指挥平台。

铁路数字专用通信系统分为枢纽主系统和车站分系统。主系统一般位于各个调度中心，分系统一般位于所管辖的各个车站，两者之间通过数字传输通道组成网络，在网络内部实现语音、数据等通信业务，同时保留与模拟传输接入的方式，使数字和模拟方式互为备份。网管系统可根据维护管理的需要，由设置在调度所的主系统或沿线各车站的分系统构成。

铁路数字专用通信系统主要承担数字化调度业务、专用电话、数字化站间闭塞以及各种模拟接入业务，同时能够替代站场集中机、区转机等设备。

1. 调度电话

铁路数字专用通信系统可以实现铁路局所有方向、所有区间的调度电话业务，可以实现局中心调度、干线调度的多级联网。一个调度电话系统由后台交换网、调度台、调度分机、录音设备及数字传输通道构成。

(1) 列车调度电话

铁路最基层的运输指挥机构为铁路局，将铁路局管辖的线路划分为一个个列车调度区，每个调度区设一名调度员，并设置一台调度电话，就构成了列车调度电话网，作为调度员指挥列车运行的通信工具。

列车调度通信是最重要的铁路行车通信系统，其主要用户包括列车调度员、车站（场）值班员、机车司机、运转车长、助理值班员、机务段（折返段）调度员、列车段（车务段、客运段）值班员、机车调度员、电力牵引变电所值班员、救援列车主任以及其他相关人员。

(2) 货运调度电话

货运调度电话网是为铁路局货运调度员指挥各主要车站装卸货物作业而设置的。货运调度电话区段的划分与货运调度员管辖范围一致，总机设在铁路局调度机械室，选叫通话设备设在铁路局调度所货运调度员处，分机设在中间站货运员及大站货运调度员处。

(3) 电力调度电话网

电力调度电话网是为铁路局电力调度员指挥电力牵引的基层单位检修供电设备而设置的，区段划分须与电力调度员管辖范围一致。总机与选叫通话设备设在铁路局，分机设在牵引变电所值班员室、开闭所、接触网工区、分区亭、电力机务段及折返段值班员室、供电段调度室等。

2. 站间通信

站间通信是两车站值班员之间为办理有关行车业务进行通信联络而设置的。一个车站与其上行车站的站间通信，需使用一个时隙，而此车站与其下行车站的站间通信，也可同时使用这个时隙。系统实现了时隙的分段复用。一个车站除了与其邻站通信外，还可能与其他不相邻的车站进行站间通信。

3. 区间电话

区间电话是供工务、电务、电力工作人员在区间工作时，与车站值班员或有关人员进行紧急防护及业务通话使用的。因此区间电话应能与邻近车站值班员联系，还能与该区段列车调度回线、电力调度回线以及工务、电务等回线接通。一般电缆区段设一对区间电话回线。在电气化区段，因电力牵引供电直接影响列车运行，因此需加设一对电力维修专用的区间电话回线。每隔 1.5 km 设区间自动电话机一台，装在铸铁箱内加锁，车站分系统具有区间电话转接机功能，通过区间电话机拨号可分别与列车调度员、邻近车站值班员等直接联系。

车站分系统具有区间电话转接机功能。

4. 应急分机

车站分系统可通过软件将一部电话机设置成应急分机，对应该分系统的一个值班台，当该值班台出现故障，系统将自动切换到应急分机，由应急分机替代值班台实现通信业务。

5. 站场广播接入

车站分系统与站场广播系统对接，实现车站值班员对站场的广播。

6. 无线调度接入

在铁路局调度所与沿线车站之间提供了 4 线音频共线通道，为无线调度系统的各设备之间提供优质的音频通道。

7. 多通道录音仪

多通道录音仪由工控机、语音卡、系统软件组成。它可以替代目前铁路站场和调度区段所使用的单路或多路录音设备，并实现远程监听和放音功能。多通道录音仪可提供多达 15 个录音通道、1 个放音通道，语音的录制采用音控方式。录制的语音资料存储在硬盘中，便于长期保留。

(二) 列车无线调度电话

列车无线调度电话简称无线列调，是有线列车调度电话的延伸，它是为列车调度员、机车调度员、车站值班员等行车指挥人员直接通话和正在运行中的列车司机互相通话而设置的。这不仅便于及时掌握与调整列车的运行，提高运输效率，而且当列车在运行过程中发生临时故障或者区间线路、桥梁等出现异常现象时，司机可以及时反映给调度员或邻近的车站值班员，以便采取紧急措施。

在无线列调中，司机是随列车运行而移动的，其移动范围限于铁路沿线的带状区域内，故无线列调属于带状移动通信。

无线列调系统由车站电台、机车电台、调度总机及传输线路等组成。无线列调采用无线和有线相结合的方式，调度总机与车站台间采用有线方式连接，在传输线路上传送呼叫信号及话音信号，在车站台和机车台之间则采用无线方式联络。

在铁路局调度机械室还设置了有线无线转接总机，在铁路局调度所设置了有线无线转接总机的操作设备，在各车站值班员室设置了有线无线转接分机及车站电台，在机车上设置了机车电台。当调度员欲与正在行驶中的列车司机通话时，呼叫出距该次列车最近的车站转接分机，有线调度回线自动接通该站的车站电台，然后呼叫出机车电台，与司机进行通话。当司机欲与调度员通话时，用机车电台呼叫出邻近的车站电台，由车站电台通过转接分机转接后即可通话。

无线列调最初是采用专用控制信道直接对讲形式，目前已采用多信道自动拨号的集群通信系统。通过系统的集群，使各个无线通信子系统各自通话互不妨碍，同时实现共用设备、频率资源和覆盖区的共享。系统信道分配以动态方式进行，系统中任意用户均可使用空闲信道，使信道的利用率达到最佳。

无线集群通信系统的功能是：① 提供语音服务，包括组呼、通播组呼叫、紧急呼叫、私密呼叫、电话互联、直通模式方式通话；② 提供数据服务，包括状态信息服务、短数据传送服务和紧急报警；③ 提供组呼的补充服务，包括遇忙排队和回叫；④ 优先级排队；⑤ 新近用户优先；⑥ 动态站分配和关键站点分配；⑦ 设置有效站点；⑧ 全部启动和快速启动；⑨ 动态重组；⑩ 通话方识别；⑪ 滞后加入；⑫ 优先监视。

集群通信系统功能强大，应用灵活，同时系统编组功能强，支持 4 000 个通话组，可以根据实际需要增减通话组，无论系统正常或故障都可方便地实现调度与移动台用户之间的通话，满足了铁路内部无线通信的需求，提供了较为有效的联系手段。

(三) 应急抢险通信

利用沿线各站通信机械室的光纤用户接入网，向车站的下行区间开放一个专用号 117，每个区间开放一个自动电话。区间抢险电话只能呼叫"117"立接台，不能呼叫其他电话，"117"立接台可直接呼叫区间抢险电话，以确保随时接通现场电话。

(四) 站场通信

站场通信是供铁路某一站场内部各行车部门之间通信联系使用，包括站内电话、站场扩音对讲及客运广播三部分。

1. 站内电话

站内电话是仅供站场范围内有业务联系的各行车部门之间通话用，采用直通电话。如车站值班员与车站调度员之间、车站信号员与道岔清扫房之间等，均可设置直通电话。为了使用方便，某部门超过三台电话机时就采用电话集中机。每台电话集中机设有两套通话设备，同时可供两对电话通话；设若干个用户分盘，每个用户分盘相当于一台电话机，用一对外线与对方电话机接成一对直通电话，设一个铃，当对方用户呼入时响铃，相应的用户分盘灯亮，值班员应答时可将该用户分盘上的扳键向上扳或向下扳，向上扳时用话筒、扬声器与对方通话，向下扳时必须取下送/受话器与对方通话，通话完毕将扳键复位即可。当值班员要与对方用户通话时，只要将用户分盘扳键上扳或下扳，即送出呼出信号，对方话机响铃，当对方应答时双方即可通话。

2. 扩音对讲系统

站场内还有大量工作在车场上的流动工作人员，为解决室内外工作人员之间的通信联系，设置了扩音对讲系统。

扩音对讲系统由一套扩音机及设置在车场上的若干个扬声器和扩音线路组成。室内工作人员将需要通告的信息通过扩音机扩音后由扬声器传播至车场，使室外工作人员了解信息的内容。例如，在车站内可设置一套供行车作业系统使用的扩音设备，在车场内设置若干套供调车作业系统使用的扩音设备。在室内工作人员处设固定电台，流动工作人员携带袖珍电台。固定电台与携带电台相互间均可通话。

3. 客运广播系统

客运广播系统是为客运作业而设置的。一般在客运站和旅客最高聚集人数大于 300 人的客货运站设置客运广播设备。扩音机设置在广播室内或邻近的通信机械室内，广播室应设置在便于瞭望旅客乘降及列车到发的处所。为了使其服务更有针对性，客运广播设备采用分路输出，即通过分路控制设备可以分别向候车室、各站台、站前广场等处所进行广播。

二、GSM-R

GSM-R（GSM for Railway）的中文全称为铁路移动通信系统标准，和我国目前覆盖范围最大的 GSM 网络的标准相仿，是我国从欧洲引进的移动通信铁路专用系统。

GSM-R 是专门为铁路设计的专业无线数字通信系统，它基于 GSM 系统技术平台，针对铁路通信的特点，将铁路移动通信所具有的特色（群呼、组呼、优先级别、强插、强拆等功能）加进去而构成的。从集群通信的角度来看，GSM-R 是一种数字式的集群系统，能提供无线列调、编组调车通信、应急通信、养护维修通信等语音通信功能。

（一）GSM-R 的组成

GSM-R 系统由六个子系统组成：交换子系统（SSS）、基站子系统（BSS）、运行与维护子系统（OMC）、通用分组无线业务子系统（GPRS）、终端子系统及移动智能网子系统（IN），并通过交换子系统（SSS）中的网关移动交换中心（GMSC）实现与其他通信网络的互联互通，通过通用分组无线业务子系统（GPRS）中的网关 GPRS 业务支持节点（GGSN）实现与其他数据信息网络的互联互通。

（二）GSM-R 的结构与覆盖

GSM-R 可以构成既含有面状覆盖又含有链状覆盖的网络，既可用于地区性的覆盖也可用于全国性的覆盖。例如，沿铁路线路采用链状覆盖，车站及枢纽地区采用面状覆盖。为了满足铁路对传输的高可靠性要求，链状覆盖一般采用双重冗余的重叠小区结构，每 2 个基站（BTS）重叠覆盖一个小区（cell）；面状覆盖采用多小区（或多扇区）蜂窝结构，每个基站（BTS）覆盖一个小区（cell），也可以采用重叠覆盖小区结构。

（三）GSM-R 的功能特点

GSM-R 以 GSM 平台为基础，因此除了 GSM 所具有的越区切换、漫游等特性外，GSM-R 还具有如下专有的特性：

① 功能寻址（Functional Addressing，FA）：便于固定（移动）用户拨号呼叫列车上移动用户的一种方式。

② 基于位置的寻址（Location Dependent Addressing，LDA）：便于列车上的移动用户（如火车司机）呼叫固定用户（调度员）的一种方式。例如，当火车司机呼叫固定用户（调度员）时，系统依据移动用户（火车司机）的当前位置（所在控制区/小区）对固定用户（调度员）进行寻址，自动将呼叫转接到列车当前所在控制区的调度员。

③ 语音广播服务（Voice Broadcast Service，VBS）：用来在指定区域（可跨多个小区）内广播消息或发布紧急呼叫（一点对多点的呼叫，主呼者讲话而众多的被呼方只能收听）。区域的定义和选择可以动态设定，从而具有极大的灵活性。

④ 语音组呼服务（Voice Group Call Service，VGCS）：移动或固定用户拨打组呼 ID 号，可与指定区域内的小组成员建立呼叫。该组内所有成员均可通过同一业务信道进行接听；该小组的成员也可通过按键讲话（PTT）的方式发出通话请求，系统依据"先请求先服务"的原则建立一个上行链路来提供通话服务。

⑤ 增强的多级优先与强占权（Enhanced Multi-Level Precedence and Pre-emption，eMLPP）：铁路紧急呼叫或列车自动控制等许多通信应用，都要求网络无论处于何种负载状况下均能迅速建立呼叫。如果在一个无线电小区发生拥塞（所有无线电频率和业务信道均被占用），eMLPP 可立即切断低优先权的呼叫而建立高优先权的呼叫。

（四）GSM-R 更适合铁路通信

GSM-R 除了具有上述功能特点外，还应用于如下的铁路业务：

① 列车控制系统（Train Control System，TCS）：是以 GSM-R 作为传输手段的列车自动防护/列车自动控制系统，甚至可以实现列车自动操作（驾驶）。

② 铁路维护通信：利用 GSM-R 建立铁路沿线维护人员的业务联络通信（新的路边电话和隧道电话），并能够根据维护人员的职能和所在场所很快确定他们的位置。

③ 列车诊断：如果列车发生故障，诊断数据将通过 GSM-R 传输到下一个维修中心。使维修站能够及时为维修做好相关准备，因而大大缩短了维修时间。

④ 旅客服务：包括列车时刻信息、在线售票（订座）服务。基于列车自动控制和 GSM-R 的列车时刻信息服务，能够随时为旅客和乘客提供列车的动态位置和时刻信息；基于 GSM-R 连接的售票机可提供在线售票（订座）服务。

⑤ 货运跟踪服务：利用一个带有 GPS 接收器的简单 GSM 模块，可指示该货车（集装箱）的精确位置，以便实时掌握所运货物的确切位置，并可将这一数据发送给客户。

【任务单】

请利用本任务所学知识完成下列题目：

1. 铁路通信有哪些用途？如何分类？
2. 什么是铁路专用通信？它如何分类？
3. 何为 GSM-R？
4. GSM-R 网络如何组成？各部分的作用是什么？
5. GSM-R 有哪些主要功能？

【课　业】

登录铁道论坛网查询资料，完成【任务单】中的题目后，每位学员提交一份任务作业。

项目八　认知电气化铁路供电系统

【知识目标】

1. 了解电气化铁路；
2. 掌握电气化铁路牵引供电系统的组成；
3. 掌握电气化铁路牵引变电所的构成及基本工作原理；
4. 了解电气化铁路接触网的结构组成；
5. 熟悉电气化铁路牵引供电系统的运营、管理流程。

【能力目标】

1. 熟知电气化铁路牵引供电系统的组成及供电方式；
2. 能够判别铁路线路的牵引供电方式；
3. 能够判别牵引变电所内一次设备与二次设备的工作状态；
4. 能够区分不同类型的接触网；
5. 掌握铁路供电系统的运营与管理流程。

【项目导入】

项目学习引导书

当前，世界已迈入建设高速电气化铁路的新时期，修建高速电气化铁路的国家越来越多，列车运行的速度越来越高，运营里程也越来越长。高速电气化铁路已经成为国家经济发展水平和铁路现代化的主要标志之一。

作为铁路员工，无论从事行业内何种工种，都必须了解电气化铁路供电系统的基本构成与设备工作原理，了解电气化铁路供电系统运营与管理的流程与规程。

在理论学习与实践练习中，逐步掌握本项目的所有技能，包括相关的背景知识。为了达到更好的学习效果，并最终独立完成任务，必须在准备阶段多渠道、全方位地了解相关知识，更重要的是能够独立思考，而不是简单地看书、听讲、完成任务。

请始终独立处理信息并借助相应的工作技巧，给文本标记、记录，制作并展示你的学习卡片等，这对于长期保存知识信息是很有效的工作方法。

任务一 认知电气化铁路

【任务描述】

当前，世界已迈入建设高速电气化铁路的新时期，修建高速电气化铁路的国家越来越多，列车运行的速度越来越快，运营里程也越来越长，特别是欧洲，已经突破了国界，向国际化、网络化发展。高速电气化铁路已经成为国家经济发展水平和铁路现代化的主要标志之一。

通过本任务的学习，要求学员了解电气化铁路的发展历史，尤其是我国电气化铁路的发展情况和我国电气化铁路的基本特点，掌握有关电气化铁路供电系统的基本知识点。

【知识准备】

一、电气化铁路的发展历程

铁路运输主要有三种牵引形式，即蒸汽牵引、内燃牵引和电力牵引。蒸汽牵引从 20 世纪 60 年代开始，已逐渐被淘汰。内燃牵引和电力牵引具有功率大、热效率高、过载能力强的特点，能更好地实现多拉快跑，提高铁路的运输能力，所以发展很快。特别是电力牵引，它除了具有上述优点外，还能综合利用资源和不污染环境，是今后铁路重点发展的牵引形式。

世界上第一条电气化铁路出现于 1879 年。最初的电气化铁路修建于工矿线路和一些大城市近郊线路。到了 20 世纪 50 年代，一些工业发达的国家为了完成急剧增长的运输任务，以及与其他运输业竞争的需要，开始大规模地进行铁路建设，其中包括牵引动力的现代化建设。此后，电气化铁路的建设速度不断加快，修建电气化铁路的国家逐渐增多。电气化铁路发展最快的时期是 20 世纪 60 年代，到了 70 年代末，工业发达的西欧、日本、苏联以及东欧等国家，运输繁忙的主要铁路干线就实现了电气化，而且基本上已经成网。70 年以后，一些发展中的国家，如印度、朝鲜、土耳其、巴西、智利、摩洛哥等，电气化铁路发展也很快，特别是我国的电气化铁路更有了飞速的发展。

我国铁路电气化事业起始于 1956 年。1961 年 8 月，宝成铁路（宝鸡至成都）宝鸡至凤州段电气化铁路通车。1975 年 6 月，宝成电气化铁路全线建成通车。20 世纪 90 年代是我国铁路发展的重要时期，"九五"是 20 世纪最后五年，也是我国铁路由滞后型向基本适应型转变的重要时期，在这一时期内，我国建成开通了京郑线、干武线、成昆线、南昆线、焦枝线、宝成线等十条电气化铁路，而且还建成开通了我国第一条速度 200 km/h 的准高速铁路——广深电气化铁路。2001—2005 年是我国电气化铁路建设史上建成开通最多的 5 年，先后建成了哈大、渝怀、秦沈客运专线等 5 000 多公里的电气化铁路。近年来，我国高速电气化铁路发展迅猛，2008 年 8 月 1 日，京津高速电气化铁路开通运营；2009 年 4 月 1 日，合武高速电气化铁路开通运营；2009 年 12 月 26 日，武广高速电气化铁路开通运营；2010 年 2 月 6 日，郑西高速电气化铁路开通运营；2012 年 12 月 1 日，哈大高速铁路正式开通运营。目前我国电气化铁路已进入了高速时代。

截止到 2017 年底，我国电气化铁路总里程突破 8.7 万公里，为世界第一位。

二、电气化铁路的优越性

电气化铁路是一种现代化的铁路运输形式，与内燃机车和蒸汽机车牵引的铁路相比，具有技术经济上的优越性。

（一）能大幅度提高运输能力

由于电力机车以外部电能为动力，不需要自带动力装置，可降低机车自重，这样，在每根轴的荷重相同的条件下，其轴功率较大，具有牵引力大和持续速度较高的特点，从而大大提高了运输能力。

（二）节约能源，降低运输成本

电力牵引的动力是电能，从我国能源生产的发展来看，原油储量远少于煤炭、水力，而一些无法直接使用电能的水上、陆地和空中运输工具及移动机械却需要大量的液体燃料，因此，电力牵引是最合理的牵引动力。电力牵引每万吨公里的能耗比其他牵引形式约低 1/3。

（三）有利于保护环境，并能增加安全可靠程度

电力机车无废气、烟尘，对空气无污染，另外噪声较小，特别是在通过长大隧道时，其优点更为显著，这不仅改善了司机的工作条件和旅客的舒适度，而且对铁路沿线城市、郊区的污染也减到最低程度。电力机车装有大功率的电气制动装置，可用于长大下坡的速度调整，从而可以大大提高列车运行的安全度。

三、电气化铁路的基本组成

电气化铁路的基本组成包括电气化铁路供电系统和电力机车两大部分；另外还包括铁路线路、车站、铁路通信信号等设施以及相应的运行、维修和管理单位（供电段、电务段、电力调度及其主管部门）。

电气化铁路供电系统由一次供电系统和牵引供电系统组成。其中，电气化铁路的一次供电系统一般是指国家电力系统向电气化铁路供电的部分，也称为铁路的外部供电系统。一次供电系统主要包括发电厂、区域变电所和电力传输线，如图 8-1-1 中所示的发电厂（或区域变电站）以及三相交流高压输电线，这两部分是电气化铁路的一次供电系统。在我国，电力系统通常以110 kV 或 220 kV 的电压等级向电气化铁路供电。

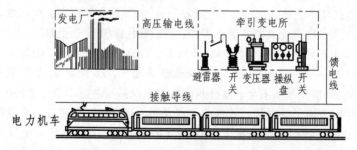

图 8-1-1   电气化铁路供电系统构成示意图

对电力机车供电的属于铁路部门管辖的供电系统，称为电气化铁路牵引供电系统。它由牵引变电所和牵引网构成，如图 8-1-1 所示。牵引网由馈电线、接触网等组成。接触网是一种悬挂在电气化铁路线路上方，并和铁路轨顶保持一定距离的特殊形式的输电网。牵引变电所沿电气化铁路分布，将电力系统的三相高压电转换成两个单相电，再通过两侧的接触网提供给电力机车作为牵引电能。电力机车通过牵引变电所和接触网接收电能，实现电力牵引进行远距离运输。

四、电气化铁路的电流制

电流制是指牵引供电系统中牵引网的供电电流种类。电气化铁路供电采用何种电流制，关

系到许多重大技术问题和铁路运输的经济效益，是每个采用电气化铁路的国家首先要考虑的问题。目前电气化铁路主要有以下三种电流制。

（一）直流制

牵引网的供电电流为直流时，称为直流制。电力系统将三相交流电送到牵引变电所，经降压、整流变成直流电，再通过牵引网供给电力机车使用。

直流制发展最早，目前有些国家的电气化铁路仍在应用，我国仅在城市地下铁道、城市轻轨、城市电车、工厂矿山采用。直流制的供电电压有 600 V、750 V、1 200 V、1 500 V、3 000 V 等几种，城市电车一般为 600 V，地下铁道和城市轻轨一般为 750 V 或 1 500 V，矿山运输一般为 1 500 V。

直流制存在的主要问题是：直流牵引电动机的额定电压因受到换向条件的限制不能太高，因此供电电压较低，而要保证电力机车足够的功率，供电电流就比较大，由于电流较大，需要导线的截面积也大，使得金属消耗增加，线路损耗也加大，所以牵引变电所之间的距离较短，一般只有 20～30 km，变电所数量也相应增加，并且为了完成整流任务也变得较复杂。由于这些缘故，许多国家已逐渐停止发展直流制电气化铁路。而对于工矿企业、城市电车、地铁和轻轨供电，由于距离较近，对供电的安全性要求较高，所以采用电压较低的直流制供电更具有优越性。

（二）低频单相交流制

牵引网的供电电流为低频单相交流时，称为低频单相交流制。牵引网的供电电流频率为 $16\frac{2}{3}$ Hz，供电电压为 11～15 kV，电力机车采用交流整流子式牵引电动机。

与直流制相比，低频单相交流制的主要优点是供电电压提高，供电电流较小，导线截面减小，牵引变电所之间的距离可相应增加到 50～70 km。低频单相交流制是继直流制之后出现的，目前在一些欧洲国家仍在应用，美国采用 25 Hz、11 kV 的低频单相交流制。这些国家之所以采用低频单相交流制，是因为当时这些国家有低频的工业电力，并且低频的整流相对容易，低频交流的电抗也较工频小。当电力工业采用 50 Hz 的标准频率后，低频单相交流制的发展就受到了限制。

（三）工频单相交流制

我国电气化铁路采用工频单相交流制，额定电压为 25 kV。

牵引网的供电电流为工频单相交流时，称为工频单相交流制。工频单相交流制最早出现在匈牙利，电压为 16 kV。1950 年法国试建了一条 25 kV 的工频单相交流电气化铁路。由于这种电流制电气化铁路的优越性比较明显，很快被许多国家采用。我国电气化铁路建设一开始就采用了这种电流制。

1. 工频单相交流制的主要优点

① 牵引供电系统的结构简单。牵引变电所从电力系统获得电能，经过降压后直接供给牵引网，不需要在变电所设置整流和变频设备，使变电所结构大为简化。

② 供电电压提高。既可保证大功率电力机车的供电，提高了电力机车的牵引能力和运行速度，又可使牵引变电所之间的距离延长，导线截面减小，使建设投资和运营费用显著降低。

③ 交流电力机车的黏着性能和牵引性能良好。通过电力机车上变压器的调压，牵引电动机可以在全并联状态下工作，防止了轮对空转，从而提高了运用黏着系数。

④ 交流制的地中电流对地下金属的腐蚀作用小，一般可不设专门的防护装置。

2. 工频单相交流制存在的主要问题

① 单相牵引负荷在电力系统中易形成负序电流。

② 牵引负荷是感性的，功率因数低。

③ 牵引电流为非正弦波，含有丰富的谐波电流。

④ 牵引网中的工频单相电流对沿线通信线路造成较大的电磁干扰。

【任务单】

请利用本任务所学知识完成下列题目：

1. 回顾我国电气化铁路的发展历程。
2. 总结电气化铁路的优越性。
3. 结合图例总结我国电气化铁路及供电系统的基本组成。
4. 叙述工频单相交流制的特点。

【课　业】

登录铁道论坛网查询资料，总结电气化铁路的发展趋势，以作业的形式每组提交一份任务报告。

任务二　认知电气化铁路牵引供电系统

【任务描述】

牵引供电系统是电气化铁路从电力系统接引电源降压转换后供给电力机车的电力网络。

通过本任务的学习，要求学员了解电气化铁路牵引供电系统的组成、供电方式及牵引变电所。

【知识准备】

电气化铁路牵引供电系统是电气化铁路的重要组成部分。电气化铁路牵引供电系统本身并不产生电能，而是将国家电力系统的电能传给电力机车。

一、牵引供电系统的构成

牵引供电系统由牵引变电所和牵引网构成，其中牵引网由接触网、钢轨回路（包括大地）、馈电线和回流线组合而成，如图 8-2-1 所示。

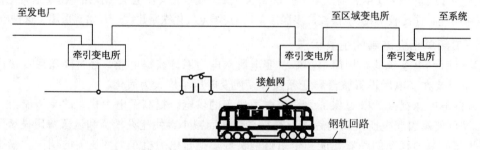

图 8-2-1　牵引供电系统构成示意图

（一）牵引变电所

牵引变电所沿电气化铁路分布。

牵引变电所将电力系统输电线路电压从 110 kV（或 220 kV）降到 27.5 kV，经馈电线将电能送至接触网；接触网沿铁路上空架设，电力机车升弓后便可从其取得电能，用以牵引列车。

牵引变电所所在地的接触网设有分相绝缘装置，两相邻牵引变电所之间设有分区亭，接触网在此也相应设有分相绝缘装置。牵引变电所至分区亭之间的接触网（含馈电线）称为供电臂。牵引供电回路是由"牵引变电所—馈电线—接触网—电力机车—钢轨—回流连接—（牵引变电所）接地网"组成的闭合回路，其中流通的电流称为牵引电流。

牵引变电所的主要设备是牵引变压器（又称主变压器）。牵引变电所中通常设置两台结构和接线完全相同的牵引变压器，一台运行，一台备用。

（二）牵引网

牵引网由馈电线、接触网、钢轨和地、回流线等组成。

馈电线是连接牵引变电所牵引母线和接触网的架空线。馈电线除直接向接触网送电外，还要向附近车站、机务折返段、开闭所等送电，所以馈电线的数目较多，距离也可能较长。馈电线一般为大截面的钢芯铝绞线。

接触网是牵引网的主体，是悬挂在电气化铁路线路上方，并和铁路轨顶保持一定距离的链形或单导线的输电网。电力机车的受电弓通过与接触网滑动接触取得电能。我国电气化铁路（接触网）采用单相工频交流制，接触网的额定电压为 25 kV。

由于接触网分布广、结构复杂、运行条件差，所以不仅日常维修工作量大，故障也较多，对牵引供电的可靠性影响极大。

在非电力牵引的情形下，轨道只作为列车的导轨。在电气化铁路，轨道除仍具上述功能外，还需要完成导通回流的任务，是电路的组成部分。因此，电气化铁路的轨道应具有畅通导电的性能。流过电力机车的负荷电流经钢轨和地、回流线回到牵引变电所。由于钢轨与地不绝缘，所以部分电流沿大地返回，形成地中电流。

连接轨道和牵引变电所中主变压器接地相之间的导线称为回流线，它也是电路的组成部分，其作用是把轨道、地中的回路电流导入牵引变电所。

（三）分区所（亭）

在电气化铁路上，为了提高运行的可靠性，增加供电工作的灵活性，在相邻两变电所供电的两供电分区的分界处常用分相绝缘器断开。若在断开处设置开关设备和相应的配电装置，则组成分区所（亭），如图 8-2-2 所示。分区所（亭）的结构形式有多种，它与铁路运量、单线和复线、向牵引网供电的方式、采用设备的类型等因素有关。

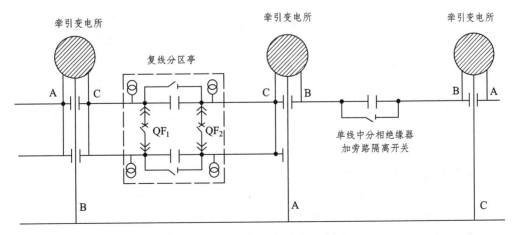

图 8-2-2　单、复线分区亭

在单线单边供电的电气化区段，相邻两供电臂之间仅设分相绝缘器即可，并设旁路隔离开关以便实现临时越区供电。

在复线电气化区段和单线电气化区段双边供电时，一般设置分区亭，在分区亭内用断路器将同一供电分区的上、下行接触网或相邻两供电分区的接触网在末端连接起来，相邻两供电臂间设分相绝缘器和与之并联的隔离开关（或断路器）。

复线分区亭的作用可简述如下：

① 使同一供电分区的上、下行接触网并联工作或单独工作。当并联工作时，分区亭内的断路器闭合以提高接触网的末端电压；单独工作时，断路器打开。

② 单边供电的同一供电分区上、下行接触网（并联工作）内发生短路事故时，由牵引变电所中的馈线断路器和分区亭中的断路器配合动作，切除事故区段，缩小事故范围。非事故区段仍可照常工作。

③ 当某牵引变电所主变压器发生事故中断供电时，可闭合分区亭中与分相绝缘器并联的隔离开关（或断路器），由相邻牵引变电所向事故牵引变电所的供电分区临时越区供电。

（四）开闭所

某些远离牵引变电所的大宗负荷，如枢纽站、电力机务段等，接触网按作业及运行的要求需要分成若干组，需要多条供电线路向这些接触网分组供电。若直接从牵引变电所向这些接触网分组供电，不但会增加变电所的复杂程度，而且将大量增加馈电线的长度，造成一次投资过大。为此，一般采取在大宗负荷附近建立开闭所的办法来解决，如图 8-2-3 所示。

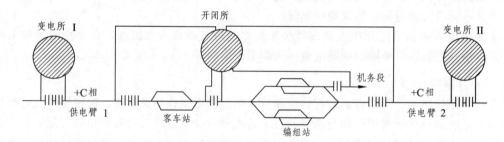

图 8-2-3　开闭所

开闭所即单相开关站，其中只有配电设备而无牵引变压器，仅用于接收和分配电能。为保证开闭所供电的可靠性，一般从相邻两供电分区上引入两路电源，互为备用。

开闭所的作用可简述如下：

① 开闭所不进行电压变换，只起扩大馈线回路数的作用，相当于配电所。

② 在 AT 供电方式中，将长供电臂分段，事故时可缩小事故范围，提高供电的可靠性。

③ 保证枢纽站（场）装卸作业和接触网分组检修的灵活性、安全性。

④ 降低牵引变电所的复杂程度。

（五）自耦变压器站（AT 所）

工频单相交流电气化铁路采用自耦变压器（AT）供电方式时，在铁路沿线每隔 10 km 左右设置自耦变压器和相应的配电装置，即设置 AT 所。AT 所的作用之一便是将牵引变电所供来的 55 kV 电压经自耦变压器 AT 降为接触网的 25 kV 电压等级，然后向接触网供电。

二、牵引供电系统的供电方式

交流牵引供电系统的供电方式主要有 4 种：直接供电方式，BT（吸流变压器）供电方式，AT（自耦变压器）供电方式和 CC（同轴电缆）供电方式。目前，电气化铁路一般采用 BT、AT 供电方式。

(一) 直接供电方式

这是一种最简单的供电方式。在线路上，机车供电由接触网和钢轨大地直接构成回路，对通信干扰不加特殊防护措施，如图 8-2-4 所示。电气化铁路最早大都采用这种供电方式。这种供电方式最简单，投资最省，牵引网阻抗较小，电能损耗也较低，供电距离一般为 30 ~ 40 km。

电气化铁路的单相负荷电流由接触网经钢轨流回牵引变电所，由于钢轨和大地不是绝缘的，一部分回流由钢轨流入大地，因此对通信线路产生感应影响，这是直接供电方式的缺点。它一般用于铁路沿线无架空通信线路或通信线路已改用地下屏蔽电缆区段，必要时也可将通信线路迁到更远处。

带回流线的直接供电方式是在接触网支柱上架设一条与钢轨并联的回流线，称为负馈线（NF），如图 8-2-5 所示。该方式利用接触网与回流线之间的互感作用，使钢轨中的回流尽可能地由回流线流回牵引变电所，减少了电气空间，因而能部分抵消接触网对邻近通信线路的干扰，但其防干扰效果不及 BT 供电方式，故可在对通信线路防干扰要求不高的区段采用，能进一步降低牵引网阻抗，提高供电性能，但造价稍高。目前我国京广线、石太线均采用此种供电方式。

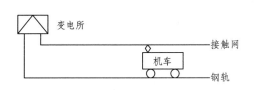

图 8-2-4 直接供电方式

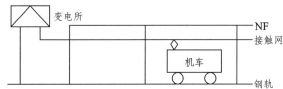

图 8-2-5 带回流线的直接供电方式

(二) BT 供电方式

BT 供电方式是在牵引网中架设吸流变压器-回流线装置的一种供电方式，目前在我国电气化铁路中应用较广。吸流变压器的变比是 1:1，它的一次绕组串接在接触网中，二次绕组串接在专为牵引电流流回牵引变电所而特设的回流线（NF）中，故称之为吸流变压器-回流线供电方式，如图 8-2-6 所示，在两个吸流变压器中间用吸上线将钢轨和回流线连接起来，构成电力机车负荷电流由钢轨流向回流线的回路。两个吸流变压器之间的距离称为 BT 段，一般 BT 段长为 2 ~ 4 km。

BT 供电方式的工作原理是：由于吸流变压器的变比为 1:1，当吸流变压器的一次绕组流过牵引电流时，在其二次侧绕组中强制回流通过吸上线流入回流线。由于接触网与回流线电气空间的距离很近，流过的电流大致相等，方向相反，因此对邻近通信线路的电磁感应绝大部分被抵消，从而降低了对通信线路的干扰。这种供电方式由于在牵引网中串联了吸流变压器，致使牵引网的阻抗比直接供电方式增加大约 50%，能耗也较大，供电距离也较短（单线一般为 25 km 左右，双线一般为 20 km 左右），投资也比直接供电方式大。

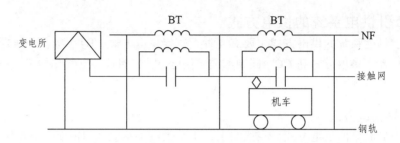

图 8-2-6　BT 供电方式

（三）AT 供电方式

AT 供电方式是 20 世纪 70 年代才发展起来的，它既能有效地减轻牵引网对通信线路的干扰，又能适应高速、大功率电力机车的运行，故很多国家都有应用。这种供电方式每隔 10 km 左右在接触网与正馈线之间并入一台自耦变压器，其中点与钢轨相连。自耦变压器将牵引网的供电电压提高了一倍，而供给电力机车的电压仍为 25 kV，其工作原理如图 8-2-7 所示。电力机车由接触网受电后，牵引电流一般由钢轨流回，由于自耦变压器的作用，从钢轨流回的电流经自耦变压器绕组和正馈线（AF）流回变电所。当自耦变压器的一个绕组流过机车电流时，其另一个绕组感应出电流供给电力机车，自耦变压器供电方式的牵引网阻抗很小，约为直接供电方式的 1/4，因此电压损失小，电能损耗低，供电能力大，供电距离长，可达 40～50 km。由于牵引变电所间的距离加大，从而减少了牵引变电所数量，也减少了电力系统对电气化铁路供电的工程投资。这种供电方式一般用在重载、高速等负荷大的电气化铁路上。由于牵引负荷电流在接触网和正馈线中方向相反，因而对邻近的通信线路干扰很小，其防干扰效果与吸流变压器-回流线供电方式相当。

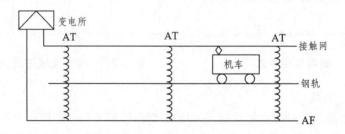

图 8-2-7　AT 供电方式

（四）CC 供电方式

CC 供电方式是一种新型的供电方式。它的同轴电力电缆（CC）沿铁路线路埋设，内部芯线作为供电线与接触网连接，外部导体作为回流线与钢轨相接，每隔 5～10 km 做一个分段，如图 8-2-8 所示。CC 供电方式的优点是：馈电线与回流线在同一电缆中，间隔很小，而且同轴布置，使得互感系数增大；同轴电力电缆的阻抗比接触网和钢轨小得多，因此牵引电流和回流几乎全部从同轴电力电缆中流过；电缆芯线与外层导体的电流相等、方向相反，二者形成的磁场互相抵消，对邻近的通信线路几乎无干扰；阻抗小，供电距离长。但是，由于同轴电力电缆造价高，投资大，目前我国铁路仅在一些特别困难的地段采用。

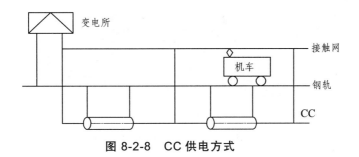

图 8-2-8　CC 供电方式

三、牵引变电所的供电方式

牵引供电属于一级负荷，中断供电会造成重大经济损失和严重的社会影响，因此对供电的可靠性要求很高。通常要求每个牵引变电所必须由两个独立电源供电，或者由两路非同杆架设的输电线路供电，其中每路输电线应能承担牵引变电所的全部负荷。两路电源互为备用，即一路长期供电、另一路备用。当供电电源发生故障时，备用电源应能立即投入使用。

(一) 电力系统向牵引变电所的供电方式

根据电力系统的分布状况、发电厂和区域变电所的位置以及容量等因素，电力系统向牵引变电所供电的方式主要有以下三种。

1. 一边供电

一边供电是指牵引变电所的电能只由电力系统的一个方向送来，如图 8-2-9 所示。图中，牵引变电所只由左侧的发电厂（或区域变电所）用两路输电线供电。

图 8-2-9　一边供电示意图

2. 两边供电

两边供电是指牵引变电所的电能由电力系统的两个方向送来，如图 8-2-10 所示。图中，牵引变电所的两侧都有电源，左侧发电厂（或区域变电所）用一路输电线向牵引变电所供电，右侧发电厂（或区域变电气）也用一路输电线向牵引变电所供电。

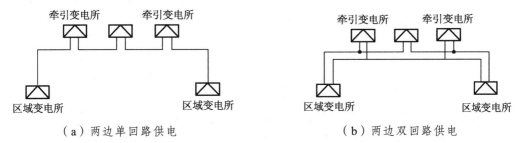

（a）两边单回路供电　　　　　　　　　（b）两边双回路供电

图 8-2-10　两边供电示意图

3. 环形供电

环形供电是指若干个发电厂、区域变电所通过输电线连接成环形电网，而牵引变电所处于环形电网的一段环路之中，如图 8-2-11 所示。图中，牵引变电所就处于电力系统的一段环路之中而构成环形供电。

两边供电和环形供电比一边供电具有更高的可靠性和更好的供电质量。两边供电的优点在于任一发电厂故障时，牵引变电所的供电不会中断。环形供电除具有两边供电的优点外，还具有电力系统频率稳定、电压波动幅度较小的优点。因此，电力系统对牵引变电所的供电方式应尽可能

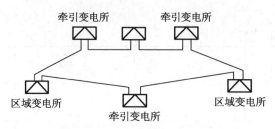

图 8-2-11　环形供电示意图

采用两边供电甚至环形供电。通常在一条很长的电气化铁路上同时采用几种不同的供电方式。

（二）牵引变电所向牵引网的供电方式

1. 单线区段

(1) 单边供电

电力机车取用的电流来自一个牵引变电所时，称为单边供电。如图 8-2-12 所示，当分区亭的隔离开关打开时即为单边供电，无论电力机车运行至什么位置，其电流均由一个牵引变电所供给。

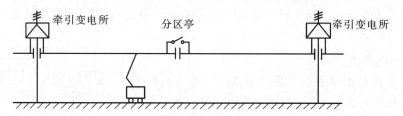

图 8-2-12　单线区段的牵引变电所向牵引网的供电方式

单线单边供电方式，其每个供电臂独立供电，牵引变电所的倒闸操作、馈线保护都比较简单，故目前普遍采用。

(2) 双边供电

电力机车取用的电流来自相邻的两个牵引变电所时，称为双边供电。如图 8-2-12 所示，当分区亭的隔离开关闭合时即为双边供电，无论电力机车运行至什么位置，其电流均由相邻的两个牵引变电所共同供给。

单线双边供电时，电力机车从两个牵引变电所取流，所以每条馈电线的电流相对较小，从而减小了牵引网的电压损失和电能损失，有利于改善牵引网的电压水平，降低运营成本，而且牵引变压器的负荷较均匀；同时，由于电力机车两边的供电电流方向相反，故可以减小对通信线路的电磁感应影响。两边供电的主要缺点是牵引变电所的倒闸操作、馈线保护比较复杂，而且当两个牵引变电所的电压有差异时，可能出现穿越电流或不平衡电流，从而产生附加的电能损失。

2. 复线区段

和单线区段一样，复线区段也有单边供电和双边供电两种方式。但由于复线双边供电分区亭设备复杂，对接触网短路故障的保护十分困难，故目前我国只采用复线单边供电。

(1) 单边分开供电

如图 8-2-13 所示，供电臂的上、下行接触网分开，电力机车取用的电流仅由上行或下行接触网一条线路供给。

复线单边分开供电的优点是开关设备、倒闸操作、馈线保护比较简单；缺点是牵引网的电压损失和电能损失较大，上、下行接触网之间容易出现较大的电压差。

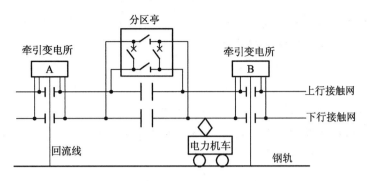

图 8-2-13　复线区段供电示意图

(2) 单边并联供电

供电臂的上、下行接触网在末端连接起来，电力机车取用的电流由上、下行接触网两条线路共同供给。

复线单边并联供电时，电力机车由上、下行接触网两条线路并联供电，使牵引网阻抗减小，从而使牵引网的电压损失和电能损失显著减小，故目前普遍采用。这种方式的缺点是开关设备、倒闸操作、馈线保护比较复杂。

(3) 单边全并联供电

供电臂的上、下行接触网除在末端连接起来外，还在供电臂中每隔一定距离，一般是在每个车站利用柱上负荷开关将上、下行接触网连接起来，电力机车取用的电流也是由上、下行接触网两条线路共同供给。

复线单边全并联供电具有较小的牵引网阻抗，能有效地降低牵引网的电压损失和电能损失；但开关设备、倒闸操作、馈线保护更加复杂。

3. 越区供电

单边和双边供电都是正常的供电状态，还有一种非正常供电状态，称为越区供电。即：当牵引变电所由于某种原因不能对供电臂正常供电时，该牵引变电所负担的供电臂通过分区所的有关开关设备，由两侧相邻的牵引变电所提供临时供电，如图 8-2-14 所示。由于越区供电的供电臂大大伸长，如果在列车运行数量相同的情况下，则延伸供电臂的末端电压就会大大降低，倘若低于电力机车允许的最低工作电压时，会造成机车不能运行，这是不允许的。因此，越区供电只能保证客车或重要货车通过，是作为避免中断运输的临时性措施。

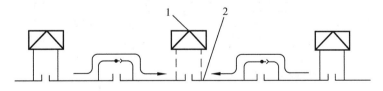

图 8-2-14　越区供电示意图

1—故障牵引变电所；2—越区供电分区

【任务单】

请利用本任务所学知识完成下列题目：

1. 描述我国电气化铁路牵引供电系统的构成。

2. 总结我国牵引供电系统的供电方式。

3. 总结我国牵引变电所的供电方式。

【课　业】

学生每 5～6 人一组，完成以下课业后，以作业的形式每人提交一份任务报告。

1. 登录铁道论坛网查询资料，总结铁路供电的发展趋势。

2. 查询资料，总结铁路电力部门的职能。

任务三　认知牵引变电所

【任务描述】

牵引变电所的作用是将电力系统输电线路电压从 110 kV（或 220 kV）降到 27.5 kV，经馈电线将电能送至接触网；电力机车受电弓通过接触网受流取得电能，以牵引列车。

通过本任务的学习，要求学员了解牵引变电所的基本类型和工作原理。

【知识准备】

一、牵引变电所的基本作用与类型

牵引变电所的作用是将电力系统的三相高压电降压、分相转换成两个单相电，通过馈电线分别供给两侧的接触网，供电力机车使用。牵引变电所的主要设备是牵引变压器（又称主变压器）。为了提高牵引供电系统的可靠性，牵引变电所一般设置两台牵引变压器，每台牵引变压器都能单独承担全部负荷。正常运行时，一台工作，另一台作为检修或故障时的备用。

牵引变压器的额定电压，原边为 110 kV（或 220 kV）；次边为 27.5 kV，比接触网额定电压 25 kV 高 10%；AT 供电方式的牵引变压器次边额定电压为 55 kV 或 2×27.5 kV。

牵引变电所按其在电网中的位置、重要程度和电源引入方式的不同，可分为：中心变电所、通过式变电所、分接式变电所。如图 8-3-1 所示，其中 1QB、7QB 为中心变电所；3QB、5QB 为通过式变电所；2QB、4QB、6QB 为分接式变电所。

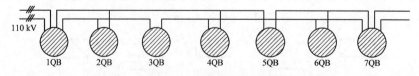

图 8-3-1　牵引变电所高压输电线的引入方式

根据所采用的牵引变压器类型的不同，牵引变电所通常分为单相牵引变电所、三相牵引变电所和三相-两相牵引变电所。

二、牵引变电所的电气主接线

牵引变电所（包括开闭所和分区亭）的电气主接线是指由断路器、隔离开关、互感器、避雷器、主变压器、母线和电缆等高压一次设备按一定顺序连接起来，用于表示接收和分配电能的电路。主接线图一般用单线图表示。单线图是表示三相相同的交流电气装置中一相连接顺序的图，当三相不完全相同时用多线图表示。

三、牵引变电所的一次设备

牵引变电所一次设备包括变压器、互感器、高压断路器、高压隔离开关、高压负荷开关、高压熔断器等。

(一) 变压器

牵引变压器的功能是将三相 110 kV（或 220 kV）电能降压并转换为单相 27.5 kV（或 55 kV）电能，向单相牵引负荷供电，起到变压变相的作用。

(二) 互感器

互感器是一种特殊用途的变压器，又称仪用互感器，是配电系统中不可缺少的重要设备。根据电气量变换的差别，仪用互感器可分为电压互感器（简称 TV）和电流互感器（简称 TA）两大类。仪用互感器的主要用途是：与仪表配合测量线路上的电流、电压、功率和电能，与继电器配合对线路及变配电设备进行定量保护（例如短路、过电流、过电压、欠电压等故障的保护）。为了配合仪表测量和继电器保护的需要，电压互感器将系统中的高电压变换成标准的低电压；电流互感器将高压系统中的电流或低压系统中的大电流变换成标准的小电流（5 A 或 1 A）。由于采用了仪用互感器，使测量仪表和继电器均接在仪用互感器的二次侧以便与系统的高电压隔离，从而保证了操作人员和设备的安全；同时，由于仪用互感器二次侧电压和二次侧电流均为统一的标准值，使仪表和继电器的制得以标准化，从而简化了制造工艺，降低了成本。所以仪用互感器在变、配电网络的测量、保护及控制系统中得到了广泛应用。

(三) 高压断路器

高压断路器是高压配电装置中的重要电器，其用途是使高压电路在正常情况下接通或断开，以及在事故情况下自动切断故障电路，使设备恢复正常运行。

高压断路器按灭弧介质的不同主要有真空断路器、六氟化硫（SF6）断路器和少油断路器等。

(四) 高压隔离开关

高压隔离开关也称刀闸，是建筑供配电系统中使用最多的一种高压开关电器。高压隔离开关是一种没有灭弧装置的控制电器，因此严禁带负荷进行分、合闸操作。由于它在分闸后具有明显的断开点，因此在操作断路器停电后，将它拉开可以保证被检修设备与带电部分可靠隔离，产生一个明显可见的断开点，既能缩小停电范围，又可保证人身安全。

(五) 高压负荷开关

高压负荷开关主要用于配电系统中关合、承载、开断正常条件下（也包括规定的过载系数）的电流，并能通过规定的异常（如短路）电流的关合。也就是说，高压负荷开关可以合、分正常的负荷电流以及关合短路电流（但不能开断短路电流）。因此，高压负荷开关受到使用条件的限制，不能作为电路中的保护开关，通常高压负荷开关必须与具有开断短路电流能力的开关设备配合使用，最常用的方式是高压负荷开关与高压熔断器相配合，正常的合、分负荷电流由负荷开关完成，故障电流由熔断器完成开断。

（六）高压熔断器

高压熔断器是最早被采用的，也是最简单的一种保护电器。它串联在电路中使用。当电路中通过过负荷电流或短路电流时，利用熔体产生的热量使它自身熔断，切断电路，以达到保护的目的。

高压熔断器主要由金属熔体、连接熔体的触头装置和外壳组成。金属熔体是高压熔断器的主要元件，熔体的材料一般有铜、银、锌、铅和铅锡合金等。熔体在正常工作时，仅通过不大于熔体额定电流值的负载电流，其正常发热温度不会使熔体熔断；当过载电流或短路电流通过熔体时，熔体便熔化断开。

四、牵引变电所的二次设备

牵引变电所的二次设备包括保护装置、故障探测装置以及控制、信号、测量装置和自用电系统等。

（一）保护装置

牵引供电系统在运行中可能会出现各种故障和不正常运行情况，如短路、断线、接地、过负荷等。其后果是损坏电气设备，中断供电，影响铁路运输。保护装置即为此而设，当被保护设备发生故障或出现不正常状态时，保护装置将按预定程序动作，使断路器跳闸或发出信号。

（二）故障探测装置

接触网发生故障，会中断供电，影响铁路运输，因此要求迅速排除故障。接触网沿铁路线架设，供电臂长达 20 多公里，一旦出现故障又无明显破坏痕迹，将很难查找，为了迅速查找故障，设置了故障探测装置。

1. 电抗型故障探测装置

在直接供电方式及吸流变压器供电方式区段，接触网上某一点到变电所这段线路的电抗值是一个常数，而与其短路形式无关，而且接触网的电抗值与其到变电所的距离成正比。只要测量故障时的电抗值，就能推算出短路点的位置，电抗型故障探测装置就是利用这个原理制成的。

2. 吸上电流比型故障探测装置

在自耦变压器供电方式区段，由于有自耦变压器的关系，阻抗与距离不成线性关系，而是成曲线关系，因此，电抗型故障探测装置不能使用。经研究发现，当短路时，故障点与自耦变压器的距离与相邻两自耦变压器的中点电流成反比，根据这个原理制成的故障探测装置，称为吸上电流比型故障探测装置，它分别安装在变电所、分区所、开闭所和自耦变压器所内，用专用通道相连。

（三）控制、信号、测量装置

为了对高压电气设备进行操作监视，牵引变电所还设置了控制、信号、测量回路。

1. 控制回路

（1）控制方式

控制回路的控制方式包括调度所远方控制、调度所内控制和在操作机构处当地控制三种。在控制回路中设有切换开关进行远方和所内控制的切换，以防止两种形式同时进行控制。在操作机构箱内设有切换开关进行所内和当地控制的切换，以防止在检修时误操作，并在检修需要时进行控制。

(2) 控制联动

过去在牵引变电所内，控制断路器和隔离开关是采用手动操作的，在操作时，工作人员需要室内室外来回跑动，时间长，操作复杂，无法实现远动化。近年来，隔离开关采用了电动操作机构，在室内即可控制，无须到室外手动操作，方便了运行值班人员。

由于接触网馈电线操作频繁，为了减少操作次数和避免误操作，将断路器和隔离开关做成联动的，一次操作即可使断路器和隔离开关按分合闸的程序要求先后动作。合闸时，先合隔离开关，后合断路器；分闸时，先分断路器，后分隔离开关。而备用断路器与运行断路器及隔离开关之间也做成联动的，一旦备用断路器投入使用，被代替的断路器则立即同时跳闸。

当发生故障时，保护装置只能将断路器断开，隔离开关仍处于合闸状态，以区别于正常操作。操作手柄采用分合后能自动恢复的三位组合开关。

2. 信号回路

信号回路是显示电气设备工作状态的装置，其显示方式有灯光、掉牌和音响。

(1) 位置信号

位置信号显示断路器和隔离开关所处的状态，红灯表示处于合闸状态，绿灯表示处于分闸状态。当断路器与隔离开关采用联动方式时，隔离开关与断路器均合闸时亮红灯，均分闸时亮绿灯，隔离开关合闸、断路器分闸时亮白灯。

(2) 事故信号

当高压电气设备发生故障或接触网发生短路，引起断路器跳闸，中断供电时，将发出事故信号。事故信号有掉牌信号和光字牌信号两种，用于显示事故原因（一般为蜂鸣器），提醒值班人员注意。

(3) 预告信号

当电气设备发生不正常状态，但未中断供电时，如变压器过负荷，温度升高，自用电发生故障时，则发出预告信号。与事故信号相同，预告信号也有掉牌信号与光字牌信号，都用来显示不正常情况，同时发出音响（一般为铃声），提醒值班人员注意。

3. 测量回路

为了监视变电所的运行状态，需要对一些电量进行测量，按照《规程》的规定，牵引变电所设有高压侧电压、电流、功率的测量和低压侧电压、电流和馈电线电流的测量。为了计量，在高压侧安装了有功电度表和无功电度表。

(四) 自用电系统

1. 交流自用电

牵引变电所设有交流自用电系统。自用电负荷有检修用的动力、照明、蓄电池充电、主变压器通风、操动机构加热等。

2. 直流自用电

交流电不能作为高压电气设备控制和信号的电源，因为当牵引变电所全所停电时，交流切断，高压设备无法进行控制，因此高压电气设备的控制、信号、保护、自动装置、事故照明等都采用直流供电。

五、牵引变电所的高压配电装置

牵引变电所的高压配电装置是按电气主接线的要求，由开关与电气设备、母线保护电器、测量电器和必要的辅助设备组装在一起的接收和分配电能的装置。

此外，为了保证电气化铁路设备和运营的安全，还需要配备必要的防雷和接地装置。

【任务单】

请利用本任务所学知识完成下列题目：

1. 简述我国电气化铁路牵引变电所的作用，它有哪几类？
2. 什么是牵引变电所的电气主接线？
3. 牵引变电所内的一次设备及其作用有哪些？
4. 牵引变电所内的二次设备及其作用有哪些？
5. 牵引变电所内的高压配电装置有哪些？

【课　业】

学生每 5～6 人一组，通过相关书籍或铁道论坛网站查找资料，总结牵引变电所的发展趋势。以作业的形式每组提交一份任务报告。

任务四　认知接触网

【任务描述】

接触网担负着把从牵引变电所获得的电能供给受电弓取流再输送给电力机车使用的重要任务，因此，接触网的质量和工作状态直接影响着电气化铁路的运输能力。

通过本任务的学习，要求学员了解接触网的作用和特点，掌握接触网的构成及悬挂方式。

【知识准备】

一、接触网的特点

接触网是铁路电气化工程的主构架，是沿铁路线路上空架设的，向电力机车供给电能的特殊形式的输电线路。接触网额定电压为 25 kV，采用工频单相交流制（工频指工业标准频率，即 50 Hz），最低电压不低于 21 kV，当行车速度为 140 km/h 时，应保持 23 kV。

二、接触网的悬挂类型

接触网大多是以悬挂类型来区分的。无论是在区间还是站场上，为了满足供电方面和机械方面的要求，总是将一条接触网分成若干长度一定且相互独立的分段，这就是接触网的锚段。我们所讲的接触网的悬挂类型就是针对接触网的每个锚段而言的。接触网的悬挂种类较多，一般根据其结构的不同分成简单接触悬挂和链形接触悬挂两大类。

（一）简单接触悬挂

简单接触悬挂是指由一根或两根平行的接触线直接固定在支持装置上的接触悬挂形式，它的特点是无承力索，接触线直接悬挂在支持装置上。简单接触悬挂在实际运营的铁路线上很少应用。

（二）链形接触悬挂

链形接触悬挂是一种运行性能较好的悬挂形式。它的特点是：接触线通过吊弦悬挂在承力索上，承力索通过钩头鞍子或悬吊滑轮悬挂在支持装置的腕臂上，使接触线在不增加支柱的情况下增加了悬挂点，通过调整吊弦长度，可使接触线在整个跨距内对轨面的高度基本保持一致，从而减小了接触线在跨距中的弛度，改善了弹性，增加了悬挂重量，提高了稳定性，可以满足电力机车高速运行取流的要求。

链形接触悬挂的分类方法较多，按悬挂链数的多少可分为单链形、双链形和多链形（又称三链形）。目前我国采用单链形悬挂，如图 8-4-1 所示。

三、接触网的组成结构

接触网由支柱与基础、支持装置、定位装置和接触悬挂几部分组成，如图 8-4-2 所示。

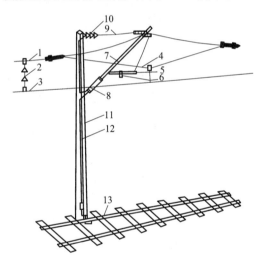

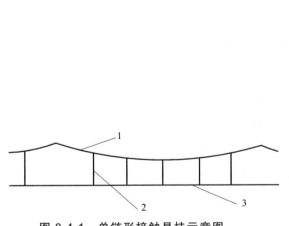

图 8-4-1　单链形接触悬挂示意图

1—承力索；2—吊弦；3—接触线

图 8-4-2　接触网的组成

1—承力索；2—吊弦；3—接触线；4—弹性吊弦；5—定位管；
6—定位器；7—腕臂；8—棒式绝缘子；9—水平拉杆；
10—悬式绝缘子；11—支柱；12—地线；13—钢轨

（一）支柱与基础

这部分由支柱、基础及下部附件组成。支柱与基础用来承受接触悬挂、支持和定位装置的全部负荷，并将接触悬挂固定在规定的位置和高度上。

我国电气化铁路接触网采用预应力钢筋混凝土支柱和钢支柱，基础是对钢支柱而言的，即钢支柱固定在下面的钢筋混凝土制成的基础上，由基础承受支柱传给的全部负荷，并保证支柱的稳定性。预应力钢筋混凝土支柱与基础制成一个整体，下端直接埋入地下。

支柱按其在接触网中的作用可分为中间支柱、转换支柱、中心支柱、锚柱、定位支柱、道岔支柱、软横跨支柱、硬横跨支柱及桥梁支柱等类型。

（二）支持装置

支持装置包括腕臂、水平拉杆、悬式绝缘子串、棒式绝缘子及其他建筑物的特殊支持设备。支持装置用来支持接触悬挂，并将其负荷传给支柱或其他建筑物。支持装置根据接触网所在的区间、站场和大型建筑物而有所不同。

（三）定位装置

定位装置包括定位管和定位器，其作用是固定接触线的位置，保证接触线在受电弓滑板运行轨迹范围内与受电弓不脱离，并将接触线的水平负荷传给支柱，如图 8-4-3 所示。

（四）接触悬挂

接触悬挂包括接触线、承力索、吊弦和连接它们的零件。接触悬挂的作用是将电能供给受电弓再传输给电力机车。受电弓是电力机车的受流装置，接触线与受电弓之间的可靠接触，是保证电力机车良好取流的重要条件。

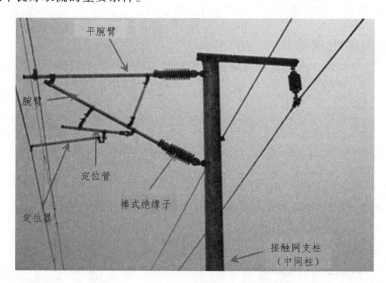

图 8-4-3 接触网支持及定位装置

1. 接触线

接触线是接触网中重要的组成部分之一。电力机车在运行中，其受电弓滑板直接与接触线摩擦，并从接触线上获得电能。接触线的性能及截面积的选择应满足牵引供电计算的要求。接触线一般制成两侧带沟槽的圆柱状，其沟槽的作用是便于安装线夹并按技术要求悬吊、固定接触线位置而又不影响受电弓滑板的滑行取流。接触线下面与受电弓滑板接触的部分呈圆弧状，称为接触线的工作面。

（1）接触网导线高度

接触网导线高度是指悬挂定位点处接触线距轨面的垂直高度，设计规范规定如下：

① 最高高度：不大于 6 500 mm。

② 最低高度：

· 对于区间、站场：一般中间站和区间不小于 5 700 mm；编组站、区段站及配有调车组的大型中间站，一般情况不小于 6 200 mm，确有困难时可不小于 5 700 mm。

· 对于隧道内（包括按规定降低高度的隧道口外及跨线建筑物范围内）：正常情况（带电

通过 5 300 mm 超限货物）不小于 5 700 mm；困难情况（带电通过 5 300 mm 超限货物）不小于 5 650 mm；特殊情况不小于 5 250 mm。

③ 接触线高度的允许施工偏差为 ± 30 mm。

④ 两个相邻悬挂点接触线高度施工偏差不得大于 10 mm，接触线安装应平直，保证良好受流。

⑤ 上部安装及悬挂调整时不得给接触线施加外力，禁止踩踏接触线。

(2) 之字值和拉出值

用定位器将接触线固定在正确的位置上就叫定位。定位器的定位线夹与接触线的固定处叫定位点。定位点至受电弓中心运行轨迹的水平距离，在直线区段叫之字值，在曲线区段叫拉出值。之字值和拉出值的作用是使受电弓滑板工作均匀，并防止发生脱弓和刮弓事故。

在直线区段，受电弓中心与线路中心重合，接触线之字值沿线路中心对称布置，其标准为 ± 300 mm，提速后为 200 ~ 250 mm；拉出值为 350 ~ 450 mm。

在曲线区段，拉出值和曲线半径大小有关。

2. 承力索

接触网承力索的作用是通过吊弦将接触线悬挂起来。承力索还可承载一定电流来减小牵引网阻抗，降低电压损耗和能耗。

3. 吊弦

吊弦是链形悬挂中的重要组成部件之一。在链形悬挂中，接触线通过吊弦悬挂在承力索上。按吊弦使用位置是在跨距中、软横跨上还是在隧道内，有不同的吊弦类型。

(五) 绝缘子

绝缘子用来悬挂并对接地体保持电气绝缘。

接触网上所用的绝缘子一般为瓷质的，即在瓷土中加入石英和长石烧制而成的，其表面涂有一层光滑的釉质。

(六) 中心锚结

在锚段的适当位置将接触悬挂固定，这种固定装置称为中心锚结。在两端装有补偿器的锚段里必须加设中心锚结，其布置原则是尽量使中心锚结两端张力相等。在直线区段，中心锚结设在锚段中部；在曲线区段，曲线半径相同的整个锚段内，中心锚结仍设在锚段中部，当锚段处于直线和曲线共有区段且曲线半径不等时，中心锚结应设在靠曲线多、半径小的一侧。

(七) 接触网线岔

接触网线岔由一根限制管、两个定位线夹和固定限制管的螺栓组成，其结构是用一根限制管将相交的两支接触线上下相互贴近，限制管的两端用定位线夹和螺栓固定在下面那根接触线上。如果是非正线相交，一般是交叉点距中心锚结或硬锚近者在下面；若是和正线相交，正线在下面，上面的接触线应能在限制管和下面接触线间活动。

(八) 锚段关节

为了满足供电、机械方面的分段要求，将接触网分成若干长度一定且相互独立的分段，每一分段叫锚段。两个相邻锚段的衔接部分称为锚段关节。

根据锚段所起的作用可分为非绝缘锚段关节和绝缘锚段关节；根据锚段所含跨距数可分为三跨锚段关节、四跨锚段关节等；另外，在 BT 供电区段还有一种吸变台锚段关节。

非绝缘锚段关节只起机械分段作用。绝缘锚段关节既起电分段作用还起机械分段作用。

(九) 补偿装置

补偿装置又称补偿器，它设在锚段两端，能自动补偿接触线或承力索内部的应力，它是自动调整接触线或承力索张力的补偿器及其制动装置的总称。补偿装置由补偿滑轮、补偿绳、杠杆、坠砣杆和坠砣组成。其作用是：当温度变化时，线索受温度影响而伸长或缩短，由于补偿器坠砣的重力作用，可使线索沿线路方向移动而自动调整线索张力，使张力恒定不变，并借以保持线索的弛度以满足技术要求。任何情况下，坠砣距地面的高度不得小于 200 mm。

(十) 分段绝缘器

分段绝缘器的作用是：在电气化铁路区段各车站的装卸线、机车整备线上及电力机车库线等地，为了保证工作人员的作业方便及人身安全，将接触网在电的方面分成独立的区段。

分段绝缘器设在上述独立区段的两端，其结构既能保证供电的分段，又能使受电弓平滑地通过该设备。分段绝缘器大多应配合隔离开关使用，以便使分段绝缘器两端的接触线在隔离开关闭合时都能带电；当隔离开关断开时，独立区段内则不带电，便于在该独立区段中进行装卸或停电作业。

(十一) 分相绝缘装置

分相绝缘装置包括分相绝缘器和有关分相绝缘器的线路标志。分相绝缘器的作用是将接触网上不同相位的电能隔离开，以免发生相间短路，并起机械连接作用，使接触网成为一个整体。分相绝缘器设在两供电臂连接的地方，如牵引变电所、分区亭等处。

分相绝缘器一般由三块相同的玻璃钢绝缘件组成。每块玻璃钢绝缘件长 1.8 m、宽 25 mm、高 60 mm，其底面制成斜槽，以增加表面距离。

玻璃钢绝缘件之间的接触线无电，称为中性区，中性区的长度按照规定不小于 18 m。这一规定是考虑到机车双弓升起时不至于短接不同相位的接触线为限。在分相绝缘器处还配置了隔离开关，以便越区供电。

为了不缩短中性区长度和避免接触线供电相间短路，确保分相绝缘器的功能，电力机车通过分相绝缘器时，目前只能是断电滑行通过。因此，在分相绝缘器的两端，上行和下行方向均应设立"断"、"合"标示牌，用于通知司机当机车通过分相绝缘器时，必须先断开机车的主断路器，通过分相绝缘器后，再重新合上主断路器。这是为了防止受电弓通过中性区时，拖带电弧烧损绝缘件和接触线或造成其他事故。

目前，我国电气化铁路采用 XTK 型分相绝缘器。有的供电段采用的分相绝缘器还带有自动过分相绝缘装置，可使电力机车在不断开机车主断路器的情况下通过分相绝缘器。

(十二) 隔离开关

在大型建筑物和车站的两端，以及装卸线、专用线、电力机车库线、机车整备线上，需要进行电的分段，凡是需要进行电分段的地方（除上、下行渡线）都应设置隔离开关。

(十三) 软横跨与硬横跨

软横跨是多股道站场的接触悬挂的横向支持设备，如图 8-4-4 所示，它由电气化铁路两侧的支柱和挂在支柱上的横向承力索以及上、下部固定绳及支持和连接零件组成，其中横向承力索是软横跨受力的主要构件。软横跨分为绝缘式软横跨、电分段式绝缘软横跨等几种。

图 8-4-4　软横跨

硬横跨是电气化铁路上广泛采用的接触悬挂支持设备，其硬横梁两端被分别固定在钢柱或钢筋混凝土支柱上，如图 8-4-5 所示。

图 8-4-5　硬横跨

软横跨与硬横跨相比各有优缺点。软横跨可以跨越较大站场和较多的股道，其投资较少。而硬横跨具有结构稳定、抗振动、抗风性能好、有较好的刚度、能改善弓网受流、降低离线率等优点。

（十四）限界门

限界门位于铁路、公路等交道口的两侧，用于限制超高车辆通过，防止触电伤人。限界支柱采用 8 m 钢筋混凝土锥形柱，防护桩采用 100 mm × 100 mm × 1 600 mm 混凝土桩，一般应由线路中心公路两侧各 12 m 为支柱限界，再由公路路宽外 0.5 ～ 1 m 处确定坑位。坑深由地面起计算，保证支柱实际坑深达到 1.8 m。

（十五）接触网支柱的侧面限界

接触网支柱的侧面限界是指支柱靠线路一侧至线路中心线的距离。它是为了确保行车的安全而设置的。支柱侧面限界任何时候都不得小于 2 440 mm；机车走行线可降为 2 000 mm；曲线区段适当加宽；直线中间支柱一般取为 2 500 mm；软横跨支柱一般取为 3 000 mm；软横跨支柱位于站台时，为便于旅客行走，一般取为 3 000 mm。

【任务单】

请利用本任务所学知识完成下列题目：

1. 简述接触网的特点及作用。
2. 接触网有哪些悬挂类型？
3. 简述接触网的组成结构。

【课　业】

学生每 5～6 人一组，通过登录铁道论坛网站及查询相关书籍，了解电气化铁路接触网的发展趋势。以作业的形式每组提交一份任务报告。

任务五　认知牵引供电系统的运营管理

【任务描述】

铁路运输组织工作高度集中，各个工作环节密切相连，因此，电气化铁路牵引供电系统必须实行规范、统一、严格的运行管理体制，才能保证铁路运输的安全。

通过本任务的学习，要求学员了解电气化铁路牵引供电系统运营管理的基本体制与内容，掌握牵引变电所设备的检修作业方式，掌握接触网的检修作业方式。

【知识准备】

电气化铁路牵引供电系统的运营管理实行统一领导、分级管理的原则，各级管理机构应充分发挥管理职能。

一、牵引供电设备的运营管理

（一）供电段的任务及设置

供电段是铁路电气化区段设置的基层运营管理单位，其主要任务是保证牵引供电设备能安全可靠供电。

1. 供电段的任务

供电段的主要任务是保证牵引供电设备能安全可靠供电。具体工作如下：

① 负责管内牵引变电所、分区所、开闭所、自耦变压器所、调度所、接触网工区的行政领导（有时也包括电力工区、变配电所）。

② 负责管内供电设备的运营管理、维修测试、故障抢修、设备材料供应和部分零件检修配制、绝缘油的化验和处理、电气仪表和继电保护的调试和校验、远动系统的调试和校验以及新技术设备的研制、试用和推广等。

2. 供电段的设置

供电段的管辖范围一般规定为 300~400 km。供电段的设置应考虑以下因素：

① 远期电气化的发展需要，一般应设置在远期电气化适中的枢纽站或区段站上，便于上级及时调度、领导和指挥。

② 当发生重大供电事故时，供电段本部应能及时向上级汇报，及时制定抢修方案，能尽快进行抢修，及时恢复供电。

③ 便于与地方、地区协作，方便职工生活。

(二) 供电段的运营管理

供电段实行三级管理（段部、领工区、接触网工区和电力工区）。供电段的管辖能力，与接触网、牵引变电所等供电系统的运营管理方式密切相关。一般来说，1 个供电段管辖 10~15 个牵引变电所。牵引变电所的预防性检测一年一次。

牵引变电所的运营由其值班员承担，而设备的定期检修、测试和事故检修由供电段部检修车间负责。

接触网及沿线吸回装置等的维护检修及事故抢修，由分布在沿线的接触网工区进行，供电段部检修车间仅提供配件和组织事故抢修。一般一个工区管辖单线正线 30~40 km，双线区段为单线的 1/2~2/3。

每 3~4 个工区设一个领工区，领工区只对下属单位行使行政管理和技术指导，组织维修计划的实施。

(三) 供电段的生产车间

1. 供电段生产车间的设置

供电段的生产车间，是根据检修工艺流程、专业化协作条件、各检修分间的内在联系以及分间面积、采光、防震、防火、防爆、采暖通风、给排水、"三废"处理、气象条件等因素，按照小而专的原则设置的。其组合原则是：使检修工艺流程顺畅，避免相互交叉干扰，联系密切的分间尽量靠近。

电修间是电气设备解体、组装分间，其检修前后的测试、排灌油作业分别由试验间、油处理间承担，而其线圈的维修和制作由电机间负责，故试验间、电机间、油处理间应与电修间毗邻。

产生有害气体的车间可集中也可单独布置，若集中组合布置时，应布置在外侧的一端以利排气通风。

对采光要求较高的分间应选择自然采光良好的处所。

仪表、继电器间和化验间的精密仪表要求防震、防潮，一般置于办公楼内，而且应远离锻工间、机工间等。

锻工、木工间产生烟尘，应置于主导风向的下方。

与上述各分间均有联系的分间，如工具发放间等，应设在适中位置。

材料库（棚）应设置在检修间附近，条件允许可布置成院落式，危险品库应设在材料库附近有适当距离的一角。

南方地区气温高、夏季长，车间应有良好的通风，主要车间应避免日晒。北方地区气温低、冬季长，车间应采暖保温，生产车间尽量集中以利供热保温。

2. 供电段生产车间的主要作业

供电段生产车间的作业内容是：

① 电修间：承担供电段管内配电变压器、吸流变压器、互感器及 27.5 kV 级开关等的恢复性大修及套管的烘干处理，承担全段电气设备的定期修理；派员对管内牵引变电所的变压器、互感器等进行预防性测试及事故处理。

② 电机间：承担变压器、互感器和电机等的线圈绕制和浸漆工作及段内电机类电气设备的定期检修。

③ 试验间：承担供电段管内电气设备的耐压试验和特性试验，即高压试验和变压器试验两部分。高压试验部分可进行 35 kV 及以下各种电气设备、电工器材的耐压试验、介质损失角测定等工作，亦可对防护用具、操作绝缘杆件进行检查试验，以确保设备质量和运行安全。变压器试验部分主要进行变压器的空载、短路试验，测定变比、介损、接线组别，测定直流电阻、套管泄漏等电气性能，以判断其检修质量。试验间还负责对供电段管内各牵引变电所电气设备的预防性定期测试，鉴定供电设备的运行质量，提出维修要求。

④ 油处理间：承担供电段管内绝缘油的净化处理及电气设备回段检修时绝缘油的回收及发放。在日常运营中，还要对现场充油设备的绝缘油进行经常性的质量监视、取样化验和补充。绝缘油的净化处理主要是去掉油中的水分和杂质（绝缘油经过一段时间后会因空气中的湿气侵入而受潮，使绝缘性能下降，介电强度受到影响，在一定温度下还将加速劣化）。

⑤ 绝缘油库：用于储存和保管新油、旧油及处理后的油，其储油量应保证自然消耗油的补充和事故情况下的备用。

⑥ 仪表、继电器间：承担供电段管内各牵引变电所、分区所、开闭所、自耦变压器所等的测量表计及继电保护设备的检验、测试和检修工作。

(四) 牵引供电调度的管理体系

牵引供电调度是电气化铁路运行管理的重要组成部分，是牵引供电系统运行的指挥中心，它的基本任务是：正确指挥牵引供电系统的安全运行，保证牵引供电设备的检修；正确、迅速、果断地指挥牵引供电设备故障的处理。

供电调度除自成体系外，还与其他一些部门发生关系，在路内与行车调度、机车调度关系密切，在路外与电力系统调度有联系。因为铁路供电调度直接负责牵引供电系统的调度指挥，这些联系主要由铁路供电调度这一级进行。牵引供电系统的停电送电、故障查找等都要与行车调度、机车调度及时联系，以得到他们的配合和积极支持。必要时，相互间还可以书面命令形式联系。牵引变电所的电源进线调度权归电力系统，一般企业自备变电所的电源进线由电力系统直接指挥，而电气化铁路牵引变电所不是由电力系统直接指挥，因此，电力系统调度要与铁路供电调度联系，属于电力系统调度的设备运行操作，应以命令形式下达给铁路供电调度，再由铁路供电调度下达给牵引变电所执行，两调度之间签有调度协议，明确相互间的关系，以保证牵引供电系统的统一调度指挥。

二、牵引变电所的检修作业方式

牵引变电所电气设备的检修作业分为五种：

① 高压设备停电作业：在停电的高压设备上进行的作业及在低压设备和二次回路上进行的需要高压设备停电的作业。

② 高压设备带电作业：在带电的高压设备上进行的作业。

③ 高压设备远离带电部分的作业（简称远离带电部分的作业，下同）：当作业人员与高压设备带电部分之间保持规定的安全距离条件下，在高压设备上进行的作业。

④ 低压设备停电作业：在停电的低压设备上进行的作业。

⑤ 低压设备带电作业：在带电的低压设备上进行的作业。

三、接触网的检修作业方式

由于接触网所处的工作环境及供电的特殊性，投入运行后的接触网，其设备结构、零件等必然要受到各种自然条件变化的影响，加上电力机车受电弓沿接触线高速摩擦滑行，使接触网经常处在振动、摩擦、电热及构件本身物理变化的影响之中，故接触网的技术状态极易发生变化。为了使电力机车能安全可靠地取流，就应确保接触网处于良好的技术状态，因此必须经常性地对运行中的接触网进行检测、调整和维修。

接触网检修作业的方式分为：停电检修作业、间接带电检修作业和远离带电部分作业三种方式。在接触网检修作业中，通常采用上述第一种和第三种作业方式。

(一) 停电检修作业

接触网停电检修作业是指在接触网不带电而且接地的情况下进行检修的作业方式。

接触网的停电检修作业是利用"天窗"时间进行的，要求必须在列车运行图中规定的"天窗"时间内完成。

"天窗"是指为满足接触网安全运行的需要，确保接触网设备的正常检修，电气化铁路区段在列车运行图中专门预留了保证接触网设备停电检修的时间。

利用"天窗"时间进行作业的方式分为：

① 垂直天窗作业，即双线电气化铁路区段，上、下行接触网同时停电进行的接触网作业。

② V 形天窗作业，即双线电气化铁路区段，上、下行接触网只是上行或下行停电进行的接触网作业。

(二) 间接带电检修作业

接触网间接带电检修作业就是借助绝缘工具间接在接触网带电设备上进行的作业。

(三) 远离带电部分作业

远离带电部分作业是指对距离接触网带电部分 1 m 以外的非带电设备进行的检修作业。

【任务单】

请利用本任务所学知识完成下列题目：

1. 总结牵引供电系统的运营管理体制。

2. 总结牵引变电所设备的检修作业方式。

3. 总结接触网的检修作业方式。

【课 业】

学生每 5～6 人一组，登录铁道论坛网站查询资料，总结铁路电力部门的运营管理发展趋势。以作业的形式每组提交一份任务报告。

项目九　认知动车组

【知识目标】

1. 了解动车组的发展历程；
2. 熟悉动车组的定义及特点；
3. 熟悉动车组的识别标记；
4. 熟悉动车组的运用方式及每种运用方式的特点；
5. 掌握动车组的基本构造，熟悉每一构造的工作原理、基本特点及技术要求；
6. 掌握动车组的型号和列车编号原则、车辆编号原则；
7. 掌握 CRH380 型动车组的运用标记，熟悉动车组的座位编号原则。

【能力目标】

1. 能够识别动车组的基本构造；
2. 能够熟练地指出动车组与传统机车车辆模式的区别；
3. 能够通过动车组的识别标记，正确判断出动车组的型号、列车编号、车辆编号和座位编号等所代表的意义；
4. 具备主动学习相关知识的能力，自觉地加强自身职业道德的建设，具有爱岗敬业的高度职业责任感。

【项目导入】

项目学习引导书

本项目是在掌握了铁路车辆、机车和供电系统知识的背景下，通过对比传统的机车车辆模式，对动车组的相关知识进行系统而全面的学习。要求学员掌握动车组的定义及优点；了解动车组的国内外发展历史，尤其是我国 CRH 系列高速动车组；掌握动车组的基本构造及每一构造的工作原理和技术要求；掌握动车组识别标记的编制原理，能在实际工作中快速地通过相关标记获知动车组的相关信息。在学习本项目的同时，应密切关注网络、电视、报纸等媒体，了解最前沿的动车组相关信息，以提高专业素养。

在理论学习与实践练习中，逐步掌握本项目要求完成的所有技能以及相关的背景知识。

为了能够达到更好的学习效果，并最终独立完成任务，必须在准备阶段多渠道、全方位地了解相关知识，更重要的是学会独立思考，而不是局限于简单的看书、听讲、完成任务。

请始终独立处理信息并借助相应的工作技巧，做好文本标记、记录，制作并展示你的学习卡片等，这对于长期保存知识信息是很有效的工作方法。

任务一　认知动车组的分类、特点及发展概况

【任务描述】

在学习本任务之前，同学们首先会有许多疑问：到底什么是动车组？动车组和传统的机车车辆模式有什么区别？优势体现在哪些方面？动车组在国内外的发展经历了怎样的过程？本任务将针对这些问题对动车组进行介绍。

通过本任务的学习，要求学员对动车组有基本的认识和了解，为学习动车组的基本构造和运用奠定理论基础。

【知识准备】

动车组是国内外铁路客运大量采用的车型，是自带动力、固定编组、可双向开行的列车，具有安全可靠、运行快捷、乘坐舒适、编组灵活等特点，是高效率、大密度的载运工具。动车组是由动力车和拖车或全部由动力车长期固定地连挂在一起组成的车组。其中，带有动力的车辆称为动车（用 M 表示，下同），不带动力的车辆称为拖车（用 T 表示，下同）。

近年来，我国在引进国外先进动车组技术的基础上大力开展自主创新，目前，已有多种国产化动车组投入运营。尤其是"和谐号"系列高速动车组的大量投入使用，标志着我国高速动车组技术已处于世界前列。

一、动车组的分类

（一）按照动力源分类

按照动力源，动车组分为内燃动车组（简称 DMU）和电力动车组（简称 EMU）两种。其中内燃动车组按传动装置型式的不同，可分为液力传动动车组和电力传动动车组；而电力动车组有交-直电传动、交-直-交电传动和交-交电传动等型式。目前国内外所采用的动车组大多数都是电力动车组。

（二）按照牵引动力的配置方式分类

按照牵引动力的配置方式，动车组有动力集中式和动力分散式两种。动力集中式动车组列车只有两端为动力车，其余均为拖车，由于动力装置安装比较集中，动力集中式动车组具有检查维修方便、电气设备的总重量相对较小等优点。但其缺点也比较突出，即动车的轴重较大，对线路不利。

动力分散式动车组又分为完全分散和相对分散两种模式。完全分散模式是指高速列车编组中的车辆全部为动力车，这种模式采用较少。相对分散模式为目前动车组采用的主要模式，是指高速列车编组中一部分是动力车，其余部分为无动力的拖车，目前我国的高速动车组均为此种模式。动力分散式动车组的特点是：列车中任意一节动车的牵引动力发生故障，对全列车的牵引指标影响不大。

动力分散型动车组的缺点是：牵引力设备的数量多、总重量大。但其优点较多，如最大轴重小、对线路的影响小、列车总体利用率高、列车的牵引及制动性能好、可靠性高、运用成本低等。因此，动力分散型动车组是当今世界铁路动车组，特别是高速动车组技术发展的方向。

（三）按照用途分类

按照用途，动车组主要分为客运动车组、货运动车组和特殊用途动车组等。动车组主要用于客运，但国外也有少部分用于货运（如日本 M250、法国 TGV 行邮）以及其他特殊用途（如轨道检测等）。

（四）按照车辆转向架布置和车辆之间的连接分类

按照车辆转向架布置和车辆之间的连接，动车组可分为独立（转向架）式和铰接（转向架）式。

二、动车组的优点

相对于传统的机车车辆模式，动车组在运营上有许多优点，尤其是动力分散型动车组的优点更为明显，主要有以下几点：

① 动力效率较高，启动加速快。动力分散型动车组的驱动轴较多，黏着性能比较稳定，容易实现高速运转。

② 由于动车组在两端都有司机室，因此，转换运行方向较为方便，可以加快运转速度。在保证安全的前提下，可明显提高行车密度，从而提高整个铁路网的运输能力。

③ 动车组甩挂方便，比较容易组合成长短不同的列车。可以根据客流的大小，加挂或少挂动车组，由于动车组中每组都是既有动力车又有拖车，因此，加挂动车组不影响速度，少挂动车组也不影响动力的发挥。

④ 动车组的制动效果好。电力动车组因为有较多的电动机，所以再生制动能力良好。另外，动车组一般都采用两种或两种以上制动方式，制动效果更为显著。

⑤ 最大轴重小，同时对线路的影响小。由于动车组的牵引设备分散布置在各动力车上，因此能够降低列车的轴重，减小运行阻力，减少对铁路线路的影响，并降低了维修保养费。

⑥ 动车组更加注重环保。高速动车组的内部装饰和化工材料全部符合国际环保规定的要求，卫生间均采用集便式便器，集中收集排放污物，不会对列车行经路段沿线造成污染；车内外噪声也非常小，已将噪声污染降到最低。

三、动车组在国内外的发展概况

（一）国外动车组的发展概况

国际上常见的动车组有日本的新干线，德国的 ICE，法国的 TGV、欧洲之星，意大利的 ETR 等。日本川崎重工、法国阿尔斯通、德国西门子、加拿大庞巴迪和意大利菲亚特公司是掌握时速 200 km/h 及以上动车组集成和关键部件技术，并具有批量生产能力的主要制造商。

德国是最早制造和运用动车组的国家，在 1903 年便率先运行了由钢轨供电的动车组。该动车组由 4 节动车和 2 节拖车编组而成。同年 8 月 14 日，又运行了由接触网供电的动车组，这是世界上第一列由接触网供电的单相交流电动车组。再到同年 10 月，西门子公司制造的三相交流电动车组进行了高速试验，首创时速 210.2 km/h 的历史性记录。虽然德国制造和运用动车组较早，其动车组技术在世界上也一直处于领先地位，但其高速动车组投入商业运营相对较晚，直到 1991 年，其最早一代 ICE1（见图 9-1-1）才正式投入商业运营，比日本的新干线晚了二十多年。在 ICE1 投入运营后，他们又相继研制了 ICE2、ICE3、ICE4、ICE-T 等。

日本是最早将高速动车组投入商业运营的国家。1964 年 10 月 1 日，日本东海道新干线东京—大阪高速铁路正式投入商业运营，同时，由 16 辆全部为动力车编组的 0 系新干线动车组（见图 9-1-2）开始运行在这条线路上。东海道新干线是世界上第一条完全按照高速行车技术条件建

图 9-1-1　德国的 ICE1 型列车

图 9-1-2　日本新干线的 0 系列车

造的铁路，其安全运营的最高时速达 210 km/h；而 0 系新干线列车是世界上最早投入商业运营的高速铁路动车组，使时速 200 km/h 的高速列车技术由试验研究阶段跃升为商业运营阶段，这为日本铁路的发展开创了新纪元，也为当时被称为"夕阳"产业的世界铁路注入了巨大活力，成为世界铁路发展的里程碑。在 0 系之后，日本又开发制造了 100 系、200 系、300 系、400 系、500 系、700 系、800 系、E1 系、E2 系、E3 系和 E4 系等高速动车组列车。

　　法国也是制造和运用动车组较早的国家，尤其是它的高速电动车组，速度连续刷新世界纪录。1981 年第一代 TGV-PSE 电动车组创造了最高试验速度 380 km/h 的世界纪录（见图 9-1-3）；1990 年 5 月，第二代 TGV 列车又以 515.3 km/h 的试验时速刷新世界纪录；1993 年 6 月，象征着 TGV 第三代的 TGV Reseau 投入运营，它是世界上第一列密封的列车，其客舱是压力封装的，克服了在高速运行下巨大的气压变化对旅客舒适度的影响；1996 年，双层 TGV 列车 TGV Duplex 投入营运，在仅需提高 4% 牵引功率的前提下，客容量提高了 45%；另外，法国还开通了穿过英吉利海峡连通英国、法国、比利时三国客运联运业务的欧洲首列国际高速列车——欧洲之星（见图 9-1-4）。近年来，法国还研究开发了实际运营时速达 360 km/h 以上的第四代 TGV——Nouvelle Generation TGV。如今，TGV 技术已经成为法国对外出口的一项技术。很多国家的高速列车都是由 TGV 演变而来的，如西班牙引进 TGV 技术推出的 AVE 高速列车，韩国引进 TGV 技术推出的 KTX 动车组等。

图 9-1-3　TGV-PSE 动车组

图 9-1-4　欧洲之星动车组

　　在国际上，除了日本、法国和德国拥有先进的动车组技术，并大量应用于铁路旅客运输外，使用动车组较多的国家还有英国、荷兰、美国、西班牙、意大利、瑞典等。

（二）国内动车组的发展概况

　　我国动车组发展起步较晚，直到 1998 年才有第一列商用动车组"春光号"在南昌铁路局运营。后来通过引进和消化国际先进技术，大力开展自主创新，我国动车组发展迅速，目前已有十余种动车组投入商业运营。我国将引进国外技术、联合设计生产的 CRH 动车组车辆均命名为"和谐号"，通常是指 2007 年 4 月 18 日起在中国铁路第六次提速调图后开行的 CRH 动车组列车。CRH 为英文缩写，全名 China Railway High-speed，中文意为"中国高速铁路"，是我国高速铁路系统建立的品牌名称。我国铁路开行的 CRH 动车组已有 CRH$_1$、CRH$_2$、CRH$_3$、CRH$_5$、CRH$_6$、CRH380A、CRH380B、CRH380C、CRH380D 车型以及"复兴号"动车组（见图 9-1-5）等多种类型，各型动车组的主要技术特征见表 9-1-1。

图 9-1-5　"复兴号"动车组

表 9-1-1　我国动车组的主要技术特征

型号	CRH$_1$	CRH$_2$	CRH$_3$	CRH$_5$	CRH380A	CRH380B	CRH380C	CRH380D
生产厂家	四方-庞巴迪-鲍尔铁路运输设备有限公司	四方机车车辆股份有限公司	唐山轨道客车有限责任公司	长春轨道客车股份有限公司	四方机车车辆股份有限公司	唐山轨道客车有限责任公司	长春轨道客车股份有限公司	四方-庞巴迪-鲍尔铁路运输设备有限公司
基本编组	5M＋3T	4M＋4T	4M＋4T	5M＋3T	6M＋2T	4M＋4T	8M＋8T	4M＋4T
编组定员/人	670	609	600	606	494	490	1 004	494
轴重/t	16	14	17	17	15	≤17	≤17	≤17
运营速度/(km/h)	200	200	350	200	350	350	380	380
最高试验速度/(km/h)	250	250	385	250	380	>400	420	420
牵引功率/kW	5 500	4 800	8 800	6 770	9 600	9 200	19 200	9 600
车体材质	不锈钢	铝合金	铝合金	铝合金	铝合金	铝合金	铝合金	铝合金
转向架形式	空气弹簧拉板式定位＋轴箱圆弹簧	空气弹簧转臂式定位＋轴箱圆弹簧	空气弹簧转臂式定位＋轴箱圆弹簧	空气弹簧拉杆式定位＋轴箱圆弹簧	空气弹簧转臂式定位＋轴箱圆弹簧	空气弹簧转臂式定位＋轴箱圆弹簧	空气弹簧转臂式定位＋轴箱圆弹簧	空气弹簧转臂式定位＋轴箱圆弹簧
牵引方式	单拉杆	单拉杆	Z 形双拉杆	Z 形双拉杆	单拉杆	Z 形双拉杆	Z 形双拉杆	单拉杆
制动形式	再生制动＋空气制动				再生制动+空气制动+电阻制动	再生制动+空气制动	电制动+电空制动		电空制动/再生制动

1. CRH$_1$ 型动车组

CRH$_1$ 型动车组由中车集团青岛四方机车车辆股份有限公司与加拿大庞巴迪的合资公司——青岛四方-庞巴迪铁路运输设备有限公司（BST）生产。原型车以庞巴迪为瑞典 AB 公司提供的 Regaina C2008 为基础。CRH$_1$ 型动车组如图 9-1-6 所示。

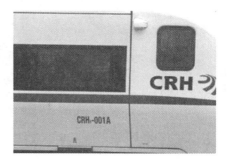

图 9-1-6　CRH₁型动车组

2. CRH₂型动车组

CRH₂型动车组是由中车集团青岛四方机车车辆股份有限公司联合日本川崎重工，引进川崎重工的新干线 E2-1000 型动车组技术在国内生产的。CRH₂型动车组如图 9-1-7 所示。

图 9-1-7　CRH₂型动车组

3. CRH₃型动车组

CRH₃型动车组是由中车集团唐山轨道客车有限责任公司联合德国西门子，引进西门子的 ICE3 型动车组技术在国内生产的。CRH₃型动车组如图 9-1-8 所示。

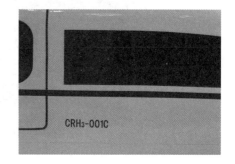

图 9-1-8　CRH₃型动车组

4. CRH₅型动车组

CRH₅型动车组是由中车集团长春轨道客车股份有限公司联合法国阿尔斯通，引进法国阿尔斯通的技术，车体以法国阿尔斯通为芬兰国铁提供的 SM3 动车组为原型在国内生产的。CRH₅型动车组主要配属在我国北方地区，见图 9-1-9。

图 9-1-9　CRH$_5$ 型动车组

5. CRH380 型动车组

(1) CRH380A 型动车组

CRH380A 型电力动车组是由中车集团青岛四方机车车辆股份有限公司在 CRH$_2$C 型（CRH$_2$-300 型）电力动车组的基础上自主研发的 CRH 系列高速动车组，最高营运速度达到 380 km/h。2010 年 12 月 3 日，在京沪高铁联调联试时，CRH380A 型动车组创下最高 486.1 km/h 的时速。

(2) CRH380B 型动车组

CRH380B 型动车组是中车集团长春轨道客车股份有限公司、中国北车集团唐山轨道客车有限责任公司在 CRH$_3$C 的基础上联合研发的新一代高速动车组。

(3) CRH380C 型动车组

CRH380C 型动车组是中车集团长春轨道客车股份有限公司在 CRH$_3$C、CRH380BL 的基础上研发的新一代高速动车组，与 CRH$_3$C 相比，其持续运营时速由 300 km/h 提高至 350 km/h，最高运营时速由 350 km/h 提高到 380 km/h。CRH380C 型动车组如图 9-1-10 所示。

图 9-1-10　CRH380C 型动车组

(4) CRH380D 型动车组

CRH380D 型动车组是由中车集团青岛四方-庞巴迪铁路运输设备有限公司研发的，原项目名称为 CRH-380，2010 年 12 月中旬，原铁道部重新分配动车组车号，改为 CRH380D 系列。

6. CRH$_6$ 型动车组

和谐号 CRH$_6$ 型城际动车组是为了满足中国区域经济快速发展和城市群崛起对城际轨道交通的需求而研制的一种新型运输工具，填补了中国轨道交通客运装备领域的一项空白。和谐号

CRH$_6$型城际动车组作为中车集团全力打造的我国城际动车组全新技术平台的首个车型，是经原铁道部科技立项，国家高速动车组总成工程技术研究中心、高速列车系统集成国家工程实验室的又一创新成果。它继承了"和谐号"系列高速动车组安全、成熟、舒适和可靠等优点，具备快起快停、快速乘降、载客量大及高速持续运转的特点，适用于城市间以及市区和郊区间的短途通勤客运，起到了衔接高铁和城轨的纽带作用，完善了我国轨道交通层次架构。

【任务单】

请利用本任务所学知识完成下列题目：

1. 请总结动车组的定义及优点。

2. 请总结动车组的分类标准。

3. 请总结国内外动车组尤其是我国 CRH 系列动车组的发展历史。

【课　业】

学生 5~6 人一组，完成以下课业后，以 PPT 形式分组进行汇报。

1. 根据所学知识，并结合个人的生活经验，试分析动车组列车与传统的机车车辆模式相比，有哪些优势？

2. 分小组讨论我国 CRH 系列动车组各自的利弊及未来发展趋势。

任务二　认知动车组的基本构造

【任务描述】

动车组之所以较传统的机车车辆模式有优势，和动车组的基本构造有着密不可分的联系。本任务着重介绍动车组的基本构造，尤其是转向架部分。

通过本任务的学习，要求学员能熟练掌握动车组转向架的作用、分类、构造和技术性能要求，在学习的同时体会动车组的基本构造与高速、安全、舒适运营之间的联系。

【知识准备】

目前，世界上运营的动车组种类繁多，仅国内运用的高速铁路动车组而言，就有和谐号 CRH$_1$、CRH$_2$、CRH$_3$、CRH$_5$、CRH380A 等多种，各种类型的动车组在设计、制造上都有一些区别，但基本构造通常都包括车体、车辆内部设备、转向架、车辆连接装置、制动装置、牵引传动系统、辅助供电系统以及空气调节系统等部分。

一、动车组的车体及车内设施

动车组车体是用于旅客乘坐和司机驾驶的部分，也是安装和连接其他设备与部件的基础，它由侧墙、端墙、车顶、底架和车头等部分组成。动车组车体分为带司机室车体和不带司机室车体两种。车内设备是指服务于乘客的车内固定附属装置，包括车门、车窗、座席、司机室、乘务员室、照明装置、供水、通风、取暖、空调、安全设备、行李架、旅客信息服务系统等，图 9-2-1 所示为我国"和谐号"CRH380A 型动车组部分车辆的车厢内部布置图。

（a）一等客室

（b）二等客室

（c）餐厅

（d）司机室

图 9-2-1　CRH380A 型动车组的车厢内部布置

为了满足高速行车的要求，保证行车安全和旅客的舒适性，动车组一般将车头设计成流线型，车体选用轻量化、高强度的材料，并通过运用车体的密封隔声技术，使车体具有良好的密封性和隔音效果。

(一) 车体结构流线型

随着列车运行速度的提高，周围空气的动力作用一方面对列车和列车运行性能产生影响；同时，列车高速运行引起的气动现象对周围环境也产生影响。对于高速动车组来说，流线型车头可以有效减少运行空气阻力以及列车交会压力波，并有效解决了运行稳定性等问题。图 9-2-2 所示的日本新干线 500 系动车组即为流线型车头结构，它是所有新干线车辆中流线型效果最好的一种。

另外，车身的外形一般设计成细长、无棱角的流线型；采用与车身横断面形状相吻合的裙板遮住车下设备，使车体表面光滑平

图 9-2-2　日本新干线 500 系动车组

整；车窗、车门与车体齐平，手把、扶杆凹装在车体表层内，以尽量减少突出物；除受电弓外，顶板上尽可能不安装其他部件，使顶部光滑平整。

(二) 车体及车内设施轻量化

1. 车体及车内设施轻量化的意义

为了节省牵引功率，降低高速列车引起的动力作用对线路结构、机车车辆结构产生的损伤，以及提高旅客乘坐的舒适度，需要最大限度地降低高速动车组的轴重。对于高速铁路动车组，在保证客车使用寿命和客车结构能承受各种载荷的工况下，实现车体及车内设施轻量化具有非常重要的意义。具体体现在以下几点：

① 节省列车牵引功率。

② 减小列车运行阻力。

③ 降低高速列车引起的动力作用对线路结构、机车车辆结构产生的损伤，减少工程和维修费用。

④ 有利于改善列车的运行品质。

⑤ 有利于环保。由于轴重的下降，减小了列车运行时沿线路基的振动，同时也降低了轮轨之间的噪声，从而有利于环保。

2. 车体及车内设施轻量化技术

包括车体结构的轻量化技术和车内设施的轻量化技术两个方面。

(1) 车体结构的轻量化技术

实现车体结构轻量化主要可以通过两种途径：

① 采用新材料。目前，国外高速动车组的车体材料主要有不锈钢、高强度耐候钢和铝合金。从使用效果和发展趋势来看，由于铝合金具有较好的塑性，挤压成型容易，且具有良好的耐腐蚀性，能够延长客车的使用寿命，减轻检修工作量，因此，铝合金将成为动车组车体的主导材料。

② 合理优化结构设计。在保证车体强度和刚度的基础上，应充分利用等强度理论和结构的有限元分析程序，对车体结构进行优化设计，减轻车辆自重。国内外经验证明，通过优化计算，车体结构重量可显著降低。图 9-2-3 所示为日本新干线 300 系动车组采用的大型中空挤压铝型材焊接结构，它不仅可以明显降低车体重量，还可以大幅度减少焊接工作量，简化车辆的制造工艺。

图 9-2-3　大型中空挤压铝型材焊接结构

(2) 车内设施的轻量化技术

动车组的车内设备约占客车总重量的 20%，故对其进行轻量化设计具有非常重要的意义。目前，对动车组车内设施的轻量化主要通过采用新型材料来实现，如车门、车窗、行李架、座椅、供水设备、卫生设备等，均通过选用轻合金或高分子材料、复合材料来减轻重量，而车内装饰板材则广泛采用薄膜铝合金墙板或工程塑料顶板来使设备轻量化。

(三) 车体具有良好的气密性

列车通过隧道或在运行中与其他列车交会时，车内压力发生巨大变化，旅客会有耳痛等不适感觉，因此必须提高动车组车体的气密性，使车内压力不受车外压力的影响。目前世界上提高动车组气密性的措施主要是从车体结构和部件上考虑，采用的密封技术主要有：

① 车体金属结构采用连续焊，以消除焊接气隙，对不能施焊的部位采用密封胶密封。

② 车门采用密封性能良好的塞拉门，台风挡采用橡胶大风挡，并保证渡板处的密封良好。

③ 采用固定式车窗，车窗玻璃的结构、强度和车窗的组装工艺要保证密封的可靠性和耐久性。

④ 列车空调通风装置的换气系统设立压力控制，如在进、排气风口安装压力保护阀，在排气风道中装设带有节气阀的排风机、安装压力保护通风机等，从而既保证正常的通风换气，又保证车内压力变化控制在有限值之内。

⑤ 装设水的密封装置，防止洗脸室、卫生间以及空调机组冷凝水排水管在外部高压时的回流。另外，对直通车下的管路和电缆孔均采取必要的密封措施。

（四）优质的车体隔声性能

由于动车组运行速度较高，它所产生的噪声也比较大。为了降低车内噪声，除了要削弱噪声源发出的噪声外，还要提高车体的隔声性能。提升车体隔声性能的主要技术措施有：

① 在车体金属表面涂刷防振阻尼层，使钢结构的声频振动转化为热能消散，减少声波的辐射和声波振动的传递，从而减少车内噪声。

② 采用双层墙结构，以增强整体隔声量。

③ 采用带空气层的双层车窗，减少从侧面传入车内的噪声，以提高车窗的隔声量。

④ 车内选用吸声效果好的高分子聚合材料。

⑤ 采取提高车体气密性的措施，同样可以起到隔声作用。

二、动车组的转向架

动车组的每个车体下都装有转向架，其中动车下面是动力转向架，拖车下面是拖车转向架，它们的主要区别是动力转向架有牵引电机和驱动装置，而拖车转向架没有。动车组转向架置于车体和轨道之间，除了要承担车体、车内设施及乘坐旅客的全部重量外，更重要的作用是牵引和引导车辆沿轨道行驶，承担动车组安全、高速、平稳的运行任务。

（一）转向架的构造

转向架是保证动车组运行品质和安全的关键部件，主要由构架、轮对及轴箱定位装置、牵引装置、驱动装置、弹簧悬挂装置和基础制动装置组成，如图 9-2-4 和图 9-2-5 所示。

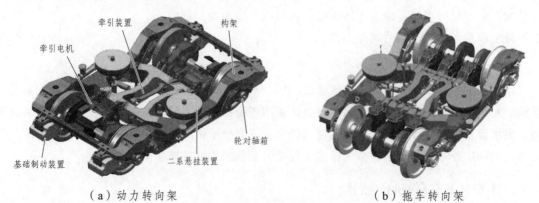

（a）动力转向架　　　　　　　　　　　　（b）拖车转向架

图 9-2-4　CRH₁ 型动车组转向架的基本构造示意图

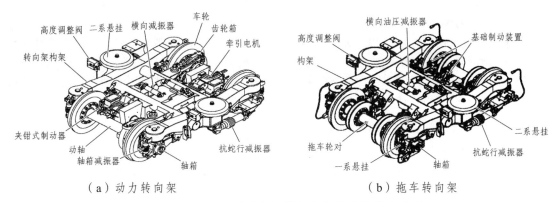

（a）动力转向架　　　　　　　　　（b）拖车转向架

图 9-2-5　CRH$_2$ 型动车组转向架的基本构造示意图

1. 转向架构架

构架是转向架的骨架，是安装各种零部件的载体，并承受和传递垂向力和水平力等。从图 9-2-4 中可看出构架在转向架上所处的位置。转向架构架分为动车转向架构架和拖车转向架构架，一般都由侧梁与横梁、相关支座、连接梁等构成，它们都要具备足够的强度。

2. 轮对轴箱装置

轮对轴箱装置（简称轮轴）主要由车轮、动力车轴、非动力车轴、挠性联轴器和轴箱等部件组成。它承受和向钢轨传递列车重量，并在负重条件下以较高的速度引导车辆在钢轨上行驶；它还通过轴箱定位装置使轮对相对于构架前后、左右活动，以适应线路条件；另外还有某些制动力也通过轮对实现。

3. 牵引装置

牵引装置是车体与转向架的连接装置，用来传递车体与转向架之间的水平力等，同时保证车体与转向架之间的回转运动。不同类型的转向架其牵引装置也不同，例如，Y32 型转向架的牵引装置，其牵引力是通过钢丝绳连接车体和转向架构架后直接传递的，牵引钢丝绳一端连接在装于构架中间纵向梁下部的一个"十"字形座上，而另一端则连接在一个螺杆上，通过弹簧装置与车体下的牵引座相连。这样的传递方式可以使车体与转向架之间完全是弹性连接。

4. 弹簧悬挂装置

弹簧悬挂装置是转向架支撑车体的装置，它一方面能够保证一定的轴重分配；另一方面还起到缓和轮轨冲击、保证车辆运行平稳性等作用。弹簧悬挂装置由空气弹簧（见图 9-2-6）、横向减振器、抗蛇形减振器和自动高度调节阀等构成。设在轮对和构架之间的弹簧悬挂装置称为轴箱弹簧装置或一系悬挂装置；设在构架与车体之间的弹簧悬挂装置称为中央弹簧悬挂装置或二系悬挂装置。

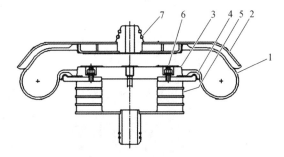

图 9-2-6　CRH$_2$A 型动车组的空气弹簧

1—橡胶囊；2—上盖板；3—下盖板；4—橡胶座；5—橡胶堆；6—螺母、垫片；7—O 形圈

5．基础制动装置

动车组一般采用摩擦制动和动力制动相结合的模式，其中摩擦制动方式多采用盘形制动和电磁涡流制动，动力制动方式则选用电阻制动或再生制动。动车组基础制动装置一般由制动盘、制动闸片、制动缸、防滑器和踏面清扫器等组成，其中制动盘的种类有用于动车转向架的"动车轮盘制动盘"以及用于拖车转向架的"拖车轮盘制动盘"和"拖车轴制动盘"等。

（二）动车组转向架应具备的性能

1．高速运行的稳定性

列车在钢轨上运行，随着速度的加快可能会出现蛇行运动，从而造成转向架的运动失稳，损伤车辆及线路，影响旅客舒适度。动车组通常采用轴箱定位装置和回转阻尼装置来抑制蛇行运动，确保车辆运行的稳定性。

2．通过曲线的安全性

高速客车通过曲线时，过大的侧压力会造成轮轨的剧烈磨损。因此要选择合理的踏面形状与较小的踏面斜度，以防止脱轨、倾覆现象发生。

3．旅客乘坐的舒适性

虽然影响舒适度的因素很多，但振动是动车组整个运行过程中始终存在的，动车组引起的噪声也会使旅客产生疲劳感。因此在动车组转向架中采用了空气弹簧和橡胶件以降低轮轨噪声，减小了噪声对车内及环境的污染。

（三）动车组转向架结构的轻量化技术

在保证必要性能的前提下，动车组转向架也要尽量实现轻量化。国外高速动车组转向架的轻量化措施之一是采用无摇枕结构，由中央空气弹簧直接支承车体重量；此外还有很多轻量化措施，如取消端梁使构架结构轻量化、采用铝合金制作轴箱及齿轮箱以及采用轻型轮对等。

三、动车组的连接装置

动车组的连接装置主要用于连接各个车辆并传递牵引力与制动力，同时还能起到缓冲和减振作用，另外还可以保证车辆的密封性。

动车组的连接装置一般由密接式车钩装置、风挡、空气及电气连接设施和车体间减振器等构成。空气及电气连接设施包括：列车总风管、列车通信总线连接、制动控制线连接、供电母线连接、电路电气设备连接、高压电线连接等。

目前世界各国的高速动车组普遍采用密接式车钩连接装置（见图 9-2-7），如日本新干线动车组车钩全部采用密接式车钩方式。该装置的两车钩连接面的纵向间隙一般都小于 2 mm，上下、左右偏移也很小，对提高列车的运行平稳性和电气线路、风管的自动对接提供了保证。在车钩连接的同时，贯通全列车的控制信息线路通过密接式车钩的电气连接器自动接通。

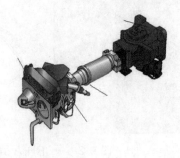

图 9-2-7　密接式车钩缓冲装置

密接式车钩的连挂及分解示意图如图 9-2-8 所示，下面分别做简单介绍。

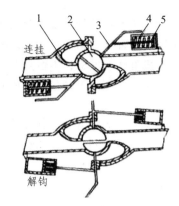

（一）连挂

凸锥插进对方的凹锥孔中，这时凸锥的内侧面在前进中压迫对方的钩舌转动，使解钩风缸的弹簧受压，钩舌沿逆时针方向旋转；当两钩连接面相接触后，凸锥的内侧面不再压迫对方的钩舌，此时由于弹簧的作用，使钩舌处于闭锁位置。

（二）分解

司机操纵解钩阀，此时压缩空气由总风管进入前车（或后车）的解钩风缸，同时经解钩风管连接器送入相连挂的后车（或前车）解钩风缸，活塞杆向前推并带动解钩杆，使钩舌转动至开锁位置，此时两钩即可解开。另外也可以通过人力推动解钩杆，使钩舌转动至开锁位置，实现两钩的分解。

图 9-2-8 密接式车钩的工作原理
1—钩头凸锥；2—钩舌；3—解钩杆；
4—弹簧；5—解钩风缸

四、动车组的制动装置

（一）制动装置的条件

制动装置是列车安全、正点运行的重要保证，也是提高列车运行速度的前提条件。动车组制动装置应具备的条件是：

① 尽可能缩短制动距离以保证列车安全。

② 保证高速制动时车轮不滑行。

③ 司机操纵制动系统灵活可靠，能适应列车自动控制的要求。

（二）制动方式

目前，铁路上所采用的制动方式有摩擦制动和动力制动两大类。其中，摩擦制动包括闸瓦制动、盘形制动、电磁轨道制动三类；动力制动包括电阻制动、再生制动、电磁涡流制动等。由于动车组运行速度较高，因此对制动装置的要求也较高。动车组通常采用动力制动与摩擦制动相结合的制动模式，表 9-2-1 列出了部分国家高速动车组的制动方式。

表 9-2-1 部分国家高速动车组制动方式

国别	列车名称	动力车制动方式	非动力车制动方式
日本	0 系列 100 系列 300 系列	电阻制动 + 盘形制动 电阻制动 + 盘形制动 再生制动 + 盘形制动	电磁涡流制动 + 盘形制动 电磁涡流制动 + 盘形制动
法国	TGV-PSE TGV-A TGV-N	电阻制动 + 闸瓦制动 电阻制动 + 盘形制动 再生制动 + 盘形制动	盘形制动 + 闸瓦制动 盘形制动 盘形制动 + 电磁轨道制动
德国	ICE	再生制动 + 盘形制动	电磁涡流制动 + 盘形制动
中国	CRH1、CRH2、 CRH3、CRH5、 CRH380A	再生制动 + 电空制动 再生制动 + 空气制动 + 电阻制动 再生制动 + 电空制动	盘形制动 盘形制动 电磁涡流制动 + 盘形制动

动车组制动控制系统包括动力制动控制系统和空气制动控制系统，此外还有电子防滑器及基础制动装置等。动车组制动系统应推行轻型化和免修化，减少维修工作量。例如，采用的再生制动机是感应电机，不但是轻型的，而且几乎是免维修的。

动车组的制动模式包括常用制动、快速制动、紧急制动、耐雪制动和辅助制动等几类。

五、动车组的牵引传动系统

目前世界上的高速动车组一般都采用电力牵引传动方式，牵引传动系统包括主电路、高压设备、受电弓、主断路器、主变压器、牵引变流器、牵引电机等。

由于运行速度较高，电力牵引高速动车组的受电与电力牵引常速列车的受电相比，具有一些明显的特点，例如，接触网与受电弓的波动特性发生变化，受电弓产生的噪声较大，所受的空气阻力较大，需要的牵引功率较大等。

图 9-2-9 所示为动车组受电弓的结构原理图。

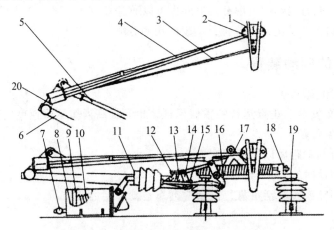

图 9-2-9　动车组受电弓的结构原理图

1—滑板弓头；2—弓头支承装置；3—平衡杆；4—上框架；5—推杆；6—下臂；7—缓冲阀；
8—传动风缸；9—活塞；10—降弓弹簧；11—拉杆绝缘子；12—滑环；
13—扇形板；14—拐臂；15—转轴；16—升弓弹簧；17—底架；
18—升弓弹簧螺母；19—支持绝缘子；20—铰链座

近几年来，各国动车组的电力传动系统由早期的直流牵引电动机驱动改为交流感应电动机驱动，即采用了交流传动系统，不仅实现了牵引电机的小型轻量化，而且减轻了电机的日常维护检修工作量。交流传动系统的具体优点主要有：① 交流电机体积小、重量轻，而且输出功率大，很适合高速动车组；② 功率因数可控制到 1；③ 再生制动机淘汰了电阻器，在重量减轻的同时，腾出了车下空间；④ 因不需要像直流电机那样的整流电刷，故易于保养，在功率相同的情况下使架线电流降低等。

六、动车组的辅助供电系统

动车组的辅助供电系统包括：辅助变压器、辅助整流用变压器、滤波电容器、输入侧电磁接触器、充电电阻、放电电阻、控制单元、蓄电池、空气压缩机、空气调节系统、采暖设备、照明设备、旅客服务设备、冷却通风机、应急通风装置及维修用电等。由于辅助供电系统备有容量充足的蓄电池组，供应急时使用，因此它具备应急供电功能。应急用电包括：应急照明、客室应急通风、广播系统、列车无线装置、应急显示、维修用电、通信及其控制等。应急用电量一般最少要能持续 2 小时。

七、动车组的空气调节系统

动车组有较好的气密性，因此必须解决好车内的通风换气问题。动车组列车内的通风换气是通过空气调节系统来实现的。动车组的空气调节系统与普通客车的空调系统有很大的区别，它包括客室空调装置、通风系统、司机室空调换气装置等几部分。

为了实现轻量化，并减小车体断面积和高速运行时的空气阻力，目前世界上新型高速动车组的客室空调装置一般都安装在车体下。另外，为了使动车组在车外气压变化很大时仍能正常地进行通风换气，并避免通过换气口将车外气压变化传入车内，保证客车的气密性，高速动车组客车的通风换气装置一般都设计成可控式的。

除了上述基本构造外，动车组还配置了给排水系统、配电盘、车辆信息控制装置、车载信息系统及行车安全装置等。

【任务单】

请利用本任务所学知识完成下列题目：
1. 总结动车组的基本构造包括哪几部分，每一部分的作用是什么。
2. 动车组车体及车内设施的技术性能有哪些要求。
3. 动车组转向架的主要作用是什么？动车组转向架应具备哪些技术性能？
4. 总结动车组转向架的组成及每部分的作用。

【课　业】

学生每 5~6 人一组，登录铁道论坛网查阅相关资料，分组讨论动车组采用的制动方式主要有哪些及各自的特点，并以作业的形式每组提交一份课业分析报告。

任务三　认知动车组的运用

【任务描述】

随着我国铁路事业现代化步伐的加快，我们的出行已经与动车组有着密不可分的联系。作为一名铁路相关工作人员，了解动车组的型号和列车编号、车辆编号、座位编号规则和运用方式等是最基本的要求。

本任务主要针对动车组的运用进行介绍，要求必须掌握动车组的识别标记和运用方式。

【知识准备】

动车组是牵引动力装置（相当于机车）和载客装置（相当于客车车底）固定为一体的特殊车底，因此，动车组具有机车和客车车底双重性质，但其运用方式又不同于机车和车辆。

一、动车组的识别标记

动车组也和普通铁路客运车辆一样，有运用识别标记，包括路徽、配属局段简称、车型、车号、定员、最高运行速度、制造厂名及日期等。我国电气化区段运行的动车组还有"电气化区段严禁攀登"的标志。

各种动车组的运用识别标记基本相似，下面仅针对我国动车组的相关标记作详细介绍。

(一) 动车组的型号和列车编号

动车组车型车号涂打在动车组首、尾车驾驶室外的两侧侧墙上，每车 2 处，其型号和编号构成如图 9-3-1 所示。

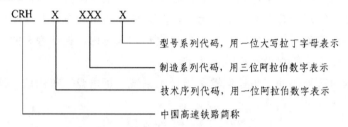

图 9-3-1　动车组的型号和列车编号构成

1. 技术序列代码分配

1——BST（青岛四方-庞巴迪铁路运输设备有限公司）动车组。

2——青岛四方/川崎动车组。

3——唐山/西门子动车组。

5——长客/阿尔斯通动车组。

2. 制造序列代码

按不同的技术序列单独编排，顺序由 001 ~ 999 依次排列。

3. 型号系列代码

按动车组的速度等级、车种确定。对已有的动车组规定如下：

A——运营速度 200 ~ 250 km/h、8 辆编组、座车。

B——运营速度 200 ~ 250 km/h、16 辆编组、座车。

C——运营速度 300（含 275）km/h、8 辆编组、座车。

D——运营速度 300（含 275）km/h、16 辆编组、座车。

E——运营速度 200 ~ 250 km/h、16 辆编组、卧车。

4. 动车组型号和车号示例

图 9-3-2 中所示为青岛四方股份有限公司的第 20 列、运营速度为 200 km/h、8 座车辆编组的 CRH 动车组。

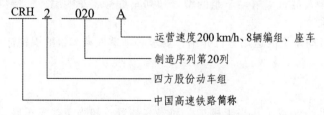

图 9-3-2　动车组的型号和列车编号示例

(二) 动车组车辆的车种和编号

动车组中车辆的车种和编号由拼音字母加 6 位阿拉伯数字构成（如图 9-3-3 所示），涂打于每辆车的两侧，每车 4 处。

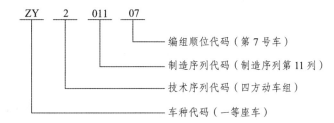

ZY　2　011　07

编组顺位代码（第 7 号车）

制造序列代码（制造序列第 11 列）

技术序列代码（四方动车组）

车种代码（一等座车）

图 9-3-3　动车组中车辆的车种与编号

1. 车辆的车种代码

我国动车组中车辆的车种代码是以车种名称的汉语拼音首写字母表示的，如表 9-3-1 所示。

动车组 1 号和 0 号车均设有驾驶室，可在两端操纵驾驶。

2. 编组顺位代码

动车组车辆的编组顺位代码：以两位阿拉伯数字表示，位置排列编号自首车起从 "01" 开始顺序排列，尾车的排列编号为 "00"。

例如，图 9-3-3 中所示为青岛四方股份有限公司的第 11 列动车组，它的编组顺位是第 7 位，属于一等座车。

表 9-3-1　动车组中车辆的车种代码

车种代码	车种名称	备注
ZY	一等座车	
ZE	二等座车	
ZG	高级座车	VIP
WR	软卧车	四人包间
WG	高级软卧车	两人包间
SW	商务车	
SWG	商务车/观光车	
CA	餐车	含酒吧车
ZYG	一等座车/观光车	
ZEC	二等座车/餐车	

(三) CRH380 型动车组的运用标记

对于 CRH380 型动车组，为了体现新一代高速动车组自主创新和速度特征，在既有动车组编号规则的基础上，对其型号、车号及座席号的编制重新规定如下：

1. CRH380 型动车组的型号和列车编号

CRH380 型动车组的型号和列车编号的基本构成为 CRH380A-6001L，其中：

CRH——含义同前，即中国高速铁路简称。

380——速度特征代码，体现最高运营时速为 380 km/h。

A——型号代码，以大写英文字母 A、B、C、D 表示不同型号动车组，其中：A 为四方新一代高速动车组，B 为长客新一代高速动车组，C 为唐山新一代高速动车组，D 为 BST 新一代高速动车组。

6001——制造序列代码，以四位阿拉伯数字表示，是新一代动车组的统一编号，以 6 字开头，各制造厂的制造序列号按已签订合同数量以百位间隔分配不同的号段，并按出厂时间顺序编排，具体分配为：四方股份（140 列 CRH380A）为 6001～6140；长客股份（110 列 CRH380B）为 6201～6310；唐山客车公司（70 列 CRH380C）为 6401～6470；BST 公司（80 列 CRH380D）为 6601～6680。

L——编组数量代码，以一位大写英文字母表示，L 表示 16 辆编组，8 辆编组时不带标号。

2. CRH380 型动车组车辆的车种和编号

例如，图 9-3-4 所示的 CRH380 型动车组车辆的车种和编号的基本形式为 ZYG630101，其中：

ZYG——车辆车种代码，是车种名称的汉语拼音首写字母缩写，包括：SW 为商务车（设置了可躺式 VIP 座椅车）；ZY 为一等座车；ZE 为二等座车；CA 为餐车；ZEC 为餐座合造车；ZYG 为一等座车/观光车；ZEG 为二等座车/观光车。

6301——动车组制造序列代码。

01——车辆编组顺位代码，以两位阿拉伯数字表示。

图 9-3-4　CRH380 动车组车辆的车种及编号示例

(四) 动车组座位的编号规则

动车组座位号采用数字和字母组合的方式表示，数字表示排号，字母表示位置，如图 9-3-5 所示。座椅排号从车辆 1 位端开始按顺序编排，用阿拉伯数字表示。座椅位置采用 A、B、C、D、F 等 5 个字母表示，其中，3 + 2 座椅排列中，3 人座椅用 A、B、C 表示，分别代表靠窗、中间和走廊位置，2 人座椅用 D、F 表示，分别代表走廊、靠窗位置；2 + 2 座椅排列分别用 A、C 和 D、F 表示；2 + 1 座椅排列分别用 A、C 和 F 表示。这样，无论是何种座椅排列，A、F 代表靠窗座椅，C、D 代表走廊座椅。

图 9-3-5　动车组座位编号示例

二、动车组的运用方式

由于动车组的特殊性，其运用方案也不同于普通列车，需要根据动车组自身的技术特点设置与之相适应的运用方式。根据目前国内外的运用现状，动车组的运用方式可分为固定区段运用方式、不固定区段运用方式和半固定区段运用方案三种。

(一) 固定区段运用方式

固定区段运用方式是指动车组在指定的线路上运行并且其运行区段是固定的运用方式，该方式与既有铁路客车车底的运用方案一致。固定区段运用方式又分为站间固定周转方式和两区段套跑周转方式，如图 9-3-6 所示。

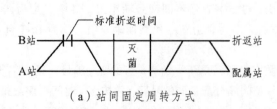

（a）站间固定周转方式

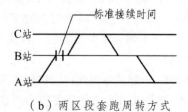

（b）两区段套跑周转方式

图 9-3-6　动车组固定区段运用方式示意图

　　固定区段运用方式的优点是：动车组在固定的区段内运行，有利于动车组的管理，并可根据客流变化采用不同的车辆编组方案，动车组的运用组织比较简单，便于高速铁路的运输组织。其缺点是：不利于提高动车组效率，也不能减少动车组的使用数量，还不利于高速动车组的检修。一方面，在动车组检修期间需要有一定数量的备用车组来替代，如果备用车组由各区段分别配备，则全线总备用车组数量较大且利用率不高；另一方面，由于高速动车组的维修技术复杂、设备昂贵，只能集中配置，即将所有动车组的维修作业集中在维修中心进行，所以，对于与维修中心不邻接的区段，需要检修的动车组必须专程送检，事后又需专程送回。

(二) 不固定区段运用方式

　　与固定区段运用方式相对应的是动车组不固定区段运用方式，是指动车组完成一次列车任务后，下一次所承当的运行区段无限制。这种运用方式以全线为系统，统筹考虑动车组的使用与维修来安排动车组的运用，有利于提高动车组的使用效率，减少动车组数量，是比较合理的动车组运用方式。高速动车组比较发达的国家（如日本、法国等）均广泛采用这种运用方式。但是，由于该方式动车组接续安排比较周密，一旦出现较大的随机干扰时，动车组运用所受到的影响也大；而且，假定各动车组之间无差别，动车组的编成就不能根据不同区段的客流特点而加以改变，因而可能造成输送能力的虚糜和浪费。

(三) 半固定区段运用方案

　　半固定区段运用方案是指一部分动车组采用固定区段使用方案，而其余动车组采用不固定区段使用方案。它是介于固定使用方案和不固定使用方案之间的一种方案。

【任务单】

　　请利用本任务所学知识完成下列题目：

　　1. 动车组的识别标记主要有哪些，分别代表什么含义？

　　2. 请总结动车组的型号和列车编号原则、车辆编号原则和座位编号原则。

　　3. 动车组的运用方式有哪几种，各有什么特点？

【课　业】

　　学生 5～6 人一组，以小组为单位，登录相关网站查阅资料，并在日常生活中收集资料，以图文并茂的 PPT 形式完成以下课业，并在下一次课堂上进行汇报。

　　1. 根据本任务所学的理论知识，结合个人乘车经历，收集相关资料，以图片、文字等形式总结动车组的各类识别标记及其各自代表的含义。

　　2. 每个同学回忆各自的乘车经历，以图片、文字等形式分析动车组的型号和列车编号原则、车辆编号原则和座位编号原则。

项目十　认知高速铁路与重载运输

【知识目标】

1. 了解世界高速铁路的发展情况，了解中国高速铁路的发展趋势；
2. 掌握高速铁路的建设与运营模式；
3. 掌握高速铁路线路中各要素的设计要点；
4. 掌握重载铁路的定义与运输模式以及世界重载铁路运输的发展概况和新技术。

【能力目标】

1. 熟悉高速铁路线路中各要素的设计要点；
2. 熟悉重载运输不同模式的适用情况；
3. 能根据重载运输的技术设备标准预测我国重载铁路未来的发展方向。
4. 具备主动学习铁路新技术、新设备、新方法的能力，了解铁路企业关于高速铁路制定的各种新规范、规章和作业标准。

【项目导入】

项目学习引导书

本项目的学习任务是让学生了解未来铁路发展的两大趋势：高速和重载。由于高速铁路缩短了旅行时间，从而为人们创造了新的动态观念，使人们可以重新对周围的环境与地域进行设计，距离将不再以公里计算，而是以时间计算。铁路重载运输是提高线路输送能力、提高运输效率的重要措施。我国铁路的快速发展要求我们在学习过程中不仅要掌握系统的专业知识和扎实的专业技能，还应积极关注铁路未来的发展趋势，这样才能准确定位自己未来的工作岗位，了解岗位需求。一旦上岗后，能严格按照工作标准执行工作任务。

在理论学习与实践练习中，逐步掌握本项目要求完成的所有技能，包括相关的背景知识。

为了达到更好的学习效果，并最终独立完成任务，必须在学习期间多渠道、全方位地了解和拓展相关知识，可通过网络、报纸、杂志、微信公众号等方式搜集高速铁路和重载运输的相关信息，拓展自己的专业知识和业务技能。

任务一　认知高速铁路的发展及其技术特点

【任务描述】

高速铁路在方便人们出行、环境保护、降低能源消耗、拉动铁路沿线经济、促进旅游线路的开发等方面起到了巨大的推动作用。了解高速铁路有利于我们更清楚地了解在未来的高速铁路建设中我们的岗位需求和目标定位。

【知识准备】

一、高速铁路概述

高速铁路技术是当今世界铁路的一项重大技术成就，它反映了一个国家在装备制造、建筑工程、自动控制等方面的技术进步，体现了一个国家的科技和工业水平。高速铁路自诞生以来，在经济发达、人口稠密地区取得了显著的经济效益和社会效益。

(一) 高速铁路的定义

"高速"是一个相对的概念。当今世界，列车运行速度的分挡一般定为：120 km/h 以下称为常速；时速 120～160 km/h 称为中速或准高速；160～200 km/h 称为快速；200 km/h 以上称为高速。随着技术的进步，一般认为新建速度达到 250～300 km/h、既有线改造速度达到 200 km/h 为高速铁路。1985 年，联合国欧洲经济委员会在日内瓦签署的国际铁路干线协议规定：新建客运列车专用型高速铁路速度为 300 km/h，新建客货运列车混用型高速铁路速度为 250 km/h。

我国 2014 年 1 月 1 日起实施的《铁路安全管理条例》规定，高速铁路（高铁）是指设计开行时速 250 km/h 以上（含预留），并且初期运营时速达到 200 km/h 以上的客运列车专线铁路。

(二) 高速铁路的建设与运营模式

高速铁路的建设与运营模式，根据国家的国情和路情的不同，一般有以下几种模式：

① 日本新干线模式：全部修建新线，旅客列车专用。

② 法国 TGV 模式：部分修建新线，部分旧线改造，旅客列车专用。

③ 德国 ICE 模式：全部修建新线，旅客列车及货物列车混用。

④ 英国 APT 模式：既不修建新线，也不对旧有线进行大量改造，采用由摆式车体的车辆组成的动车组，旅客列车及货物列车混用。

⑤ 中国高铁建设的三种模式：新建时速 300～350 km/h 的客运专线，新建时速 200～250 km/h 的客运专线，新建时速 200 km/h 的客货共线。

二、世界高速铁路的发展概况

(一) 高速铁路的诞生

随着社会经济的快速发展、生活节奏的加快和时间价值观念的增强，缩短在途旅行时间成为旅客的普遍愿望。计算机、能源技术、自动控制、新合金材料等高新技术成了经济和社会发展的催化剂，高速铁路应运而生。

1964 年 10 月 1 日，日本建成了世界上第一条高速铁路，即连接东京、大阪的东海道新干线。该线全长 515.4 km，运行速度达到 210 km/h，采用标准轨（1 435 mm）的轨距，只为客运服务。新干线与 19 世纪 90 年代的旧式铁路相比：新干线的开通扩大了人们的活动半径，"时间距离"缩短为原来的 1/9，"经济距离"缩小为原来的 1/25。

1981 年法国建成了从巴黎到里昂的第一条高速铁路，允许最高速度为 270 km/h。

1991 年 5 月 29 日，德国高铁 ICE 汉诺—维尔茨堡线路正式运营，全长 327 km，最高速度达到 280 km/h。

2008 年 8 月 1 日，中国第一条高速铁路北京—天津城际高速铁路建成通车，运营速度为 350 km/h。

2011 年 6 月 30 日，京沪高铁通车，全长 1 318 km，最高运营速度达到 350 km/h。这是目前世界上投入使用的最长的高速铁路。

（二）高速铁路的发展历程

从 1964 年世界第一条高速铁路的诞生到现在已经过去半个多世纪了。这半个多世纪以来，世界高速铁路的发展经历了以下四个阶段：

第一阶段：从 20 世纪 60 年代到 80 年代，为高速铁路发展的初期。这个时期人们逐步了解了高速铁路，也逐步认识到它给世界经济发展和人们生活带来的影响。这个时期以日本建成世界第一条高速铁路为标志，之后相继修建高速铁路的国家有法国、意大利、德国等。这一阶段全世界建成投入运营的高速铁路在 3 000 km 左右。

第二阶段：从 20 世纪 80 年代末到 90 年代中期，在欧洲兴起了修建高速铁路的热潮。相继修建高速铁路的国家从先期的日本、德国、法国、意大利扩展到了西班牙、比利时、荷兰。修建高速铁路的方式：一种是新建，另一种是通过既有线的改造来实现。

第三阶段：从 20 世纪 90 年代后期到 2008 年，人们对高速铁路的技术和特征有了更深入的了解，对高速铁路为我们人类社会的经济发展和社会发展带来的影响有了更多的认识，这一阶段正在修建和规划修建高速铁路的国家和地区达到 20 多个，特别是几个人口众多、国土面积较大的国家，比如中国也开始规划修建高速铁路。在这一时期，世界上高速铁路发展较早的国家，其高速铁路已经形成网络，进入了网络化的运营时期。

第四阶段：2008 年至 2017 年，中国进入了高铁时代。中国陆续建成了京广、郑西、京沪、兰新等通道型高速铁路和京津、沪杭、沪宁等城际型高速铁路。中国已成为世界上高速铁路运营里程最长、运营速度最高、在建规模最大的国家。

截止到 2017 年世界各国拥有高速铁路的里程数见表 10-1-1。

表 10-1-1　截止到 2017 年世界各国拥有高速铁路的里程数

国家	日本	法国	德国	西班牙	意大利	土耳其	韩国	中国
里程/km	2 664	2 036	1 352	2 515	923	688	412	25 000

下面我们具体介绍日本、法国、德国和中国的高速铁路发展概况。

1. 日本高铁

1964 年 10 月 1 日，世界上第一条高速铁路——日本东海道新干线正式投入运营，时速达到 210 km/h，从东京至大阪只需运行 3 小时 10 分钟（后来又缩短到 2 小时 56 分）。此后，日本又相继修建了山阳、东北、上越、北陆新干线和山形、秋田两条小型新干线。目前，日本新干线列车的最高运行速度达到 300 km/h，客运量占到全国路网的 30.3%，收入约占总收入的

45%。目前新干线营运已超过 50 年,载客达 100 亿人次。尽管日本的地震和台风频繁,截至 2015 年 1 月,新干线只发生了两宗列车脱轨事故,但没有因脱轨或碰撞而导致乘客死亡的事故发生。其中一次脱轨事故发生在 2004 年 10 月 23 日,由于发生地震,上越新干线朱鹭号 325 列车在新泻县长冈车站附近脱轨,154 名乘客没有伤亡;另一次列车脱轨事故发生在 2013 年 3 月 2 日的秋田新干线上,由于暴风雨导致秋田小町号列车在大山脱轨,但没有乘客伤亡。由此可以看出,高速铁路是一种非常安全的交通工具。图 10-1-1 所示为日本高铁。

图 10-1-1 日本高铁

2. 法国高铁

法国在 1981 年建成了第一条高速铁路——TGV 东南线(法语"高速铁路")(巴黎—里昂),全长 417 km,其中新建的高速铁路线路 389 km,列车时速达到 270 km/h。此后,法国相继修建了大西洋线、北方线、东南延伸线、巴黎地区联络线、地中海线等高速铁路,列车最高商业运行速度为 270～350 km/h。目前法国高速铁路新线里程已达到 2 036 km,以巴黎为中心,辐射到四周既有线,形成了 5 900 km 的服务网。

法国铁路在历史上一直以速度著称。1955 年,法国利用普通的电力机车牵引一节客车和一节试验车所创造的 331 km/h 速度为当时的世界纪录;直到 20 世纪 70 年代才由本国的 TGV-01 型试验电动车组以 380 km/h 的速度打破。1990 年 5 月 13 日,TGV 大西洋电动车组创造了 515.3 km/h 的世界纪录,2007 年 4 月又创造了 574.8 km/h 的世界纪录。图 10-1-2 所示为法国高铁。

图 10-1-2 法国高铁

3. 德国高铁

1971 年，德国开工建设第一条高速铁路新线：汉诺威—维尔茨堡高速线（338 km）。之后又开始修建第二条高速新线：曼海姆—斯图加特高速线（100 km）。这两条高速新线于 1991 年同时通车运营。1998 年，汉诺威—柏林高速铁路建成通车（189 km）。之后又修建了科隆—法兰克福线路（184 km）和汉堡—柏林线路（253 km）。德国高速铁路呈网状分布，除了设计速度为 280 ~ 300 km/h 的 1 352 km 的高速新线外，还有最高允许速度为 200 km/h 的经过改造的既有线，形成了 4 800 km 的服务范围。德国铁路的高速列车都是 ICE 系列，ICE 试验型列车诞生于 1985 年，曾于 1988 年 5 月达到 406.9 km/h 的试验速度，是世界上首次突破 400 km/h 速度的高速列车。1989 年 12 月，又以 480 km/h 的速度打破了当时法国 TGV 高速列车创造的世界纪录。图 10-1-3 所示为德国高铁。

图 10-1-3　德国高铁

4. 中国高铁

(1) 广深准高铁的修建为中国高铁的修建提供了前提条件

1994 年，我国第一条准高速铁路广州—深圳铁路建成并投入运营，其旅客列车运行速度为 160 ~ 200 km/h，使用由瑞典租赁的 X2000 摆式高速动车组。全线采用了众多代表当时国际先进水平的技术和设备。这条铁路的修建以及为修建这条铁路而进行的科学研究和实验，为中国高速铁路的建设做了充分的前期准备。

(2) 我国铁路六次大提速标志着中国铁路进入高铁时代

1997 年、1998 年、2000 年、2001 年、2004 年、2007 年，中国铁路完成了六次大提速。2007 年的第六次大提速，"和谐号"动车组上线运行，而这一次提速最高速度达到了 250 km/h，这也是既有线路提速能达到的最高速度。从 1997 年 4 月 1 日至 2007 年 4 月 18 日，中国铁路经历了六次大提速，城际快速客车和中心城市间的动车组快速客车开行，实现了速度、重量、密度的协调发展，标志着中国铁路进入了高铁时代。

(3) 秦沈客运专线的建设加快了中国铁路高速化进程

高铁试验工程——秦沈客运专线是中国第一条高速铁路客运专线，全长 404 km，于 1999 年 8 月 16 日开工建设，2003 年 10 月 12 日正式开通运营。秦沈客运专线是当时中国国内技术最先进的铁路，全线设计时速达到 200 km/h 或以上，并预留 250 km/h 的提速条件。这条铁路的修建为探索适合中国国情的高速铁路的技术标准、施工方法、运营管理及维护等积累了经验。

(4) 京津城际高速铁路标志着中国高速铁路大规模建设时代的到来

2005 年 7 月 6 日，京津城际高速铁路开工建设，到 2008 年 8 月 1 日正式开通运营，这是我国真正意义上的第一条高速铁路。京津城际高速铁路，与世界第一条高速铁路相比相差了 44 年的时间。这期间中国高速铁路经历了从研究、论证、再研究、再论证以及科学研究、技术储备到开工建设这样一个较为漫长的过程。这之后中国铁路进入了日新月异的腾飞阶段。

(5) 我国进入高速铁路的快速发展时期

自从 2008 年京津城际高速铁路开通运营以来，至 2017 年底，我国建成投入运营的高速铁路里程已达到 25 000 多公里，占世界高速铁路总量的一半以上。

运营时速 300 ~ 350 km/h 的高速铁路有：京沪、京广、哈大、郑西、沪杭、沪宁、京津城际、宁杭、西宝、杭长、津秦、郑徐、成渝等。

运营时速 200 ~ 250 km/h 的高速铁路有：合宁、合武、石太、胶济、长吉、昌九、广珠、海南的东环、甬台温、温福、福厦、汉宜、成绵乐、石济、宝兰、沈丹、宁安、哈齐、津保等。

在建的高速铁路有：京沈、济青、郑万、成贵、沪通、贵南、杭黄、合安、鲁南、汉十、广汕、哈佳、京张城际铁路等多条铁路。

2017 年我国动车组旅客输送量达到 17.13 亿人，占铁路客运总量的 56.4%。

中国已成为世界上高速铁路运营里程最长、运营速度最高、在建规模最大的国家。预计到 2020 年，中国的高速铁路里程将超过 30 000 km。图 10-1-4 所示为中国高铁。

图 10-1-4　中国高铁

三、高速铁路线路

高速铁路线路应保证列车按规定的最高速度，安全、平稳和不间断地运行。因此，高速铁路线路不论就其整体来说，还是就其各个组成部分来说，都应当具有一定的坚固性和稳定性。

(一) 高速铁路的平纵断面

高速铁路的高平顺性，要求铁路线路的空间曲线应尽可能地平滑，即线路的平纵断面的变化应尽可能地平缓。因为曲率变化快的地段，轮轨间的相互作用力就会增加，轨道不平顺极大地影响行车的安全与稳定。因此，高速铁路的线路标准较之普通铁路有特殊的要求，具体说明如下：

1. 超高与欠超高值

在最高设计速度和运营速度确定以后，首先需要确定影响舒适度的参数——超高与欠超高。

例如，我国铁道科学研究院曾通过环形铁路进行了广深准高速客车运行试验，并在广深线开通后进行了旅客舒适度不同等级的试验，提出了我国京沪高速铁路的欠超高允许值采用表 10-1-2 所示的值。考虑到京沪高铁的高、中速列车共线的运营模式是以高速为主，重点在保证高速列车的旅客舒适度，因此取过超高与欠超高的最大允许值一致。

表 10-1-2　京沪高铁最大欠超高、过超高允许值

条　件	舒适度良好	舒适度一般	舒适度较差
最大欠超高$[h_q]$/mm	40	80	110
最大过超高$[h_e]$/mm	40	80	110

2. 曲线半径

铁路线路平面曲线半径的确定，取决于铁路运输要求和所在地区自然条件等因素，曲线半径是限制行车速度的主要条件之一，应随行车速度提高而相应加大。表 10-1-3 所示为几个技术先进国家的高速铁路最小曲线半径值。

表 10-1-3　几个技术先进国家的高速铁路最小曲线半径值（单位：m）

法国		德国	意大利	日本			
TGV东南线	TGV大西洋线			东海道	山阳	东北	上越
4 000(3 200)	6 000(4 000)	7 000(5 100)	3 000	2 500(2 000)	4 000(3 000)	4 000	4 000

3. 缓和曲线

缓和曲线线形有三次、四次、五次抛物线和三角函数线四种。根据对列车-线路动力学的研究和国外高速铁路的运行经验，可知缓和曲线的线形不是影响行车的决定性因素，所以传统的三次抛物线形缓和曲线仍可适应高速列车运行的要求，关键是缓和曲线的长度。因此，缓和曲线的长度一般为 350 ~ 700 m，而准高速铁路和普通铁路缓和曲线的长度仅为 20 ~ 180 m。

4. 线路坡度与竖曲线

高速列车重量较小，机车功率较大，可在较大线路坡度上高速运行。国外高速铁路最大线路坡度为 40‰，如法国的 TGV 东南线采用 35‰。在长隧道内考虑到空气阻力的影响，线路坡度不应超过 20‰。日本除东海道新干线上采用 20‰ 外，山阳、东北、上越新干线均为 15‰。

高速铁路要求相邻坡度大于 1‰ 时，应设置竖曲线，以保证列车运行平稳和安全。竖曲线半径与行车速度有关，行车速度越高，竖曲线半径也就越大。

法国 TGV 东南线的竖曲线半径采用 25 000 m；TGV 大西洋线采用 16 000 m；而日本除了东海道新干线采用 10 000 m 以外，其余各线均采用 15 000 m。

我国拟建的高速铁路，其竖曲线半径可根据所处区段远期设计最高速度选择，见表 10-1-4。

表 10-1-4　我国拟建的高速铁路竖曲线半径采用标准

v_{max} /(km/h)	300	250 ~ 300	160 ~ 250	< 160
竖曲线半径/m	25 000	20 000	15 000	10 000

（二）高速铁路的轨道

高速铁路的轨道结构分为有砟轨道和无砟轨道两种类型。有砟轨道就是铺轨枕和碎石的轨

道，如图 10-1-5 所示，它是铁路的传统结构，随着行车速度的提高，有砟轨道的缺点逐渐显现；无砟轨道就是没有碎石的轨道，由钢筋混凝土烧筑而成，如图 10-1-6 所示，由于其线路状况良好、使用寿命长、高速行车时不会有石碴飞溅等优点，在国外高速铁路上获得了越来越广泛的应用，其铺设范围已从桥梁、隧道发展到土质路基和道岔区。

图 10-1-5　有砟轨道

无砟轨道采用混凝土、沥青混合料等整体基础取代了散粒碎石道床，其轨枕本身由混凝土浇灌而成，路基也不用碎石，钢轨和轨枕直接铺在混凝土路基上，可以长久地保持钢轨的形状和位置，因此，无砟轨道平顺性好、稳定性好、耐久性好，维修工作少，使用寿命长，可以降低粉尘，美化环境，而且列车时速可以达到 200 km/h 以上，是当今世界先进的轨道技术。

图 10-1-6　无砟轨道

国外在 20 世纪 60 年代开始使用无砟轨道，日本、德国和法国的无砟轨道技术比较先进。目前我国高速铁路也已广泛采用无砟轨道技术。其铺设的轨枕是宽混凝土轨枕，这种轨枕比普通混凝土轨枕宽而且稍薄，它在线路上是连续铺设的。采用宽混凝土轨枕的轨道沉陷小，也不易发生坑洼不平和道床的脏污现象；同时，由于它的底部和道床、上部和轨底的接触面积增大了，因而提高了线路的稳定性，改善了钢轨的受力条件，有利于高速行车。

（三）高速铁路的道岔

道岔是限制列车运行速度的关键，在高速铁路中具有特殊的地位。高速道岔在功能和构造上相对于普通道岔没有太大的差别，只是对安全性和舒适性有了更高的要求。

欧洲高速铁路在建设过程中研制和铺设了各类大号码道岔，如法国的 64 号单开道岔，直向允许速度为 260～300 km/h，侧向允许速度为 220 km/h；日本的 60 kg/m 钢轨 18 号道岔，相应的直向和侧向允许速度为 250 km/h 和 70 km/h；德国的 UIC60 轨 1:26.5 单开道岔，直向和侧向允许速度为 250 km/h 和 130 km/h。

我国先后研发了客运专线 18 号、42 号道岔，其中客运专线 18 号道岔已经得到应用，使用情况良好（见图 10-1-7）。

图 10-1-7　我国高速铁路 18 号道岔

（四）高速铁路的路基

路基是轨道的基础，是铁路线路的重要组成部分。路基的稳定性与坚固性直接关系到线路的质量、列车的正常运行与安全，特别是高速列车，运行时更需要有良好的路基基础。与普通路基相比，高速铁路路基的特点具体表现在：具有强度高、刚度大的基床，控制路基的容许沉降或没有沉降，保证路基刚度沿线路方向变化缓慢等。为了保证路基状态完好，保证线路质量和列车安全、正常地运行，高速路基应满足下述要求：

① 路基面必须平顺并应有足够的宽度，路基面的上方应形成与铁路限界规定相符的安全空间，不得侵入铁路建筑限界，以保证列车运行与线路作业安全的要求。

② 路基应具有抵御各种自然因素影响的足够的坚固性与稳定性。

③ 设置妥善的路基排水设施。

④ 路基的设计、施工与养护应符合经济合理的原则。

高速路基由路基本体、路基防护和加固建筑物以及排水设备三部分组成，如图 10-1-8 所示。

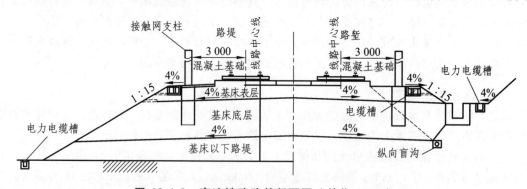

图 10-1-8　高速铁路路基断面图（单位：mm）

（五）高速铁路的桥梁

高速铁路的桥梁具有以下特点：

1. 桥梁比例大，高架长桥多

高速铁路的设计参数限制严格，如要求曲线半径大、坡度小，并需要全封闭行车，因而高速铁路的桥梁建筑物大大多于普通铁路，高架长桥的数量也很多。日本近 2 000 km 的高速铁路中，桥梁占线路总长的 47%，我国京沪高速铁路桥梁占线路总长的 86.5%，武广客运专线桥梁占线路总长的 42.14%。

2. 以中小跨度为主

由于高速铁路对线路、桥梁、隧道等土建工程的刚度要求严格，因此，高速铁路桥梁跨度以中小跨度为主。如京沪高速铁路上的桥梁，绝大多数为中小跨度。

3. 刚度较大，整体性好

高速铁路桥梁必须具有足够大的刚度和良好的整体性，以防止桥梁出现较大挠度和振幅。

4. 纵向刚度大

高速铁路要求依次铺设跨区间无缝线路，而桥上无缝线路钢轨的受力状态不同于路基，结构的温度变化、列车制动、桥梁挠曲会使桥梁在纵向产生一定位移，引起桥上钢轨产生附加应力。过大的附加应力会造成桥上无缝线路失稳，影响行车安全。因此，墩台基础要有足够的纵向刚度，以尽量减少钢轨附加应力和梁轨间的相对位移。

5. 结构便于检查维修

高速铁路一旦中断行车，会造成很大的经济损失和社会影响，因此，高速铁路桥梁一方面要尽量减少维修，另一方面要便于日常检查和维修。

图 10-1-9 所示是郑州黄河公铁两用桥，该桥全长 1 680 m，主跨采用（120 + 5×168 + 120 + 5×120）m 六塔单索面部分斜拉连续钢桁结合梁。

图 10-1-9　郑州黄河公铁两用桥

（六）高速铁路的隧道

隧道是高速铁路基础设施的又一重要组成部分。列车运行速度的提高导致线路曲线半径变大，因此高速铁路需要"截弯取直"修建使线路顺直的隧道，这使得高速铁路在选线设计中出现了大量的隧道工程。

高速铁路隧道与普速铁路隧道的最大区别点与列车空气动力学相关。当列车以高速通过隧道时，原来占据空间的空气被排开，空气的黏性以及隧道壁面和列车表面的摩擦作用使列车前方的空气受到压缩，产生一个压力波动过程，进而对行车、旅客乘坐舒适度、车辆结构强度和环境等带来不利影响。缓解空气动力学效应可采取放大隧道断面有效面积、在隧道洞口修建缓冲结构（见图 10-1-12）及增设辅助坑道等措施。

下面介绍我国具有典型代表意义的高速铁路隧道。

1. 太行山隧道

石太客运专线的太行山隧道全长 27.848 km，最大埋深 445 m，设计为双洞单线隧道，两线距离 35 m，是目前我国最长的高速铁路山岭隧道，如图 10-1-10 所示。

2. 大瑶山隧道

京广高速铁路的大瑶山隧道群由大瑶山 1、2、3 号隧道组成，隧道长度分别为 10.081 km、6.024 km、8.373 km，其中 1、2 号之间距离 167 m，2、3 号之间距离 47 m，3 座隧道均为双线隧道。图 10-1-11 所示即大瑶山隧道。

图 10-1-10　太行山隧道

图 10-1-11　大瑶山隧道

3. 浏阳河隧道

京广高速铁路的浏阳河隧道全长 10.1 km，下穿京珠高速公路、星沙开发区、浏阳河、长沙市机场高速公路等困难地段，不良地质较多，设计、施工困难，图 10-1-12 所示即浏阳河隧道。

4. 狮子洋隧道

广深港客运专线的狮子洋隧道全长 10.49 km，其中盾构段长 9.34 km，盾构内径 9.8 m，穿越珠江口狮子洋河段，水流急、难度大。建设中采用洋底"地中对接，洞内解体"的盾构方法，为国内首创。图 10-1-13 所示即狮子洋隧道。

图 10-1-12　浏阳河隧道

图 10-1-13　狮子洋隧道

5. 函谷关隧道

郑西线的函谷关隧道，全长 7.85 km，是我国最长、断面最大的黄土隧道，开挖断面面积达 164 m²，如图 10-1-14 所示。

图 10-1-14　函谷关隧道

【任务单】

请利用本任务所学知识完成下列题目：

1. 简述高速铁路建设与运营的模式。

2. 中国高速铁路的发展经历了哪些阶段，每一阶段为中国高铁的发展做了哪些贡献？

3. 从哪些方面保证高速铁路线路的稳定性与安全性？

【课　业】

以小组为单位（每组建议 4 人左右），通过查询铁道论坛、国铁集团及各铁路局官网、微信公众号、报纸、杂志、铁路规章等收集资料，完成以下课业，然后各小组派代表上台以 PPT 形式汇报，阐述本组对课业问题的讨论结果及给出的方案策略，汇报期间其他小组均可提出问题。最后以作业的形式每组提交一份任务报告。

1. 根据所学知识以及对中国高铁发展概况的了解，阐述中国高铁"走出去"面临的挑战与机遇。

2. 在"一带一路"建设的助推下，怎么加快中国高铁"走出去"？（可从学习与借鉴、推广中国标准、多种投融资方式并举、竞争与合作、整合产业链资源等角度给出中国高铁"走出去"的相关建议）

据统计，截止到 2017 年底，中国高铁里程已突破 2.5 万公里，居世界各国高铁里程排名的首位，高铁动车组保有量达到 2 100 多列，约占世界高铁动车组保有量的 50%。

在许多重要的外交场合，习近平主席、李克强总理都亲自推介中国高铁，我们亲切地称国家领导人为"超级业务推销员"。经过多年的发展，技术先进、安全可靠、快捷舒适、节能环保已成为中国高铁的重要标签，在国际上具有较强的竞争优势。借助"一带一路"建设，中国中车集团的产品已覆盖 125 个国家和地区，全球拥有铁路的国家和地区 83% 都用上了中国中车的产品。中国中车在美国、澳大利亚、马来西亚、泰国等国家，通过投资、并购、组建研发中心、建设制造基地等形式，已经形成全产业链的服务体系，实现了全球资源的有效利用，真正融入了当地社会，积极履行了社会责任，成为当地受尊敬的企业。中国高铁的发展在全球已经形成示范效应。

在国家发展和改革委员会以及中国国家铁路集团有限公司的协调下，中国中铁参与了中国高铁"走出去"战略。目前，中国中铁参加建设的高铁有：55亿美元投资规模的印尼雅万高铁、总投资额为62亿美元的中老铁路项目以及中泰铁路项目等；对美国西部快线、俄罗斯莫斯科至喀山高铁等，中国中铁都在积极参与或进行勘察设计等工作。未来中国希望与更多的国家加强高铁建设的合作。

任务二　认知重载运输的发展及其技术特点

【任务描述】

重载运输已成为世界各国铁路货物运输发展的共同趋势，也是我国加速提高铁路运输能力的一条主要途径。在本任务的学习中，学员要着重考虑如何根据所学知识提升自身的专业技能，为重载运输更好的发展提出建设性的可实施方案。

【知识准备】

一、世界重载铁路产生的背景

重载铁路运输因其运能大、效率高、运输成本低而受到世界各国铁路的广泛重视，特别是在一些幅员辽阔、资源丰富、煤炭和矿石等大宗货物运量占有较大比重的国家，如美国、加拿大、巴西、澳大利亚、南非等，发展尤为迅速。

世界铁路重载运输是从20世纪50年代开始出现并发展起来的。第二次世界大战后的经济复苏以及工业化进程的加快，对原材料和矿产资源等大宗商品的需求量增加，导致这些货物的运输量增长，给铁路运输提出了新的要求，而大宗、直达的货源和货流又为货物运输实现重载化提供了必要的条件。铁路部门从扩大运能、提高运输效率和降低运输成本出发，也希望提高列车的重量；同时，铁路技术装备水平的不断提高，又为发展重载运输提供了技术保障。

从20世纪50年代起，一些国家铁路就有计划、有步骤地进行牵引动力的现代化改造，先后停止使用蒸汽机车，新型大功率内燃机车和电力机车逐步成为主要牵引动力。

20世纪60年代中后期，重载运输开始取得实质性进展，并逐步形成强大的生产力。美国、加拿大及澳大利亚等国家的铁路相继在运输大宗散装货物方面开创了固定车底单元列车循环运输方式，而且发展很快。

20世纪80年代以后，随着新材料、新工艺、电力电子技术、计算机控制和信息技术等现代化高新技术在铁路上的广泛应用，铁路重载运输技术及装备水平又有了很大提高。特别是在大功率交流传动机车，大型化、轻量化车辆，同步操纵和制动技术等方面有了新的突破，极大地促进了重载运输的发展。

二、重载运输的定义与模式

（一）重载运输的定义

国际重载协会先后于1986年、1994年和2005年3次修订了重载铁路标准。

1. 1986 年，国际重载协会年会制定的标准

① 列车重量至少达到 5 000 t，轴重 21 t 及以上。

② 年运量 2 000 万吨及以上。

2. 1994 年，国际重载协会年会制定的标准

① 列车重量至少达到 5 000 t，轴重达到或超过 25 t。

② 在至少 150 km 的线路区段上年运量至少达到 2 000 万吨。

3. 2005 年，国际重载协会巴西年会上修订的标准

① 列车重量至少达到 8 000 t。

② 轴重（计划轴重）在 27 t 及以上。

③ 在至少 150 km 线路区段上年运量超过 4 000 万吨。

(二) 重载运输的主要模式

1. 单元重载列车

对于货源充足、品类单一、产销关系稳定的大宗散堆装货物（如煤炭、矿石、粮食等），可组织开行装卸车、地之间的单元式重载列车。这种列车固定编组，货物品种单一，运量大而集中，在装卸地之间循环往返运行。此方式以北美铁路为代表。单元重载列车是加速货物送达和机车车辆周转的有效运输组织形式。不过，这种重载运输方式要求装、运、卸各个环节的技术设备协调配套，装车采用不停车的作业方法，需设置装车环形线及高效率装车设备；卸车地采用不摘钩卸车的作业方法，需设置卸车环形线及高效率卸车设备（翻车机、车底开门车辆等）。

2. 组合重载列车

组合式重载列车是由两列及以上同方向运行的普通货物列车首尾相接、合并组成的列车。机车分别挂于各自的车列首部，由最前方货物列车的机车担任本务机车，运行至前方某一技术站或终到站后，分解为普通货物列车。这种重载运输方式始于苏联，世界范围内应用不太广泛。我国大秦线开行的 20 000 t 重载列车即采用该形式。

3. 整列重载列车

这种列车由单机或多机重联牵引，由不同型式和载重的货车混合编组。在我国繁忙干线上开行的重载列车主要为这种模式，其他国家应用较少。整列重载列车是在既有繁忙干线上发展重载运输的主要形式，只需适量延长全线一部分既有车站到发线的有效长，采用大功率机车牵引，即能大幅度提高铁路的输送能力。

三、国外重载运输的发展现状

(一) 美国的重载运输发展情况

美国是世界重载运输首创国，当前美国拥有的铁路总里程达 23 万公里，居世界首位。列车平均牵引重量达 9 632 t，货物平均运距 1 199 km。其中开展重载运输的 I 级线路约 16 万公里，重载铁路的煤炭运量占全美铁路货运量的 45%，煤运收入达 81.81 亿美元（2001 年），汽车运量占全美汽车产量的 70%，粮食运量占全美粮食产量的 40%。

1980 ~ 2000 年是美国发展重载运输的 20 年，虽然路网优化后减少了 40%，货车数量减少了 50%，运价下降到 2.5 美分/(吨·英里)。但市场份额却增加了 35% ~ 41%，车辆平均载重增加

了 15.1%,运行成本下降了 60%,线路维修成本下降了 42%,劳动生产率提高到 271%。图 10-2-1 所示为美国铁路的重载列车。

图 10-2-1　美国 SP 公司的重载单元列车

(二) 加拿大的重载运输发展情况

加拿大的铁路总里程约 5.7 万公里,有 CN、CP 两大铁路公司,共 4 万多名员工,采用重载运输的货物占货运市场份额的 30%,占全部出口运量的 40%。2002 年加拿大重载运输的营业收入达 61 亿加元。

加拿大的典型单元重载列车的技术指标是:$3 \times 4400HP$ 交流传动内燃机车+124 辆轴重 33 t 货车,牵引质量 16 000 t,平均速度 70 km/h,最高速度 85 km/h。

加拿大的典型集装箱重载列车的技术指标是:$2 \times 4\,400$ HP 交流传动内燃机车+9 000 t 列车,50% 双层集装箱平车,货运成本 1.6 美分/(吨·公里),平均速度 75 km/h,最高速度 100 km/h。

图 10-2-2 所示为加拿大典型的单元重载列车,编组为 124 辆货车,牵引质量为 16 000 t,平均速度为 70 km/h,最高速度为 85 km/h。

图 10-2-2　加拿大典型的重载单元列车

(三) 澳大利亚的重载运输发展情况

澳大利亚最早的重载线路是由窄轨铁路改造而成的。20 世纪 60 年代初,昆士兰州对 1 067 mm 窄轨铁路进行了技术改造,实现了以运煤为主的窄轨铁路的重载运输。全澳有 16 家私有铁路公司、4 家国有铁路公司。重载运输产值占全澳 GDP 的 1.7%,年运输产值 70 亿美元,煤炭运量占铁路货运总量的 37%,矿石运量占 39%,年货运量 5.45 亿吨。

澳大利亚具有代表性的三条重载铁路为：

① 东澳昆士兰铁路：2008 年煤运量为 3.0 亿吨/年，煤运线 2 028 km，收入 36 亿澳元，10 000 km 网络（窄轨）。

② 西澳铁矿重载线：准轨 BHP 纽曼线 427 km；BHP 金子线 205 km；哈默斯列线 386 km，货运量 1.4 亿吨/年；罗比河线 203 km，轴重 35 t，正向 40 t 发展，平均运行速度 75 km/h。

③ BHP 纽曼重载线：平均牵引重量为 26 000 t，周转时间 28 h，劳动生产率 6 000 万吨/(km·人)，居世界首位。图 10-2-3 所示为澳大利亚的重载列车。

图 10-2-3 澳大利亚的重载列车

(四) 南非的重载运输发展情况

南非的重载铁路全部采用窄轨（1 067 mm）铁路，长 2.7 万公里，通往 17 个非洲国家，年收入达 126 亿兰特。其中：

① 理查德湾煤矿重载线：长 550 km（420 km 复线），速度 80 km/h，周转时间 55 h，2003 年的运量达 8 400 万吨/年；列车牵引重量为 21 500 t（200 辆），轴重 26 t，坡道为 15‰，列车采用 3 台 11E 电力机车牵引。

② Orex 铁矿重载线：长 860 km（为单线），轴重 30 t，坡道为 15‰，列车牵引重量 25 920 t（216 辆），采用 3 台 50 kV·A 电力机车+1 台内燃机车牵引，周转时间 61 h。图 10-2-4 所示为南非的重载列车。

图 10-2-4 南非的重载列车

(五) 巴西的重载运输发展情况

巴西的主要重载铁路由 CVRD 公司经营。其中：

① 卡拉齐斯铁矿重载线：长 892 km，宽轨（1 600 mm）单线，最大列车编组 330 辆，长 3.2 km，轴重 30 t，平均速度达 80 km/h，牵引重量 39 000 t 以上，出口铁矿 2 亿吨/年，周转时间 58 h，这是美洲最大的重载列车。

② 米纳斯重载铁路：长 905 km，窄轨（1 000 mm）（其中单线 359 km，复线 546 km），年运量 9 800 万吨/年，平均速度 70 km/h，圣路易斯港口的吞吐量 5 000 万吨/年，周转时间 47 h。

③ ALL 洛基斯蒂卡重载铁路：长 7 228 km，其中复线 231 km（窄轨 1 000 mm 及准轨），2004 年的货运量为粮食 9 472 万吨/年、其他 5 307 万吨/年。

图 10-2-5 所示为巴西的重载列车。

图 10-2-5　巴西的重载列车

四、我国重载运输的发展现状

（一）我国重载运输发展的四个阶段

1. 第一阶段（1984～1985 年）：改造既有线、开行重载组合列车

1984 年 11 月，北京铁路局在大同—秦皇岛间进行了双机牵引 7 400 t 的重载组合列车试验，从大同西场出发，直达秦皇岛东站，卸货后原列车空车返回。车辆使用 C61 缩短型的敞车和装有配套制动技术的新型 C62A 型车辆。针对煤炭货源、货流的特点，采取了"五定班列"的运输组织方式。

为了扩大重载组合列车的开行范围，1985 年原铁道部决定在沈山线试验开行非固定式的重载组合列车（不受车底、车型、钩型及制动机型的限制）。试验成功后，8 月起在山海关至沈阳间的下行方向正式开行 7 000 t 的重载组合列车。1986 年 4 月 1 日起纳入列车运行图，每日开行 5 列。1985 年 7 月，北京铁路局与济南铁路局配合，在石太、石德、津浦线（大郭村—济南西站）也试验开行了非固定式的组合列车。试验成功后，于 1985 年 10 月 11 日起每天开行 1 列。郑州铁路局相继在平顶山至武汉（江岸西站）间，隔日开行 1 列双机牵引 6 500 t 的重载组合列车。上海铁路局、济南铁路局也相继在徐州北至南京东站间每日开行 1 对双机牵引 7 000～8 000 t 的重载组合列车。

2. 第二阶段（1985～1992 年）：新建大秦铁路、开行重载单元式列车

20 世纪 80 年代中期至 90 年代初，我国自行设计和修建了第一条大（同）—秦（皇岛）双线电气化重载运煤专线。该线路全长 653 km，是借鉴北美、加拿大、澳大利亚等国开行重载单元列车的经验而修建的。1990 年 6 月 5 日在大秦线上试验开行了第一列由 2 台 SS₃ 型电力机车牵引 120 辆煤车、全长 1 630 m、重量达 10 404 t 的重载列车。1992 年 12 月 21 日大秦线全线开通后，基本上采取开行重载单元列车模式，列车重量为 6 000～10 000 t。

3. 第三阶段（1992~2002年）：改造繁忙干线、开行5 000 t级重载混编列车

为缓解京沪、京广、京哈等繁忙干线的运输紧张状况，从1992年起，通过调整机车类型和延长车站到发线有效长至1 050 m，开行了5 000 t级重载混编列车。1992年8月，先后在京沪线徐州北—南京东、京广线石家庄—郑州北之间试验，成功开行了总重5 134 t（2台ND_5型机车牵引）和5 119 t（2台北京型机车牵引）的重载混编列车。从1993年4月1日起，在京沪、京广线一些区段开行的5 000 t重载列车正式纳入列车运行图。此后，经过实际运行试验，在1997年4月1日实施的运行图中，京哈线也安排开行了5 000 t重载列车固定运行线。至此，我国铁路三大主要繁忙干线都开行了5 000 t级重载混编列车。

4. 第四阶段（2003年至今）：大秦线开行20 000 t重载列车、提速繁忙干线开行5 500~5 800 t重载列车

2006年3月28日，在大秦线正式开行了20 000 t重载组合列车，使我国铁路重载运输技术水平跨入了世界先进行列。2014年4月2日，大秦线满载30 000 t煤炭的试验列车取得圆满成功，列车由4台电力机车牵引、320辆货车编组、总长3 971 m。

（二）大秦铁路线简介

大秦铁路是我国北方煤炭外运的主要通道，线路全长653 km，西起北同蒲线的韩家岭车站，向东经山西省大同县、阳高至河北省的阳原、宣化、琢鹿、怀来与京包线相交，进入北京市的延庆、昌平后，在怀柔又与京承铁路相接，然后再经平谷、河北三河、天津蓟县，再至河北省的玉田、遵化、迁安、迁西、卢龙、抚宁等县市，最后抵达秦皇岛枢纽的柳村南站，全线途经20个县市。

大秦铁路是我国第一条单元重载双线电气化铁路，是我国开行的第一条重载单元列车煤炭运输专线，担负着山西、陕西、内蒙古西部（简称"三西"）煤炭外运的重要任务。大秦铁路为Ⅰ级铁路，原设计能力年运量1亿吨。限制坡度上行（重车方向）4‰、下行12‰。1988年第一期工程韩家岭至大石庄投入运营；1992年二期工程大石庄至柳村南竣工，全线开通。

自1988年12月大秦线一期开通运营后，大秦重载铁路依靠自主创新，逐步开行了10 000 t重载列车和20 000 t重载组合列车，重载列车数量逐步增加。10 000 t重载列车于2002年底开始研究和试验，2003年9月1日正式开行，2008年达到62列。20 000 t重载组合列车于2003年开始进行技术经济论证，并对固定设备和移动设备进行技术改造，于2006年3月28日正式开行，2007年达到日均26列，2011年达到日均59.4列，2012年日均57.7列，2014年日均54.1列。

随着重载列车数量的大幅度增加，大秦重载铁路日输送煤炭的纪录不断被刷新。2002年，大秦铁路在全线建成运营十周年之际，年运量达到1.034亿吨，实现了设计能力的远期目标。2004年，大秦铁路年运量突破1.5亿吨，并对大秦铁路进行了2亿吨扩能改造。随后几年，大秦铁路每年增运5 000万吨，2007年运量突破3亿吨，2008年完成运量3.4亿吨，2010年更是突破年运量4亿吨。2005~2014年，大秦铁路日均运量的增长情况如图10-2-6所示，年运量的增长情况如图10-2-7所示。大秦铁路有效地缓解了晋煤外运的紧张状况，为国民经济又好又快地发展做出了重要贡献，同时也标志着中国铁路重载运输技术达到了世界先进水平，并成为目前世界上运输密度最大、运输能力最强的现代化专业煤炭运输重载线路。

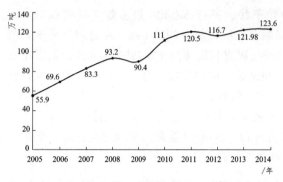

图 10-2-6　2005~2014 年大秦铁路日均运量曲线

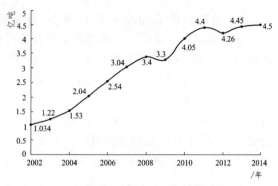

图 10-2-7　2005~2014 年大秦铁路年运量曲线

　　大秦铁路重载运输产生了巨大的社会效益。大秦铁路是"三西"煤炭外运的主要通道之一，据国家统计局公布，从山西多运出 1 000 万吨煤炭，华北地区可增加 130 亿元工业产值，华东地区 5 省 1 市可增加 170 亿元工业产值；从"三西"每年多运 5 000 万吨煤炭，相当于增加了一个华北电网、17 个装机容量百万千瓦小时的中型发电厂一年的发电耗煤量，可为国家增加工业产值 1 200 亿元。多开一列大秦铁路的 2 万吨重载列车，就相当于分流了 300 辆公路货车的运输需求，前者车体长约 2 700 m，而后者首尾相连将长达 10 多公里。

　　据 2005 年的统计数据显示，2005 年公路运输能耗为 1 060 kcal/(t·km)，铁路运输能耗为 68.1 kcal/t·km，吨公里差距达到了 991.9 kcal。而据 2011 年的统计数据显示，铁路总能耗为 1.96×1 013 kcal，仅占公路消耗的 6.4%，碳排放量为 1115.5 万吨，仅占公路碳排放量的 1.76%。由此可见，大秦铁路环保和节能效益明显。在 2008 年，中国南方遭遇罕见的雨雪冰冻灾害，公路运输不畅，电力严重短缺。作为北煤南运的大动脉，大秦铁路日抢运电煤突破百万吨，在保生产、保民生中发挥了重要作用。

五、世界铁路重载运输技术

（一）重载机车技术

1. 交流传动技术

　　交流传动技术自 20 世纪 70 年代末开始发展。90 年代以后，大功率交流传动机车成为重载牵引动力的发展方向。

　　美国 GM 公司和 GE 公司研制出了用于重载牵引的 SD70MAC、SD80MAC、SD90MAC、AC4400CW、AC6000CW 等新型交流传动内燃机车，已在美国、加拿大、澳大利亚、巴西等国铁路批量投入运营。交流传动的优越性：起动牵引力大，可达 890 kN；黏着系数利用值可达 0.37 以上；持续牵引力大，可达 738 kN；电阻制动有效速度可至 5 km/h；节约燃料和维修费用。

　　图 10-2-8 所示为美国研制的用于重载牵引的 SD90MAC 型交流传动内燃机车，最高速度 120 km/h，起动牵引力 890 kN，持续牵引力 734 kN。图 10-2-9 所示是澳大利亚的 SD70Ace 型重载内燃机车，起动牵引力 850 kN，最高速度 113 km/h，轴重 30.8 t，采用计算机控制制动。

图 10-2-8　美国的 SD90MAC 型重载内燃机车　　　图 10-2-9　澳大利亚的 SD70Ace 型重载内燃机车

　　2003 年以来，中国铁路通过技术引进、消化吸收再创新，已基本掌握大功率电力机车的核心技术。2007 年 6 月 25 日，首批总功率为 9 600 kW 的"和谐 1 型"（HXD1）8 轴交流传动电力机车在大秦铁路投入运营，可双机牵引 2 万吨重载组合列车。2008 年 1 月 22 日，总功率为 9 600 kW 的"和谐 2 型"（HXD2）机车也在大秦线 2 万吨重载组合列车牵引试验中取得成功，并正式投入运行。2009 年 6 月 12 日，HXD1C 型（如图 10-2-10 所示）大功率交流传动六轴电力机车研制成功，功率 7 200 kW，起动牵引力 570 kN，最高速度 120 km/h，轴重 25 t。另外，总功率为 7 200 kW 的"和谐 3 型"（HXD3）交流传动电力机车已经成为京沪、京广两大铁路干线的主力机型。

图 10-2-10　中国 HXD1C 型重载电力机车

2．径向转向架技术

　　使用径向转向架可以提高车辆的曲线通过能力，如图 10-2-11 所示。普通转向架的轴是彼此平行的，即轴只能旋转运动，当转向架通过曲线时，轮面无法与钢轨完全接触，导致机车牵引力下降。而径向转向架和每一轴没有固定在轴箱中，能在转向架的前后方运动，在通过曲线时，轴能处于曲线半径的径向方向上。这样，可以使轮对与轨道间的冲角减少，轮轨间的横向作用力降低，机车的运行品质和稳定性改善，并使轮对的阻力减少，轮轨磨耗减少，车轮寿命延长。

（a）径向转向架实物图

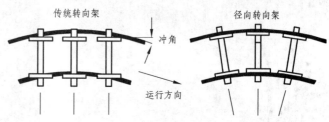
（b）传统转向架与径向转向架通过曲线比较图

图 10-2-11　径向转向架

3. 计算机控制的防滑防空转系统

为了进一步提高机车的黏着性能，国外的重载机车广泛采用车轮防滑系统。20 世纪 90 年代以后，美国的 AC6000CW、SD90MAC 等新型重载机车开始采用新型计算机控制的防滑系统。计算机控制防滑防空转系统的突出优点是随着轮轨黏着系数的变化调节制动力，可对制动、即将滑行、缓解、再黏着的全过程进行动态检测与控制。

（二）重载车辆技术

大轴重、低自重、低动力作用是重载货车的发展方向。

1. 提高轴重

在轴重方面，美国、加拿大已普遍采用 35 t 轴重，巴西、澳大利亚已普遍采用 30 t 轴重，南非、东澳大利亚（窄轨）已采用 28 t（26 t）轴重。美国环行线正在进行 40 t 轴重的试验，年通过质量达 125 000 万吨。

2. 采用铝合金或不锈钢车体

在车体材料方面，国外普遍采用了低合金钢及铝合金、不锈钢，美国 90% 的重载货车采用了铝合金车体，如图 10-2-12 所示。新型材料制成的车体可以降低自重，增加载重；节约能源，提高效益。

图 10-2-12　美国的铝合金车体

3. 采用新型转向架

通过改进转向架结构来改进货车的动力学性能，一直受到世界各国铁路部门的重视，这对于大型重载货车尤为重要。南非、瑞典铁路采用自导向径向转向架，加拿大、美国、澳大利亚等国研制了导向臂式货车转向架。这些新型转向架可以使相同的机车牵引重量增加 12%，列车纵向车钩力减少 4.8%，节省能源 20.7%，车轮钢轨磨耗降低到 1/13，轮轨横向力降低到 1/3。

4. 采用高强度旋转车钩及大容量高性能缓冲器

随着重载列车编组辆数和牵引重量的不断增加，机车与车辆、车辆与车辆之间的纵向力也随之增大，特别是在列车牵引起动和制动时，车钩作用力要比普通列车大得多。从行车安全的角度考虑，对货车车钩缓冲装置的强度和疲劳寿命要求更高。

国外重载列车采用了以下方法来提高车钩强度：① 采用高强度的合金钢，并通过热处理达到较高的破坏强度和屈服极限；② 优化车钩结构和纵向力传递过程的设计，特别是优化车钩装置中薄弱环节的零部件性能；③ 尽可能减少车钩的纵向间隙，甚至采用无间隙牵引杆来代替车钩，以大幅度减轻列车的纵向冲力，美国、加拿大的第二代单元列车以及巴西的重载列车的车辆之间均采用了这种连接方式。

5. 新型单元货物列车

美国开发的多单元运煤货车组，由多辆敞车组成一个整体，每两辆车体之间用一个铰接式转向架连接，只在每一车组的两端设立独立转向架和端墙，敞车车体之间取消端墙，以充分利用端部的空间，这样可使相同载重的列车长度缩短 30%，也就是说，在与普通列车长度相同的情况下，这种铰接式多单元列车可提高载重 30%（如采用铝合金车辆，载重将提高 35%）。由于采用了铰接式转向架，车长减短，转向架中心距减小，从而提高了车辆的曲线通过能力。铰接式转向架实现了车辆的无间隙连接，可以减少列车的纵向冲力。

6. 改进车轮材质，提高车轮耐剥离性

新合金材质耐剥离车轮与传统车轮相比，相同运量条件下，剥离长度减少 59%，深度减少 43%，如图 10-2-13 所示。

图 10-2-13　新合金材质车轮

7. 新型装卸设备——高效漏斗装煤设备、翻车机卸车系统

随着重载技术的不断发展，货车的载重量越来越大，加快货物的装卸速度，可以提高车辆的周转速度，提升生产效率，节约劳动力，改善作业条件。高效漏斗装煤设备旨在通过机械化装车作业线提升煤炭的装载速度。翻车机卸车系统（如图 10-2-14 所示）是以翻车机为主机，配以不同的辅机组成的一条机械化和自动化的流水线，适用于大型火力发电厂、港口、

图 10-2-14　翻车机卸车系统

化工厂、水泥厂及煤炭行业等大型企业，用来翻卸装载原煤、精煤、焦炭、矿石、粮食等散装类货物的高边敞车、煤车或专用敞车。由于我国重载运输以运输煤炭为主，运输距离长，通用车辆多，因此，避免车辆排空、提高运输效率是运输企业首要考虑的问题；运输货物多，卸车工作量大，要由高效的卸车机械来完成，这是现代化企业的需要。翻车机卸车系统能很好地完成上述功能。

（三）电空制动 ECP 技术重载车辆技术

到了 20 世纪末，重载列车存在的最大隐患是由于空气制动波速无法超过 300 m/s，重载列车在常规制动和紧急制动时容易发生前后制动不一致，造成严重的断钩、脱轨事故；重载列车在长大下坡道上，由于没有阶段缓解作用，再加上充气时间过长，容易造成列车失控，这对运输安全造成了威胁。

20 世纪 90 年代，美国和欧洲一些国家的铁路开始研究用于货物列车的电空制动系统 ECP，这是一种电子控制的直通式空气制动系统。这种系统采用了先进的信息技术，直接用计算机控制列车中每辆货车的制动缸的制动和缓解，取消了传统的空气制动阀系统，保证了长大重载列车中各节车辆的制动、缓解动作一致，加快了制动速度，缩短了制动距离，降低了车辆间的纵向冲力，优越性非常明显。

ECP 系统的主要技术特点是：整列车同时响应制动和缓解信号，具有阶段制动和阶段缓解功能，制动缸压力控制精确，列车管不排风，可向本务机车报告列车制动状态及故障型式，使用有线电缆可进行机车动力分散式牵引控制。

ECP 系统的优点：

① 保证重载长大列车的运行安全：平均车钩力降低 25%，断钩大大减少；消除了制动工况下脱轨的危险；直通制动、充风快、下坡安全；制动距离缩短 50%～70%；平交道口的事故率大大下降；消除了意外紧急制动现象。

② 车辆平均周转时间缩短，能力增加：列车平均速度增加（制动距离缩短、阶段缓解、连续充风）；列车长度、重量增加（加拿大已从 150 辆增加到 180 辆）；编组场发车的制动试验时间加快，平均周转时间至少缩短 9%。

③ 机车动力消耗减少：有阶段缓解，下坡时动力制动实际上已经不用；速度控制精确，允许更高下坡速度，增加速度稳定，可以利用闯坡制动，空气消耗降低，节能 23%。

④ 车辆维修费用降低：车轮磨耗减少（加拿大：7%）；闸瓦磨耗减少（加拿大：27%）；车轮过热现象消除，车轮踏面剥落大大减少，车体疲劳载荷降低。

ECP 应用的典型案例：① 南非重载电气化铁路：4 台 11E 电力机车+200 辆敞车，总重 22 900 t，如图 10-2-15 所示。② 美国 CSX 南方铁路：2 台 GEAC4400 型内燃机车+95 辆煤车，总重 12 000 t，如图 10-2-16 所示。

图 10-2-15　南非重载电气化铁路　　　图 10-2-16　美国 CSX 南方铁路

【任务单】

请利用本任务所学知识完成下列题目：

1. 2005 年国际重载协会关于重载运输是如何定义的？
2. 重载运输目前采用的主要模式是什么？
3. 简述我国重载运输的现状，并思考我国重载运输未来的发展趋势。
4. 世界重载运输有哪些新技术？

【课　业】

以小组为单位（每组建议 4 人左右）查询铁道论坛、国铁集团及各铁路局官网、微信公众号、报纸、杂志、铁路规章等收集资料，完成以下课业后，各小组派代表上台以 PPT 形式汇报，阐述本组对课业题目的讨论结果及给出的方案策略，汇报期间其他小组均可提出问题。最后以作业的形式每组提交一份任务报告。

1. 根据所学知识及查阅相关资料，阐述大秦铁路重载运输对我国铁路运输发展的启示。（可从加强既有线和技术装备升级改造、大宗货物装卸基地建设、预留线路重载升级空间、优化运输组织方案、运输通道运力资源配置等角度进行分析）

2. 试说明高速铁路与重载运输在未来的铁路发展建设中是否有关联性，二者间有何可借鉴的经验和技术？

参 考 文 献

[1]　佟立本. 铁道概论[M]. 6 版. 北京：中国铁道出版社，2012.

[2]　李海军，侯立新，张文婷. 铁道概论[M]. 成都：西南交通大学出版社，2013.

[3]　孙建晖. 铁道概论[M]. 成都：西南交通大学出版社，2013.

[4]　王绍军. 铁道概论[M]. 2 版. 成都：西南交通大学出版社，2018.

[5]　李明华，罗世民. 铁道概论[M]. 长沙：中南大学出版社，2011.

[6]　刘广武，王艳艳. 铁道概论[M]. 成都：西南交通大学出版社，2014.

[7]　周平. 铁道概论[M]. 2 版. 北京：中国铁道出版社，2015.

[8]　张海志，常治平. 铁道概论[M]. 北京：中国铁道出版社，2014.

[9]　肖荣. 铁道概论[M]. 北京：人民交通出版社，2013.

[10]　佟立本. 高速铁路概论[M]. 4 版. 北京：中国铁道出版社，2012.

[11]　李海军. 铁道概论[M]. 2 版. 成都：西南交通大学出版社，2018.